世界遺産バリの文化戦略

水稲文化と儀礼がつくる地域社会

海老澤衷［編］

勉誠出版

世界遺産バリの文化戦略

水稲文化と儀礼がつくる地域社会

◉目次・本扉使用図版

タマンアユン寺院の池に咲くロータス［撮影◎海老澤衷］
ムラジャン・アグンの舞踊の女神の祭壇［撮影◎河合徳枝］
パルマン寺院［撮影◎三浦恵子］
バリ島の男性舞踏を代表する戦士の舞「バリス」［撮影◎八木玲子］
ジャテルイの棚田［撮影◎海老澤衷］

まえがき

海老澤衷

日本の研究者が広くバリ島に関心を向けるようになったのは、一九八〇年にアメリカの文化人類学者クリフォード・ギアツが『ヌガラ――一九世紀バリの劇場国家』を著し、人文学の新たな方向性を提示したことによる。第二次世界大戦の後、史学系の研究者に大きな影響を与えていたマルクス主義や学問的にはそれと対抗関係にあるマックス・ウェーバーの理論が、日本の経済的な上昇のなかで次第に力を失い、日本の研究者が新たな体系を渇仰した時期であった。全訳の出版は一九九〇年のことであるが、八〇年代に日本の研究者が敏感に反応して次々に論考を発表したため、「ヌガラ」と「劇場国家」が伏流水的に新たな学術上のキーワードとなっていったのである。世界史的にみて、先進国や大国のみが国家および社会形成のモデルになるという広く存在した先入観に対して、ギアツはそれまでの世界史には何の影響も与えなかった十九世紀バリ島の小国家ヌガラに普遍的な国家モデルとしての地位を与えたのである。その鍵は儀礼にあるが、マルクスやマックス・ウェーバーが提示した国家や社会にも必ず儀礼は存在した。にもかかわらず、ギアツがことさら儀礼を前面に出して論ずることができたのは、国家と社会を連結できる儀礼がバリの各村（デサ）と農業共同体（スバック）

のなかで根付いていて、それらが国家（ヌガラ）の儀礼に取り入れられているという状況があったからであろう。

すでに、ギアツがバリ島に入る前に旧宗主国であるオランダの学者はバリ島のデサに対して「村落国家」という概念を用いていた。日本の中世でいえば、独自の法律・財政・交戦権を有していた「惣村」の存在に近い。ギアツの大言壮語ともいえる言説は、第二次大戦の戦勝国アメリカを背景にしてのものではあるが、バリ島のムラが有する価値を間違いなく世界に広めたといえよう。ギアツは、バリ島のヌガラ・デサの基盤にライステラス（棚田）があることを明言している。

本書では日本人とバリ島の研究上の関わりをできるだけ克明に追ってみた。そこで光るのは、第二次大戦中にこの島を訪れた阿部知二の『ジャワ・バリ島の記　火の島』（創元社、一九四四年）である。戦中の刊行という大きな束縛があるにも関わらず、バリ島の人々が伝統文化を守るための積極的な姿勢をトータルにとらえたという点で、この書にまさるものはないのではないか。二〇世紀の第三四半期以降多くの日本人研究者がバリ島のさまざまな側面を研究するようになり、その内容は精緻なものとなって、深まりを見せている。今回、阿部知二が捉え、クリフォード・ギアツが構造化したバリ島の社会像をさらに乗り越えるべく以下のような方法で共同研究を進めた。

文化人類学者である畏友西村正雄氏の助言を得て、「あとがき」で詳述したように、「早稲田大学水稲文化研究所」の調査として「水稲文化」を中心として、文化人類学、考古学、芸術学、大脳生理学、心理学などの分野から調査・研究を進めることができた。編者自身は約四十年にわたって日本国内の荘園遺跡に関し、限られた時間を使い、一荘園に集中して学際的な成果をまとめるという研究スタイルを採ってきた。今回の調査においてもまず、バリ島東部のバサンアラス村において集中的な調査を行い、さらにバリ島全域に広げる方法により共同研究を進めた。本書に明らかにされているように、これによってランドスケイプを軸とするバリ島の世界文化遺産の全貌と特質が初めて明らかにされたといえる。

具体的には、クリフォード・ギアツが明らかにし得なかった王室が関与するスバック・グデ・スエチャプラという大規模なスバックの存在を明らかにしたことがあげられる。ギアツも含め、従来の研究では村落のスバックのみが取り上げられてきたが、クルンクン地方などでは、日本の歴史でいえば皇室領荘園と比肩しうるような規模の大きなスバックも存在したのである。個にとどまらない広い視野での研究方法がここでも有効であったといえよう。さらに米倉やローカルライスに関して解明が進められ、学際的に「水稲文化」の実相を示し得たことも大きな成果であった。また、舞踊等の芸術面に関しても自然科学の手法を取り入れて大脳生理学、心理学の面からいっそうの解明が進んだことも付け加えておきたい。

本書の中心をなすのは、カランガスム県バサンアラス村というアグン山に近い東部の小村である。幸いにもここには一九八三年から八四年にかけて作成された『スバック・バサンアラス報告書』がある。内容は現代版村明細帳といったものであり、耕地や水利の状況がよくわかる。『講座　水稲文化研究II　バリ島の水稲文化と儀礼――カランガスム県バサンアラス村を中心として』にウィリアム・ブラドレィ・ホートン氏と八木玲子氏による全訳を掲載している。ムラの詳細を知りたい人はこれを参照してほしい。

バリ島の人達は、自分達の芸術や文化について声高に語ろうとはしない。常に他者に対して冷静なまなざしを向け、神々の儀礼を果して、手際よく日々の生活にかかわる作業をこなしていく。深く静かな文化的戦略が世界遺産への道を切り開いたと言える。

調査にご協力をいただいたウダヤナ大学副学長であったI・G・P・ウィラワン農学部教授やI・G・ピタナ農学部教授のご努力によって二〇一二年にはバリ島の水田景観はユネスコの世界文化遺産に登録された。これによって、バリ島のムラが有する文化が世界的な認知を受けたことを慶びたい。

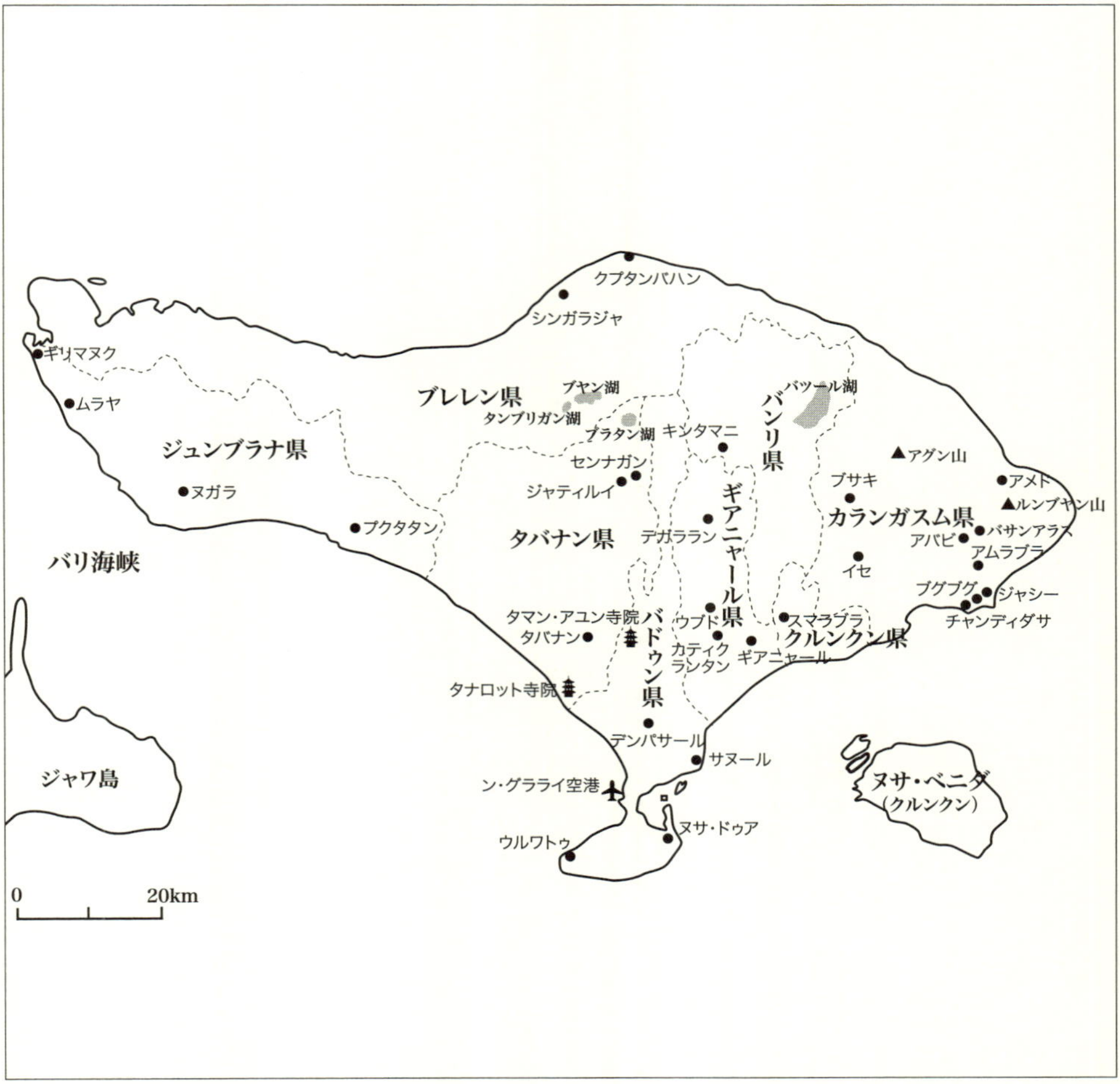
クブタンパハン
シンガラジャ
ギリマヌク
ムラヤ
ブレレン県
ブヤン湖
タンブリガン湖
ブラタン湖
バツール湖
バンリ県
キンタマニ
ジュンブラナ県
ヌガラ
センナガン
ジャティルイ
アグン山
ブサキ
アメド
ルンプヤン山
プクタタン
タバナン県
テガララン
ギアニャール県
カランガスム県
バサンアラス
アバビ
アムラプラ
イセ
バリ海峡
ブグブグ
ジャシー
チャンディダサ
タマン・アユン寺院
バドゥン県
ウブド
スマラプラ
タバナン
カティク
ランタン
ギアニャール
クルンクン県
タナロット寺院
デンパサール
サヌール
ヌサ・ベニダ
(クルンクン)
ジャワ島
ン・グラライ空港
ヌサ・ドゥア
ウルワトゥ
0
20km

バリ島　関連地図

「バリ島」イメージの形成と日本

海老澤衷

えびさわ・ただし――早稲田大学文学術院教授。専門は日本中世史・東アジア水稲文化史。主な著書・論文に『荘園公領制と中世村落』（校倉書房、二〇〇〇年）、「荘園から城下町へ――継承されるハザードへの対応と流通、文化」（海老澤衷編『中世荘園村落の環境歴史学――東大寺領美濃国大井荘の研究』（吉川弘文館、二〇一八年）などがある。

ジャワ島の東に位置するバリ島は、ヒンドゥー教の儀礼を現代に伝える島として知られる。スバックという水利の共同体により水田農耕が行われ、ムラの芸術が育まれてきた。一九二〇年代から「神々の島」・「最後の楽園」などの魅力的なイメージが付与されて、現代に至っている。その変遷を学術的に追ってみる。

はじめに

バリ島は、ジャワの東に海峡を挟んで浮かぶ島で、愛媛県ほどの面積と現在では三〇〇万人を超える人口を有する。インドネシアの広大な国土の中で、いくつかの際だった特色を持っており、日本とのつながりも深い。しかし、大航海時代からジャワ島やボルネオ島が日本人の視野に入っていたのに対して、この地は十九世紀に至るまで日本と直接的なかかわりを有することはなかった。一九二〇年代から三〇年代にかけて、欧米の芸術家と研究者によってその価値が見いだされ、「最後の楽園」あるいは「神々の島」といったイメージが付与されて、ナポレオンのエジプト遠征から始まった近代オリエンタリズムのほぼ最終的な位置を占めることになる。(1)(2)日本はこれを受け入れて、第一次のイメージ形成がなされた。第二次大戦後は、インドネシアの独立を踏まえて、アメリカの大学による研究が進み、一九八〇年にはクリフォード・ギアツの『ヌガラ――一九世紀バリの劇場国家』が刊行される。日本の研究者は敏感に反応し、「劇場国家」が日本の政治・

写真1　アメッドからのアグン山（撮影：筆者）

社会状況をも示すものとして論壇を賑わすこととなった。ここに第二次の「バリ島」イメージの形成がなされたといえよう。もともと、バリ島は水田農耕を中心とした村落共同体の伝統文化を欧米人が掬い上げ、バリ島において二度にわたって価値体系を創り上げた。日本人はそれを追随する形で認識してきたが、バリ島と共通する水田農耕社会を基盤としながら、必ずしも本質的な問題に迫ってきたとはいえない。近代化を急ぐ日本人には、一九七〇年代までバリ島を直視することはできなかったというべきであろう。第二次イメージの形成過程で日本人自身の意識も大きく変化する。その意味でバリ島は日本人を映す優れた鏡でもある。本稿では六つの時期に分けて考察を深めていきたい。

一、戦間期――イメージ形成の萌芽

一九〇七年、オランダの長い植民地経営の最終段階を迎え、軍事的制圧を伴う領域的な支配が開始される。オランダ人自身がバリ島の文化を本格的に見直すのはこの時期に至ってのことであり、特に第一次世界大戦が終了してから戦勝国アメリカによる東洋における新たな「文化探し」のなかでバリ等が脚光を浴びることになったといえよう。一九二五年ロシア生まれのドイツ人ヴァルター・シュピースがバリ島を訪れ、文芸至上主義的なオリエンタリズムの体現者としてバリ島の音楽や絵画を新たな方向へと導く。[3] 一九三一年にパリで行われた国際植民地博覧会におけるオランダ館の中心的なテーマは、建築家P・J・A・モーエンによって企画されたバリ文化であった（永渕一九九八）。このような状況の下で、一九三三年（昭和八）には、鹿児島県出身の画家であり、アジアの民具に関心が深い古城江観が(4)『改造』六月号に「バリー島・ビルマの繪行脚」を掲載している。日本人がバリ島とバリ文化を紹介した早い例であるといえる。バリ島の所見として次のように語られている。

南洋諸島の中で最も素晴らしい芸術を持ってゐるのはバリー島だと思ふ。ここは爪哇のスラバヤ港から水土と一週二回K・P・Nの汽船が通ってバリー島のシンガラヂヤという港に着く。島には特有な織物や欧州でバリー人形として持囃されてゐるエログロな極彩色の木彫人形などが出来る。全島よく開拓されて青々水田が連つてゐる。高さ二千余尺のキンタマニーの高原が中央に在り、其処には珈琲を栽培し副業に牛豚を飼つてゐる。又この島は南洋唯一の美人系で、女は老いも若きもロン一枚の簡単な装ひで、豊満な上半身を露はに水甕を頭にいただき、翠緑滴る榕樹の下や亭々たる椰子の葉陰をシャナリシャナリと歩いている様は原始情調躍如たるものがある。略奪結婚の風も今尚盛んに行はれてゐる。

この島はもと爪哇のヒンズー教徒が回教徒に追はれて逃げ集まつたところで、全島ヒンズー教が全盛を極め、従って寺院も多い。寺院はプラトと称し、堂宇精巧を極め、寺院の周圍を飾る石彫は五彩陸離たるもので、半ば風雨に磨滅し、青苔を帯び、得もいはれぬ風趣を呈してゐる。

とあり、「コロンコンのプラト」と「ギャニアールの市場付近」の二枚の線描図が載せられている。前者は現在のクルンクン（スマラプラ）の寺院であろう。バリ島の国家であるヌガラ中の最大の王国の首都として栄えたところであり、会議所や裁判所が残されていることで知られるが、これらの施設には注目していない。後者ではギャニアールの市場が描写されているが、馬車の通るのどかな風景である。芸術村のウブドでのヴァルター・シュピースの活動は既に始まっていたし、アメリカの研究者やジャーナリストも現地で活動していて既に新しい芸術、新しい研究も生まれつつあったが、古城江観はそれらにあまり関心は示していないように思われる。ただし、「南洋諸島の中で最も素晴らしい芸術を持ってゐるのはバリー島だと思ふ。」と述べているとおり、バリ島の芸術上における特別な位置は既に認識していた。具体的には織物・木彫・石彫と寺院建築に言及するが、滞在期間が短かったためであろうか、音楽・舞踊・演劇などには触れられていない。それに引き替え、通過したところでの農業的観察は要を得ていて、全島的水田開発が行われていること（実際には西部のジュンブラナ地方は水田が少ないが）、高原でコーヒー栽培が行われていることや、牛豚の飼育にも注目している。ジャワのヒンドゥー教徒による文化であるという一応の歴史認識を有している。だが、オランダ人やアメリカ人やシュピースのような第一次大戦後に現れた国際人が形成した「バリ」島認識には到達していない。特に女性に対する認識において顕著で、ミゲル・コバルビアスの『バリ島』(5)において、日常生活では上半身露わにしているが、儀礼の時には異なることを述べているし、「バリ人は芝居がかった略奪が好きである」として儀礼化した略奪結婚について詳述している。コバルビアス流の好奇心が見え隠れするものの、文化に対する分析が示されていることは事実である。それに対して古城江観の場合には、「原始情調」で一括りにされており、これがこの時期の日本人の「バリ島」認識の限界であったといえよう。

一九三一年に日本軍による中国東北地域に対する侵略が進められて「満州国」が形成され、一九三七年から中国との全面的な戦争となり、さらに一九三九年九月第二次大戦が開始されて一九四〇年六月フランスがドイツに降伏すると、日本軍による仏印進駐が開始される。この前後から「南洋」に対して一段と熱い視線が注がれることとなる。一九三九年の『地理教育』八月号(三〇―五号)で、「南洋研究号」が組まれている。第一次大戦後に日本が信託統治を行うことになったいわゆる「内南洋」(サイパン島・テニアン島・パラオ諸島・カロリン諸島・トラック諸島・マーシャル諸島など)に関する記述もあるが、関心の中心はこれらの外に展開する島々(いわゆる外南洋)であった。現在のインドネシア地域に限っても「蘭領東インド群島の地質」・「インドネシアの宗教」・「蘭印熱帯農業圏の大観」・「チモール島の現状」・「ニューギニア概観」等の考察があり、さらに別図版に「チモール島風俗」・「チモール島デイリー景観」・「蘭領ニューギニアパプア族の生活」・「ニューギニア三景」が存在する。これらに混じって佐立五十男の「世界の楽園夢の国バリーの素描」が掲載され、さらに別図版として「バリー島の婦人三態」が載せられている。三十七名の執筆者による「総力編集」であり、南洋諸島の地理的問題が総浚えされているが、その中でバリ島のテーマは異例であり、特別な位置が与えられ、「楽園」・「夢の国」とされているのである。一九三九年の段階で、日本人のバリ島に対するイメージは確実にできあがっていたといえよう。この時期には先述のコバルビアスの『バリ島』が海軍の補助金によって翻訳・公刊されており、古城江観の牧歌的な観察から十年足らずで一歩踏み込んだイメージ形成がなされているのである。しかし、ここでも欧米研究者が発見していた総体としてのバリ文化にはあまり関心を示していないといえよう。

一九三〇年代における中国戦線の拡大の中で、新聞社の取材競争が激化する状況が生まれ、文壇の花形作家が次々と従軍記者として前線レポートをまとめる状況が生じた。そのような中で一九四一年には高見順が『蘭印の印象』をまとめ、改造社から出版している。二月から四月にかけてジャワやバリ島を巡ったもので、バリ島については、興味を持って一ヶ月滞在しながら、その見聞をこの書に載せることがなかった。太平洋戦争直前のオランダ統治の一断面が語られているが、蘭印探訪の印象として「そこに文化はなかった」と結論するなど、文化の礼賛を手控える内容となっている。そのような中で、ヴァルター・シュピースの動静を語っている箇所があり、バリ島に対する認識として重要である。

バリー島に、有名なスピースといふ独逸人がゐた。多年島民の彫刻絵画工芸品の芸術的指導に献身的に当たつてゐて、普通バリー彫刻として持てはやされてゐる最近の彫刻は、この人のおかげで生れたものだが、だから島民からは慈父のやうにしたはれてゐたさうだが、この人も捕へられ投獄され、長い間苦心して集めてバリー島の古い彫刻類のコレクションがやはり競売に付され、時節柄無慙な値段で叩き売られて了つた。

この文章は、ナチスドイツによってオランダが占領され、そのことによって、植民地に残されたオランダ人はドイツに対してすさまじい敵意を抱いており、ドイツと同盟を結ぶ日本人にも危害が及び始めているというなかで書かれたものである。戦争前夜の息苦しい状況が伝わってくるが、シュピースの功績そのものは、当時の日本人のバリ島認識の中にあって高い位置に置かれていたことがわかる。さらに当然博物館に収めらるべき高い価値を持ったものが多数あつたが、今は心ない骨董屋の手にかかつて四散してしまっているとしてこの時期におけるバリ島文化の解体状況を慨嘆しているのである。バリ島に関わる具体的な見聞は載せられていないが、イメージに関わって次のような文章がある。

十日ほどゐるつもりだつたが、そこの面白さに惹かれてつい一月になつてしまつた。チヤップリンがやはりさうだつたといふが、私たちもチヤップリンに負けず予定を狂わせてしまつた。面白い踊り、面白い風俗、飽きるといふことがない。毎日出て歩いた。

古城江観の探訪から七、八年の間に、日本のバリ島に関する情報は飛躍的に増加し、バルター・シュピースの活動からチヤップリンのバリ島来訪まで一般に共有される知識となっていた。映画・ラジオ・写真雑誌による大衆メディアのグ

写真2　シンガラジャに残るオランダ統治時代の橋（撮影：筆者）

ローバル化が本格化したのがこの時期であり、バリ島は一気に世界の観光地と化していたのである。日本人のバリ島イメージも急速に鮮明なものとなりつつあったが、高見順の一連の記述にあるようにまだ体系的な文化を読み解くまでには至らなかったといえるであろう。

二、太平洋戦争期
――総体としてのバリ島文化への接触

一九四一年十二月八日に太平洋戦争が開始される。四二年二月十九日にはバリ島に日本軍が上陸し、ジャワ島攻略に向けての飛行場造りが開始される。三月一日から日本陸軍の第十六軍がジャワ島への上陸を開始するが、ここには大規模な宣伝班が組織されており、多くの文化人が動員されていた。そのなかに当時文壇の中堅にあり、英文学者でもあった阿部知二がいた。彼は、三月から十二月に至るまでこの地にあって戦時中様々な雑誌にこの時期の体験記を掲載したが、それらをまとめ、一九四四年七月創元社から『火の島』として刊行した。ここに「ジャワ島の記」とともに「バリ島の記」が載せられており、太平洋戦争期のバリ島に対する日本人の姿勢・視点が明瞭に語られている。阿部の場合、ジャワの滞在が比較的長かった割には、バリ島の視察に充てた日数は短く、八日間であったという。

しかし、この時代の代表的な知識人であり、バリ島に対して抱いたイメージはきわめて鮮明である。その旅程を見ると、まずジャワからバリ島西端の港町ギリマヌクに渡っている。ここは現在でも頻繁にフェリーが出入りし、多くの国内旅行者と物資が通過する要衝となっている。阿部はジャワで自動車を活用しており、外国旅行者がよく利用したスラバヤ―シンガラジャの船便は利用しなかった。ギリマヌクから一気にキンタマニ高原に行き、一泊する。山小屋風の宿舎に泊まり、バトゥール火山の近くで、バトゥール湖を眼下に、アグン山を遠望しながら自然の中で一日を過ごし、翌日にはデンパサールに入る。「西洋の観光者らに有名だったバリ・ホテルは空家だった。」とわざわざ記している。町外れの木陰で初めて「バリ踊」を見物し、観光相手のまやかしと断じた後、次のように記述する。

現代のバリは、汽船会社と観光業者との手引で世界的な遊覧地になり、ごく少数の民俗や文化の研究者らが嘆いていたとおり、アメリカ風の浮薄な好奇心の対象として「唄や踊の島」の名が高まるにつれ、その生活は乱れ、その伝統も淳風もほろびに瀕しようとしていたのだ。

陸軍報道班員の立場から敵国アメリカによって文化が滅びようとしていることを強調しており、高見順の『蘭印の印象』の延長線上にあるが、「アメリカによって世界の遊覧地となった」と明言している点は、この段階における日本人の抱いたバリ島イメージとして重要であろう。遊覧地の中心として、阿部の脳裏には「バリホテル」が強く印象づけられている。戦間期のバリ観光の展開については永渕康之著『バリ島』(永渕二〇〇〇)に詳述されており、アメリカやヨーロッパの富豪がバリに魅せられ、ロックフェラー一族の新婚旅行にもバリ島滞在が取り入れられたことが記されている。太平洋戦争期はバリ観光の空白期となり、バリ文化の伝統的な部分は何とか保持できたにしても、創造性の展開が見られなかったことは明らかで、実際には阿部の記述とは逆の方向に進んだことになる。阿部はデンパサールで時間を過ごした後、単身でサボ村のラジャの家に行き、歓待を受ける。このラジャは著名なガムランの楽団を組織し、一流の踊り手も育てている。阿部は細かく記述していないが、現代でもその伝統を残すギャニアール県サバ(Saba)村を訪れたらしい。「一夜にして私は変わった」と記しているように、ここでバリ文化の真髄に触れたのである。ここから次にはアグン山の麓にあるヴァルター・シュピースの旧家を目指す。シュピースの家があったイセには、その後建てられたロッジがあり、現在でも棚田と渓流が美しい。阿部は近くの村でバロン劇やサンギャン・ドダリを見た後、シュピースの家に戻り、アラック酒を飲みながら友人と露台の上で夜を明かす。翌日、ボナ村でケチャを堪能し、デンパサールに戻っている。ホテルの庭の舞台で、今度は優れた女の踊り手によるレゴンと、世界的に知られていたマリオの座り踊り「ケビヤ」を見ている。その上で、バリスやトッペン、チャロナラン劇は見ることができなかったと記し、これらが宗教祭祀と切り離せない関係にあって「いわばバリの天地は、神と魔霊と人間とがともどもに相たのしんでいるところの一大舞台なのである」と結んでいる。

　このように、まず舞踊を中心としてその世界観を端的に示した後に、産業に移り、次のような指摘を行っている。

　名物は米作である。平野はいうまでもなく、高い傾斜面にまで、いわゆる「田毎の月」形に田をつくり上げて行っている。旧蘭印の諸島民のうちでも最もすぐれた米作民だとされている。米は毘溼拏神が大地女神を犯して生ませたものだという伝説もあり、そのいわれは古く、聖なるものと見られ、蒔種から収穫にかけては熱心な祭祀をともなっている。一方、村々ではスバクという灌漑水利のための自治の組織をつくって、見事に協力し合いながら米を育てている。山の多い島でありながら、椰子実、珈琲、煙草などとともに米も輸出する力を持っていたのも偶然ではない。

　以上のように、短い文章ながら、バリ島の水田農耕の特色を的確にとらえている。長野県姨捨の棚田で親しまれた「田毎の月」という表現を用いてバリ島の生産基盤となっているライステラスを見事に表現し、米作りの信仰に触れ、さらに「スバクという灌漑組織のための自治の組織」の存在を指摘して安定した農業生産が商品作物にまで及んでいることを明らかにしている。日本人のバリ島に対する基礎的イメージはここに完成を見たといってもいいのではないか。短時日の視察によってここまで見通す阿部知二の見識に感服するほかはないが、バリ島の歴史・宗教を語った後、次のようにまとめる。

　「東洋の」バリ文化の時代がはじまらなければならぬ。私がここでバリについて書いたことは、甘い点数をつけすぎた傾きがあるといわれればそれまでだが、しかし、思ってみれば私がそこで得た「驚き」は、西洋人のそれとは全く反対のものだった。西洋人はその珍しさにおどろき、我々はあまりに身近いものをこの天涯の島に見出したことにおどろくのである。この親愛感を持つ日本人が、在来と一変したバリ観を持ちバリ研究をし、バリをみちびいて行くことをしなければならぬ。彼等があのように日本をよろこび迎えたのもその希望から発したことであったにちがいない。

　この文章が戦争下の特殊な状況で書かれたものであること

は事実だが、しかし、デンパサールでバリ・ホテルを見つけたときのような敵愾心に満ちた文章とは違う自覚と精神性に溢れた提言――「日本人によるバリ島文化研究宣言」と呼ぶことも可能――となっており、二十一世紀の我々の心にまで響く内容を有している。日本人にとっての「驚き」は単純に身近なものを見たというだけにとどまるものではない。明治維新以来の近代化の中で、「脱亜入欧」を目指した日本人が振り捨てようとした「村落共同体の文化」がこのバリで生きていたことにこそ最大の衝撃があったのである。「在来と一変したバリ観を持ち、バリ研究をする」ことは、近代的テクノロジーの吸収に全力をあげた日本人にとって誠に重い課題であった。比較的時間に余裕のあった阿部が、強い関心を持ちながらバリ島の調査を短時日で切り上げたのは、この島が欧米文化に染まった自分を映す鏡となることを恐れたからでは無かろうか。「東洋の」バリ文化の時代を現出することは戦局の推移と同様、きわめて困難なことであったのである。

阿部知二がバリ島を訪れたその年、アメリカでは、グレゴリー・ベイトソンとマーガレット・ミードの協業によるバリ島研究の集大成で『バリ島人の性格――写真による分析』が刊行されている（Bateson・Mead 1942, 外山二〇〇一）。一九三六年から三九年にかけての厖大な写真フィルムによりバリ島人の表情を詳細に捉えた点で、記念碑的な研究となっているが、日本人がこの研究成果を享受するのは戦後のこととなった。きわめて著名な書であるが、ここからどのようなバリ島のイメージが読み取れるかとなると難しい。それは、この書がバリ島の文化全体を伝えることを目的としたものではなく、西洋文明に触れていない人々が、親から子へ自らの文化を如何に伝えていくかをテーマとしたことにあるが、同時に彼等の調査の方法に現代の我々から見れば混乱というべきものがあったことにも原因がある。まず全体を概観した後に、バリ島イメージを一つの像に結ばせなかった方法上の問題点について考えてみたい。本文はマーガレット・ミードによって書かれ、次のような構成をとっている。

・序説（図版1～8）
・空間的な位置の見さだめと高低のレベル（図版9～14）
・学習（図版15～17）
・身体の統一性と分解（図版18～25）
・身体の開口部（図版26～37）
・自己宇宙的な遊び（図版38～44）
・親と子供（図版45～68）
・きょうだい（図版69～74）
・子どもの発達のさまざまな段階（図版75～83）

・通過儀礼（図版84〜100）
・結論

それぞれの図版にはベイトソンが詳細な解説を付していて一九三〇年代後半のバリ島人の細かな表情や仕草がとらえられており、貴重な記録となっている。序説の図版1と2で主たるフィールドとしたバユン・グデの集落と寺院と農業の写真が載せられ、解説されている。最初の集落の写真群で明らかなように、この村はいわゆるバリアガの村であることがわかる。場所はバンリ県のキンタマーニ高原であり、水田農耕は行われず、完全な畑作地帯であって、ヒンドゥー教的要素が希薄な村であった。「序」で述べられているように、このバリアガの村の選択は「バリには、侵入してくるさまざまな要素が何世紀にもわたって次々に接ぎ木されてきた文化的な土台があるはずであり、まずははじめにこの土台を研究するほうが得るところが大きいと考えた」（外山二〇〇一：一〇頁）ところによるものである。このように述べられているが、以下の内容においては、ヒンドゥー的儀礼や水田農耕社会の風俗が十分な説明無しに取り上げられている。その極端な事例がこの書で最も頁が割かれている「親と子供」の章である。この章の中ほどにはチャロナラン劇の図版が細かく載せられているが、バユン・グデと文化的な脈絡は無く、謝礼を払い、昼間演じさせたものであった。これがバユン・グデの原始的な親子の姿と同様な扱いで掲載されており、著書としての一貫性・体系性を読み取ることを困難にしている。「心理学的にみてバリ島文化に強く見られる基本的な特徴はバユン・グデでも平野部でもかわらない」（外山二〇〇一：一〇頁）としているが、これはやはり他者の眼というべきものであろう。「序」で、バユン・グデではヒンドゥーの神々が祀られず、火葬もカーストもないと述べられている。しかし、図版を見る限り、ヒンドゥー的要素も見られるようであり、バユン・グデの文化の輪郭をわかりやすい形で示すべきであった。そうしなければ、一枚一枚の写真がバリ島の文化としてどこまで普遍性を有するものであるのか、判断できないことになる。この書は特殊な事例を軸として普遍的なバリ文化を論じているにもかかわらず、十分な配慮がなされておらず、その方法的混乱に我々は困惑する。また、ミードの記述がどこから引き出されたものであるのかも不明なところが多い。たとえば、「学習」（図版15〜17）では、母親の右手と左手に関する教育が詳細に記述されている。この図版の中にそれが示されて当然だと思うのだが、確認できず、ミードの立論の過程が追えないのである。ただし、個々の図版は一九三〇年代を語る鮮明な画像であり、限りない魅力があることも事実であ

写真3　シュピースが愛したイセの風景（撮影：筆者）

る。例えば、図版16では伝説的な舞踊家であるマリオが少年にクビャールと呼ばれる座り踊りを伝授しているところであるが、腕・指・腰の有機的な動きがとらえられていてバリ舞踊の特性の一つが見事に示されているといえよう。「あとがき」として付けられた「バリについての民族誌的な注」の末尾に「日本人は、無力な人々の搾取で著名だが、バリ島人の性格のなかにある堅固な、だが無抵抗に服従を拒む傾向が、それだけよけいに日本の侵略者による蛮行を誘発しかねない。」という指摘を阿部知二の「宣言」と重ね合わせると、日本のバリ島占領が他地域のような大きな悲劇を生まずに終始し、ミードの危惧が具体化しなかったことは幸いであった。

一九四三年には伊藤知晄著『バリ島の神々と祭典』が東亜開拓社から刊行されている。構成は、「夢の国バリ島」・「婆羅門の神々」・「祭典と儀式」・「宗教と芸術」・「奇風珍習」となっているが、十分な調査に基づいた著書と見なすことはできず、概論的な内容となっている。一九四三年には佐藤春夫がバリ島を訪問し、一九四五年三月の『文藝』に「バリ島」を掲載している。(6) ジャワ訪問のついでに四日間ほど滞在したものである。阿部知二のような使命感はなく、単なる見聞記であるが、時局にもかかわらず、当時文人の間でバリ旅行がはやっていたようで、途中で大佛次郎の一行に遭遇したことが記されている。自動車を駆使しての強行日程には驚くが、トゥガナンでは布織りの女性の心意気に感動している点に文壇を支えた彼の心象が見えてくる。

なお、占領下において、一九四二年九月から一九四四年にかけてバリ島の教育に関する報告書が作成されている。これらについては、一九九九年に鈴木政平著『日本占領下バリ島からの報告――東南アジアでの教育政策』[7]が刊行されている。この地で占領下に日本が行った教育政策が見え、バリ島が有する伝統文化の掘り起こしを試みている点は注目される。「バリ文化研究要綱」を決定して、ヒンドゥー教の信仰や沿革、バリ史の大要、神話伝説童話、建築彫刻工芸、音楽舞踊演劇、道徳法制、風俗習慣、産業経済を主たる研究題目として取り上げ、バリ島の人々に委嘱して研究を進めた。その結果、「バリ島史要」「バリ童話抄」「バリ島風習雑録」等のレポートがまとまったという[8]。現在これらを確認できないのは誠に残念である。

三、戦後期――日本における先駆的研究の時代

第二次世界大戦の終結とともに、バリ島はオランダの統治が復活するが、独立運動の高まりによって、一九五〇年にはインドネシア共和国に参加し、新たな出発をみることとなった。日本においても戦後復興に明け暮れる日々で、バリ島の文化に接するいとまも無かったが、五〇年代の終わり頃から芸術を中心に農業、村落、宗教など個々の分野で研究が行われるようになる。特にガムラン音楽については、岸辺成雄の研究(岸辺一九六二)[9]などにより、西洋音楽に対置できる東洋音楽のアンサンブルとしての理解が深まっていった。

一九六八年には宮本延人によって『バリ島の研究――第二次東南アジア稲作民族文化総合調査報告』(東海大学出版会)がまとめられている。これは一九五七年に行ったメコン川流域の調査に続いて企画されたものであるが、インドネシアの政情不安から入国許可が得られない状況が続いた中で、一九六〇年の二月から四月にかけて調査が行われたものである。第二次大戦後の比較的早い時期に行われた学際的な調査として貴重である。内容は次の通り。

・石川栄吉「バリ島およびロンボク島の農民家族と居住様式」
・倉田勇「バリ島山村の婚姻と相続――Desa Songon の事例考察を中心として」
・藤岡保夫「バリ島の水稲作とその儀礼」
・宮本延人「バリ島農民の生活」

後述するクリフォード・ギアツのバリ島滞在が一九五七年から五八年にかけてのことであったから、ほぼ同時期に行われた調査の報告である。入国手続きが難航したことにより、調査期間が短かくなってしまったことが惜しまれる。この調査の特徴はロンボク島との比較研究の視点を取り入れたことにあり、それを端的に示しているのが石川論文である。この論文では、バリ島の村落の例として、デンパサールの南の郊

外にあり、ブノア湾に近いセセタン村（desa Sesetan）を取り上げている。現在では、インド洋のマグロ漁基地として名高いブノア港の埠頭とデンパサール市街を結ぶ道路が通り、都市化の著しいところである。調査時点では居住棟・穀倉・寺院のいずれも茅葺きであり、隔世の感がある。一方ロンボク島の村落としては、バリ島の影響が少ない東海岸のパンジュール村（desa Pantjur）が選ばれている。水田農耕地帯ではあるが、バリ島の支配にたびたび反乱をおこしたササック族の居住する村でイスラム教の寺院がある。いわゆるウォーレス線が引かれるバリ島とロンボク島ではあるが、水田農耕を共通基盤としてその差異を比較検討している点で興味深い論点を提示している。藤岡論文はバリ島全体をフィールドにし、石川論文との連携性はあまりないが、ロンボク島ササックの農法にも言及があり、ここでは鋤を使わない直播き栽培法が行われていたと指摘するが、調査時点での詳しいレポートは記されていない。これらの論文とはやや趣を異にするのが倉田論文である。バトゥール湖沿岸のソンガン村（desa Songan）の調査を行ったもので、ゲルゲル王国の系譜を引く村であって、同じバトゥール湖の沿岸であってもバリアガの村として知られるトルニャンとは全く相違する村であることが明らかにされている。人口五〇〇〇人ほどの巨大な村であるが、ほとんどの村人は出作りの形で山の傾斜面に住んでいて村には年二回屋敷神の礼拝に戻ってくるだけであるという。トルニャンとは相違するとしても平地の村とは余程形態の異なる村であり、この時点での詳細な調査が行われなかったことが悔やまれる。なお、宮本の「バリ島農民の生活」は服飾と生活、部落、農耕などに整理された写真の記録である。

一九七〇年代半ばのバリ村落を研究した業績として、『アジア経済』一六―一〇に掲載された間苧谷栄「バリ島村落の基本構造」と吉田禎吾「バリ村落の宗教と世界観」がある。これらは一九七四年十月初旬から一九七五年一月初旬にかけてサヌール行政村（Deasa Sanur）で調査を行ったものである。サヌールは著名な観光地であり、一九六六年には日本の援助により唯一の高層ホテルとして知られるグランド・バリ・ビーチが営業を開始しており、この時点において農民が五〇パーセントを割る状況となっている。デンパサール国際空港の開設が一九六九年であり、調査時点ではサヌールを縦断するグラライバイパス道路は作られていなかった。この研究は都市化に向かう過渡的な状況を捉えており、そのなかにバリの伝統がたくましく生きていることを明らかにした点で貴重な成果を得ている。村長プルブクル（perbekel）の活動が詳細に伝えられ、一九世紀ヌガラの王の手足となって働いて

写真4　ジャテルイの棚田（撮影：筆者）

いたプルブクルを連想させるバイタリティーを感じさせるものがある。さらにこの論文は慣習村とバンジャールの考察に及ぶが、プルアン・バンジャールのリンティハンに関する分析は重要な問題を提起している。バリの人々の説明から「共通の祖先の残した財産に対して権利を主張しうる人間の集団」と定義づけられたリンティハンは、その財産の具体例としてサヌールの特別な地域にふさわしい一事例があげられているだけであるが、屋敷地、山野などではごく一般的に見られるものではないだろうか。日本では明治二十年代以降不動産の登記制度が確立したためおそらくリンティハン的なまとまりは消滅したのであろう。持続的な水田農耕社会を有する地域では普遍的に見られる財産管理の方式であろう。その後、サヌールは都市化し、さらなる検証は困難だが、他地域では多くの事例を拾うことも可能であろう。バリに多くの儀礼が存在する要因の一つにリンティハンを上げることができるのではないか。吉田論文はサヌールの宗教儀礼を明らかにするものであるが、七五年の段階で、チャロナラン劇が行われていたことがわかる。

一九七八年には石川隆「バリ島におけるスバク組織」（『南方文化』5）が発表され、一九七六年七月のウブド村におけるスバック調査とウダヤナ大学の資料によりこの時期におけるスバックの問題点をまとめている。日本人によるバリ研究も深化してきたといえよう。このような日本の状況を象徴的に示しているのが一九七九年に『世界』四〇八号に載せられた井上ひさし・大江健三郎ほかの「座談会：神々の島バリ――インドネシアの文化と芸能を訪ねて」である。一九七五年のベトナムの統一を踏まえて、東南アジアの文化を見直す思潮が生まれ、その中心的な位置の一つにバリ島がおかれることとなったのである。東アジアにおける日本文化の相対化も意識され、八〇年以降のバリ島ブームを予感させるものでもあった。

四、一九八〇年代――『劇場国家』の衝撃

一九八〇年クリフォード・ギアツが『ヌガラ――一九世紀バリの劇場国家』を刊行した。ギアツは一九二六年生まれであり、第二次世界大戦終了時に一九歳で、戦後派の研究者といえるであろう。ジャワ、バリ、モロッコをフィールドとしているが、インドネシア独立後一九五七年から一九五八年にかけてバリ島に入っている。「ディープ・プレイ」（吉田・柳川・中牧・板橋一九八七）はバリの「闘鶏」を扱った興味深いレポートであるが、「闘鶏」の見学に出かけた時、当局の手入れがあり、機関銃を振りかざした官憲におわれて居合わせた人と命からがら逃げたことが記されている。それから村人と意思疎通が図れるようになったとあり、学生臭を残したその調査態度に、オランダ統治時代の研究者とは違うスタンスが感じられる。ただし、十九世紀を知るインフォーマントが生きる時代での調査で、『ヌガラ』は歴史的復原研究の書でもあり、研究史の引用部分も多く、国家と村落にこだわったという点で通常の文化人類学のレポートとは異なるものであるといえよう。

この書によって日本人のバリ島イメージは、一九三〇年代から約半世紀を経て、再度大きな転換を迫られることになった。アメリカの文化人類学者が、世界史上何の貢献も果たしていないと考えられていたバリ島の国家に、決定的な国家成立の要因を見出したのである。その要因とは「儀礼」である。どのような国家であっても、儀礼が全く存在しないということはあり得ない。大小の年中行事があり、王が交替すれば、必ず戴冠式がある。バリに生まれたヌガラと呼ばれる国家は、その上部構造の存在総てが儀礼によって成り立っているとギアツは断定し、新たな国家像を提示したのである。この時まで「バリ島で、ヨーロッパやアジア地域と同等に国家が論じられる」ことなど日本人は考えていなかったのであるから、衝撃的な問題提起であったといえるであろう。

その「衝撃」を検討するに当たって、簡単に本書の構成を見ておきたい（小泉訳一九九〇）[10]。

序章　バリと歴史学的方法
第一章　政治的定義づけ――秩序の源
　模範的中央の神話／地誌と権力均衡

第二章　政治の解剖——支配階級の内部組織
　出自集団と沈降する地位／主従関係／同盟関係
第三章　政治の解剖——村落と国家
　村落と政体／プルブクル体系／灌漑の政治／通商の形態
第四章　政治的言述——演出と式典
　権力の象徴論／寺院としての宮殿／火葬と地位抗争
結論　バリと政治理論

からなっており、それまでのバリ研究では遠い存在であった「政治」や「権力」の問題をバリの文化的風土の上に載せて論じた点で画期的なものとなった。それまで世界史的にはほとんど顧みられることの無かった十九世紀のバリに存在したヌガラ（小国家）の権力構造を分析し、そこに見える演劇的演出に政治の本質を提示して世界史に登場する国家を分析したものである。ギアツはマックス・ウェーバーを意識して次のように述べる。

　ヌガラは、ウェーバーの今では標準的となっている用語を使えば、官僚制国家ではなく、封建制国家でもなく、家産制国家でもなかった。すなわちそれは、孔子時代の中国あるいは帝政ローマのような、機能的に体系的に序列化した行政構造などではなかった。それはまた、中世の北ヨーロッパあるいは明治以前の日本のような、封土組織と封建主従関係と騎士道倫理に支えられた契約法の体系でもなかった。それはまた、ウマイヤ朝のイスラムあるいはダリウス王のペルシアのような、家産制的オイコスが膨張し軍事的発展を遂げたものでもなかった（小泉訳一九九〇：七一頁）。

　このように、前近代の主要な国家形態との相違を強調した上で、ヌガラについては「一群の主権者の上に、不完全ながらも儀礼的な優先順位が印されたものだったのである。」としてその存在を明確化している。支配者層としてプンガワ（君主）の集団があるが、ラジャ（王）はその中から選ばれ、権力は上から割り当てられたのではなく、下から積み上げられたものであるとして、それはこの体系が根源的、全面的、習性的に連合的なるが故であるとする。マックス・ウェーバーが考えたような権力の連鎖はここにはなく、カウラと呼ばれる独立民の上に、プルブクルと呼ばれる代官がいるが、プルブクルはある村落なり町なりをまるまる支配するものではなく、いくつかの村や町にまたがってそれぞれ何人かずつのカウラを組織するものであった。日本前近代史の用語でいえば、「散りがかり」的な関係ということになるのであろう。プンガワが複数のプルブクルを支配していたが、動員されるカウラとプンガワの間には強い主従制は存在しなかった。このようにほとんど権力的な体系といえるものは存在しないのが十九世紀のバリ島であったが、ギアツは国家成立の要因を次のように述べる（小泉訳一九九〇：一三頁）。

この国家には専制に必要な秩序だった権力集中を実現する力などなかったから、そのような支配を目指したとはいえず、またこの国家による支配は無頓着かつ不徹底に行われたから統治を組織的に目指したとさえ言いがたい。この国家が常に目指したのは演出であり、儀式であり、バリ文化の執着する社会的不平等と地位の誇りを公に演劇化することであった。バリの国家は、王と君主が興行主、僧侶が監督、農民が脇役と舞台装置係と観客であるような劇場国家であった。

ここにおいて、バリ島のイメージは「神々の島」を基盤としつつも、人文科学的な装いを持った「劇場国家」へと新たな段階に到達した。宗教行事を演出と見て、それを国家機能の中心に据えて考察するという大胆な試みは第二次大戦後のアメリカの研究者によってのみ達成可能なことであったといえよう。戦中に行われた阿部知二の「東洋」のバリ文化研究宣言を凌駕するグローバルな展開である。ヌガラは、国家と同時に都市をも意味する言葉であるが、この国の政治と宗教を通底する教義として、「王宮＝都とは超自然的秩序の小宇宙であると同時に、それが政治秩序の有形的具現でもあるという理論」の存在を確認している。宗教的なコスモスがヌガラと一致するのであり、ここから国家と儀礼に関して日本の研究者は大きな影響を受けることとなった。

以上宗教的な側面を述べてきたが、ギアツの「劇場国家」には現実世界の問題として今ひとつ重要な指摘がある。それは上部構造が常に演劇的な儀礼と権力闘争を繰り返していたのに対して、下部の村落は自治的な能力を備え、安定した生産活動を行っていたという見解である。村落の自治に深い考察を加えているが、ここではさらに水田灌漑の組織スバックに関する言及が目を引く（小泉訳一九九〇：八一頁）。

国家所有や国家経営の水利施設は一切存在せず、スバックより上位の自律的団体の財産であったり責任であったりする水利施設も、一切存在しなかった。個々の土地所有者が水の供給を得るために依存した全施設―堰堤、水路、堤防、分水門、暗渠、高架水路、貯水池―を、時に他を排し、時に提携して、建設し所有し管理し補修したのは、その土地所有者自身も正式成員であり少なくとも法的には他成員と同等資格を持つような、独立社会団体であった。バリについてマルクス主義的見地からどのようなことが言われていようとも、基本的生産手段の疎外は存在しなかった。

以上のように断言し、灌漑組織スバックの存在を高く評価している。ギアツの意識の中で必ずしも顕在化していないが、国家を国家たらしめる要因として少なくとも数百年続く「秩序」の問題があると考えているのではないだろうか。バリ島の場合、ギアツはそれを村落とスバックに求めたのである。上部構造が行政管理を行わなくとも、下部構造の自治が高いレベルにあって支えていた。それ故意表を突くユニークな前近代の国家モデルとなりうるのであり、現代の我々にとって納得のいく周到な説明もなされている。早稲田大学水稲文化研究所の研究活動もまさにこの点に魅せられてのバリ島での検証であったといえよう。しかし、同時に「劇場国家」の論理的な弱点が見えてくるのもここにある。特にスバックについて次のような疑問が湧いてくる。

〈スバックについて、「国家所有や国家経営の水利施設は一切存在せず」と断定しているが、国家が何らかの形で関与する水利施設は全時代的に存在するのではないか。〉

このような疑問に対して、表1「水利組合（スバック）の体系」に付けられた注で詳しい回答が用意されている（小泉訳一九九〇：二一五頁）。そこでは棚田と灌漑施設の建設においてて国家が果たした役割は小さいものであるとし、スバックの体系はゆっくりと少しずつできあがっていったもので、一大権威が巨大な人間集団を一気に動かして短時日に作り上げたものではないとしている。その例としてフィリピンのイフガオ地方の棚田開発などをあげている。ギアツは『ヌガラ』においてバリ島の生産基盤は棚田であることを繰り返し述べている。しかし、バリ島のタバナン県、ギャニアール県、バドゥン県などの水田地帯では棚田でないところも多い。ギアツがことさら棚田をこの島の生産基盤として強調するのは、棚田がフィリピン・イフガオのみならず中国雲南省や日本の中山間地域においてもその開発・維持に国家が直接関わらない場合が多いためではないだろうか。ギアツは、従来の研究に則ってスバックの制度が一〇二二年まで遡れること、および水路のトンネル工事は八九六年には行われていたことを挙げ、さらに一〇五〇年頃には現在のスバック組織と同様のものが見られることを先行研究から示して、「一八九一―一九〇六の時代までに、スバック体系は本質において完成され、伝統的形態を取るようになっていたのである。」と明言している（小泉訳一九九〇：二〇二頁）。一九〇六年以降におけるオランダの開発を限定的なものとし、前近代に行われたバリ島の村落民によってなされた水田開発および水利組織を高く評価して、劇場国家における下部構造の安定ぶりを強調する。

以上のようにしてできあがった「劇場国家」によるバリ島イメージは、同じ水田農耕の伝統を有する日本の場合とは余程違ったものとなった。ここでは詳細な検討は差し控えるが、ギアツの『劇場国家』が示すバリ島の水田社会と日本のそれとの相違点を列挙してみよう。

(1) 日本では、五～六世紀の天皇（王）が灌漑池や水路を造成したことが記録されているが、バリではそのような事例が検証されない。

(2) 日本では、六四六年の大化改新詔に淵源があると考えられる班田収授法により、古代において水田の国家管理が行われたが、バリでは全時代に渡って水田の国家管理はなかった。

(3) 日本では、八世紀には七二二年に政府が水田の一〇〇万町歩開墾計画を立案するなど、国家による水田開発計画が存在したが、バリでは十九世紀に至るまで国家経営による水田開発はなかった。

(4) 日本では七二三年に三世一身法、七四三年に墾田永年私財法が発布され、個人による灌漑施設の保有と水田開発が可能であり、中央の権門寺院による大規模な水田所有が発生したが、バリでは王や君主、寺院による水田の大規模開発・大規模所有はなかった。

(5) バリでは、一〇五〇年頃にスバックに類似する水利組織が見られるが、日本で惣村による灌漑池の管理が見られるのは十四世紀以降である。

(6) バリでは、大河川からの引水によりスバック・グデが存在したが、個々のスバックの連携により形成されたものであった。日本では、十七世紀以降、幕府（中央政府）・大名（有力な君主）・商人などによって〇〇郷用水などと呼ばれる大水路による水田開発が行われた。

(7) 技術的な問題として、バリでは八九六年に用水路のトンネル工事が行われたが、日本で用水路のトンネル工事が行われるのは、特殊な事例を除いて十六世紀に鉱山開発技術が普及してからであった。

(8) バリでは、一九世紀までに基本的な水田開発が終了し、その後スバックが新たに組織されることはなく、二十世紀のオランダ統治期においても大きな改変はなかったが、日本では二十世紀に入ると国営・公営の耕地整理事業が進捗し、伝統的水田景観および自律的水利組織はほぼ失われた。

このように、バリと日本では水田農耕を基盤としながら、国家レベルの開発と管理を巡って非常に大きな相違がある。ただし、これはギアツが描き出したバリ島イメージに依拠したものである。ギアツは劇場国家論の論理的一貫性を重視して、バリの支配者および有力者は水田開発とその管理には関心を示さず、専ら「模範的中央」（都市・宮廷・寺院）における演劇的儀礼に終始したとした。一九世紀において自治の発達した村落と平等を原則とする水利組織がバリ島全体を覆っていたとするが、これは日本のみならず多かれ少なかれ王が水田灌漑に関わった他のアジアの水田農耕社会とも大きな相違を見せている。世界中でバリだけが特殊な国家形態をとっていた可能性が高いのである。魅力的な国家論ではあるが、論証過程については今後さらに検討が必要であろう。

英文のこの書が出版された年、日本では直ちにそれに反応して多くの論考が生まれた。その一つが中村雄二郎「魔女ランダ考――バリ島のパトスの知」（中村一九八〇）である。ここでは、ヌガラの演劇的統治に刺激され、チャロナラン劇に見られるバリ的な宇宙構造にその特徴を見る。特にギアツの火葬儀礼の分析を高く評価してその浄化・崇敬・分析の過程を詳述し、王の葬祭を手がかりとしてヌガラにおける象徴表現とコスモロジーのもつ政治的意味を明らかにしたことを高く評価する。この頃の日本の研究者の特徴であるが、宮廷の儀礼とバリ・ヒンドゥーのコスモロジーとの関係に示されたギアツの見解をもって『劇場国家』への評価を下すのである。中村雄二郎においても結果として『劇場国家』には暴力、受苦の視点が欠けていると批判する。しかし、これはギアツが『劇場国家』全体で訴えようとした権力主義的側面および主従制支配が必ずしも国家の規定要因には成り得ないというメッセージを評価し得なかったためであるといえる。宮廷内の儀礼の分析は『劇場国家』のなかで一つの重要な位置をしめるが、それはギアツが分析した国家像の一部分でしかない。

山口昌男も「政治の象徴人類学に向けて」（山口一九八一）においてやはり『ヌガラ』に触れ、第二章を「劇場としての国家――バリ島の場合」として、近代の政治理論では政治の諸関係を基本的に支配と被支配、解放、民主主義という二者択一によって捉えているが、ギアツの示すバリ島の例はこの二者択一論に対して第三の例があり得ることを示していると評価する。その宇宙観にバリ島文化の特徴を見るが、中村雄二郎とほぼ同じ視点に立ち、ギアツの示したバリ・イメージの一部を論評するにとどまっている。これらの一連の動きに加え、一九八二年に東南アジア研究で知られる矢野暢が『劇場国家日本』を著してバリ島の現象を日本の天皇制国家に当てはめようとした（矢野一九八二）。矢野はギアツの『ヌガラ』刊行を待望しており、京都大学の同僚四人と三回の読書会を開き、「たいへんな問題作だという点ではみなの意見は一致した」という。ただし、矢野の理解は「（劇場国家とは）外来思想の演出表現に忠実に専念するにふさわしいぐあいに政治秩序が形成されているような国家のことである。いわば、自前のシナリオで自国を運営できない国のことである。」（矢野一九八二：一二頁）として矢野が描く日本社会と劇場国家を重ね合わせたものであった。以下、儀礼に関する分析はおこなわれず、日本の政治・社会・外交・経済が語られていく。『劇場国家』が日本の研究者にインパクトを与えたことはわかるが、そのイメージが正確に伝えられることの難しさを痛感させる内容となっている。ただし、この頃から「劇場」という言葉が日本の政治の周辺で使われるようになり、小泉内閣（二〇〇一年四月～二〇〇六年九月）でピークに達したことを考えると、矢野の著書が日本において「劇場国家」が二次的展開[11]を遂げる一つの契機になったとも考えられる。繰り返すが、日本の前近代社会とギアツが描いた劇場国家との間には非常に大きな隔たりがある。それを埋めるアナロジーの検討をすることもなく、両者が結びつけられたことに驚くほかはないが、ここでは一九八〇年に劇場国家が研究者に与えた「衝撃」の一事例と考えておきたい。

「劇場国家」は、日本史の古代・中世史の研究者にも大きな影響を与えた。井原今朝男は「中世の知と儀礼――日本中世史研究の現代的課題」（松尾二〇〇六）のなかで、劇場国家論が社会科学に大きな影響を与え、天皇制と結びついて儀礼の研究が盛んになったことを述べている。一九八六年には歴史学研究会大会の古代史部会・中世史部会で国家儀礼が中心的に取り上げられ、前後して朝廷儀礼、武家儀礼、民衆儀礼に関する実証的な著書が相次いで刊行されることとなった。井原は、この時期に研究者の間で「ヌガラ」が流行語になったと指摘している。一九八六年には、中沢新一「呪術師の生態システム論」が発表されている（中沢一九八六）。自らバリアン（医師の役割を果たす呪術師）になる訓練を受けた筆者は、守護霊とも訳されるブタ（Bhuta）のコスモロジーを解明し、バリ島の宗教的な深部に迫り、生体システム理論を明らかにしようとしたものである。

五、一九九〇年代
――日本人による研究進展の時代

一九九〇年に小泉潤二訳『ヌガラ――一九世紀バリの劇場国家』がみすず書房より刊行される。原書が出版されてから一〇年を経て、「劇場国家」に対しての冷静かつ客観的な評価が可能となるとともに、日本人が長期間バリ島に滞在し、現地での調査を通してすぐれた個別研究を発表するようになった。同年に発表された大橋力・河合徳枝「バリ島のガムランにおける快感発生のメカニズム」は、大脳生理学によりガムラン音楽の分析を行ったものであるが、一九八〇年代からウブドに拠点を構えてバリ音楽を摂取するとともに現地で楽団を育てその緊密な連携によって地域に貢献している（大橋・河合一九九〇）。また、『民族文化の世界――儀礼と伝承の民族誌』には鏡味治也「バリ島の文化史的位置づけ」、中村潔「儀礼の精緻化――バリ島スラット村における寺の祭礼の二つの形」というⅣ期からⅤ期への日本人による研究の展開を象徴する二つの論文が掲載されている（阿部・荻原・伊藤編一九九〇）。前者は、バリにおける文化史的な通史で、日本の弥生時代に類似する青銅器文化の時代、インド文明が及んで王権が成立する西暦八八二年以降の時代は、日本の飛鳥〜奈良時代に比較しうる内容を有している。ただし、「今日みるような水田のひろがりは、今世紀（二十世紀）にはいってオランダ植民地政府が近代的な機械力でもって灌漑用水を整備するようになってからのことである」という認識については詳しい説明がないのが残念である。後者は、東部のスラット村をフィールドとして、村の寺院で行われる儀礼をオダラン型儀礼とウサバ型儀礼に分類して、一般に眼に触れることの少ないウサバ型儀礼を詳細に紹介したものである。女性の参加に大きな意味のあるオダラン型の儀礼とは違うウサバ型儀礼が明らかにされた意義は大きいといえよう。ただし、スラット村に関する基本的な情報が十分に提供されていない点は気になる。「スラット村では、デサとは狭義には村の特定の耕地（ほとんど水田）を所有し、村の神に奉仕する義務があるものたちを指す。」とあり、日本の中世荘園における名主の存在を想起させるものがあるが、具体的な人数、所有耕地の規模、他の農民との関係などを知りたいものである。

一九九四年には河野亮仙・中村潔編『神々の島バリ：バリ＝ヒンドゥーの儀礼と芸能』が刊行され、一九三〇年代からの研究史を生かしつつ現地調査に基づいたレポートがなされている。監修者の吉田禎吾が「序論」で述べているように、「神々の島」というイメージから出発し、個別研究を束ねてバリ文化の深層に迫ったものである。日本人が行っている個々の分野での研究が九〇年代に入って収穫期を迎えたことを示す書であるといえよう。一例を第十章高橋明「死の儀礼」にとると、第1章で扱ったミゲル・コバルビアス『バリ島』の第11章「死と火葬」などによりその概要と原則を提示しつつ、一九八九年と一九九一年の二つの事例をレポートしている。戦間期に形成されたバリ島の基礎的イメージは儀礼研究に関する限り、その有効性を現在でも保っている。日本人の入念な現地での研究はまず音楽・演劇などの芸術分野で開始されたが、スバック研究でも一九九六年には水谷正一が「資源制約下の水利用システム――インドネシアスバックの経験」（水谷一九九六）を発表している。これは、一九九〇年から九一年にかけてタバナン県ツア村のスバック・ケドカンの詳細な現地調査によって水利の実態調査を中心にまとめたものであり、農家経営の実態や作物の多様化などバリ島の農業の問題点を明らかにするとともに、タイの灌漑との比較など興味深いものとなっている。スバックが芸術や宗教から切り離されて純粋に農業の問題として扱われており、バリ島研究としては際だった特徴を有する論文である。バリ島で政府資金が灌漑に投入されるようになったのは、アジア開発銀行の融資による一九七九年開始の「バリ灌漑プロジェクト」からであることを指摘している。スバックは政治支配を越えて農業水利の根幹を支えてきた、水利の基層組織であるとし、クリフォード・ギアツがスバックは国家から自立した組織であるとした見解を逆に現代の方から再確認しているのである。ここで一九七九年という年次が示されたことは実に重い意味を持つ。これ以前はスバックに対する政府の関与はなかったというギアツと共通の認識に立つ。ギアツのバリ島イメージはここで農学的な面からも支持されたことになるのであろう。インドネシア全体において、一九八五年には技術灌漑（取水施設から三次水路への分水工までのすべての施設が耐久性のある構造物でつくられ、取水と分水の計測が可能な灌漑）が二四八万ヘクタール、半技術灌漑（少なくとも取水施設が耐久性のある構造物で作られ、取水量の計測と調整が可能であるとともに、三次水路への分水工においても用水量の配分調整が可能な灌漑）が一一二万ヘクタール、簡易灌漑（技術灌漑・半技術灌漑に属さない灌漑）が六六万ヘクタールで、これらは「政府灌漑地区」の範疇に属するものであり、それ以外のものが「集落灌漑地区」に属し、こちらは一〇三万ヘクタールほどであるという。この数値に従えば、インドネシアでは八〇パーセント前後の水田が「政府灌漑地区」になる。ところがバリ島では、一九八八年において技術灌漑地区が無く、半技術灌漑地区が八万ヘクタール、簡易灌漑地区が八〇〇ヘクタールほどであるのに対して政府の関与を一切受けない集落灌漑地区が三万五〇〇〇ヘクタールとなっている。つまり、政府の関与を受けない伝統が根強く残っていることになる。クリフォード・ギアツの明確にしたイメージ「政府の所有や管理を許さない水利システム」はここでも的外れでないことが証明されたことになる。近接するジャワ島とも違うバリ島を支えるこのような共同体は一体どのようにしてできあがったのであろうか。九〇年代には、日本人による個別の研究が大きく進展したが、バリに関する根本的な謎は深まるばかりである。

　戦間期から世界の観光地となった伝統は、戦後日本の開発援助による基盤整備を経てさらに発展を遂げ、学術的には観光人類学という新たな分野の展開を見るに至った。このような中で、一九九九年には山下晋司によって『バリ　観光人類学のレッスン』（山下一九九九）[12]が刊行されており、この時期における特色をよく示している。バリのさまざまな祭りは、宗教儀礼の研究から離れて、人々を熱狂させるもの、世界の観光ビジネスに影響を与えるものとして捉えられるようになったのである。徹底的に「他者の眼」から捉えたバリが分析されており、その象徴的な章が「第7章　バリ観光のなかの日本人——花嫁は神々の島をめざす」で、一九九四年には二一万人の日本人が観光でバリを訪れるようになり、バリの男性と結婚する女性達が分析の対象となっている。女性雑誌に「癒しを求めてバリ島へ」という特集があることを紹介し、女性の観光目的が「癒し」であることを指摘している。一九九五年前後には年間三〇〇人前後の女性がバリの男性と結婚するようになり、日本人妻にインタビューした結果を載せているが、全体として「癒しの島」としてのイメージが強いことがわかる。バリ島固有の自然と文化的伝統が背景にあるが、主に二十代の女性に特定されるという点で新たなバリ島イメージの誕生といえよう。

写真5　スバック・グデ・ウェチャプラ最上流部（撮影：筆者）

六、現代（二〇〇一年以降）
——連携研究の時代

　二〇〇一年には『民俗芸術学』17号が「特集バリ」を組み、内海涼子「バリの衣装の系譜」、深津裕子「バリ島における悪魔祓いの絣布」、鳴海邦碩「バリ島の文化的景観変化に関する考察」、真﨑恵子「バリ・ガムランの歴史的展開：ガムラン・ゴン・クビャールの誕生を中心に」、本田郁子・河合徳枝「現代バリ舞踊の戦略」、内海顕「バリ絵画の美術史」、梅田英春「神々に捧げるワヤン」、高岡結貴「伝統としての需要」が掲載され、日本人による芸術面での研究がこの十年で非常に広く展開していることがわかる。この「特集バリ」にはさらに河合徳枝・大橋力による「バリ島の水系制御とまつり」（河合・大橋二〇〇二）が発表されており、一九八〇年代以降、この地をフィールドとしてなされてきた研究が結実期を迎えることになった。この河合・大橋論文によれば、精緻をきわめた灌漑手法で水を廻らせて水田農耕を営むバリ島社会にとって最大の脅威は、我田引水が引き起こす水争いであり、自己中心主義の抑制こそが水利システム総体の安定につながるものである。ここから日常的に生まれる個々の対立関係を鎮め、ストレスを低下させて「楽園」を出現させるメカニズムが一連の儀礼にあることを突きとめ、「癒しの仕組み」があって初めてバリ島の農村共同体は盤石の結集を実現することを指摘している。確かに、クリフォード・ギアツのバリ島イメージには音楽論・芸術論が組み込まれていない欠陥があった。二〇〇三年、大橋力は大著『音と文明』（大橋二〇〇三）を著し、次のように述べている。

文化人類学者クリフォード・ギアツに衝撃を与え、かの「劇場国家」の概念を導くに至らしめたバリ島の村々を覆いつくす「多元的集合主義」の背後には、ギアツの目には定かに捉えることができなかった水系制御と祭りに深くかかわるもうひとつの地殻構造があったことを見逃してはならない。それはバリ島のコスモロジーを通底する「個に対するエコシステムの優位」という西欧近現代の個人主義と鋭く対立する価値観と、脳機能の絶妙な制御で「我田引水」を空洞化させ、奇跡の集合主義を誘導してきたエクスタシーやトランスという快感のメカニズムの存在である。

確かに、ギアツの示す劇場国家では、王の権威、権威の下降が強調され、序列を形成するためのパフォーマンスが執拗に繰り返されるとしている。権力の安定が図れないためにことさら儀礼によって秩序付けがなされることが述べられている。しかし、大橋の指摘するところでは、まつりはそれがもたらす個を滅して一体化した快感こそが本質であり、ギアツにはこの共同体としての儀礼の意義が見えていなかったことになる。共同体儀礼と王家の儀礼を同一視できるかどうかは別として、バリ島社会の一面を鋭く突いており、クリフォード・ギアツのバリ島イメージに対する批判は、一九八〇年代になされた中村雄二郎によるものと二〇〇〇年代になって明確化された大橋力によるものと大きく二つの潮流があるといえよう。両者ともにチャロナラン劇に注目しているが、前者はランダが母にも魔女にも変身する負の側面、抑圧的・暴力的な面を強調してコスモロジーの闇を示し、ギアツの楽観主義を批判するのに対して、後者はチャロナラン劇が共同体にもたらすストレス発散効果を自然科学的に明らかにする。一九八〇年代以降、日本人のバリ島イメージはギアツの劇場国家を契機として確実に深化したといえよう。

さらにここでは、中村雄二郎の導きによって実践的なバリ島研究の道を歩んでいる川手鷹彦の「「魔女ランダ」への道──バリというトポスにおける特殊と普遍」（中村・木村二〇〇二）に触れておきたい。ドイツで演劇による障害児教育を学んでいた執筆者が、さらにバリ島バンリ県カワン村において著名な影絵芝居師デワ・マデ・ライ・メシに師事し、チャロナラン劇を学び、ついにランダの役を任されるに至った体験を通じてバリ島演劇の複雑な性格を分析している。日本人の研究はきわめて実践的な方向に進む傾向があるが、その究極的なあり方を示している。二〇〇四年八月二十三日の深夜、水稲文化研究所のスタッフはバンリ県のタンバハンにて川手がランダに扮したチャロナラン劇を実見したが、次々に起こる演者と観客のトランスにバリ文化の深層を改めて実感することになった。

一九九九年、日本では棚田学会という研究団体が発足した。これは、平野部以外に形成された水田が日本の重要な生産基盤を占めるものでありながら、高度経済成長後の農村の過疎化によって荒廃する状況にあり、それを打開しようとするところから始まったものである。二〇〇二年バリのウダヤナ大学と棚田学会が共催のシンポジウムを現地で開催することになった。四月二二日ウダヤナ大学のデンパサールキャンパスにて「モンスーンアジアの棚田」をテーマとし、報告者は、ウダヤナ大学はからスタワン教授とピタナ教授が、棚田学会からは水谷正一宇都宮大学教授と海老澤が報告を行った。内容は次の通りである。

・イ・ニョマン・スタワン「バリ島のスバックシステム──課題と挑戦」
・海老澤衷「日本における棚田の形成」
・イ・グデ・ピタナ「地域資源の管理のための伝統智──バリ島のスバックシステムにおける水管理の事例について」
・水谷正一「モンスーンアジアにおける水田灌漑の多面的役割」

このシンポジウムの成果は二つあった。[13] 日本では行政や学会が棚田の保全について様々な対策を考えてきたのだが、棚田の魅力を十分に引き出し、活用する段階には達していなかった。ところが、バリ島では棚田がビューポイントとして多くの外国人を惹き付ける観光地となっていたり、世界的な高級ホテルが棚田を生かした立地の中に建設されており、過疎にあえぐ日本の棚田とは大きな相違を見せていたのである。[14]「棚田の魅力が引き出され、活用が図られているバリ島に学ぶべき点あり」。これが成果の一つであるが、二点目にはバリ島において棚田の魅力が示されているにもかかわらず、スバックによるバリ島の水田農耕は、都市化・観光地化によって危機を迎えていることを我々に認識させたことである。水谷論文[15]が述べていたように、バリ島では一九八〇年代半ばにおいても「政府灌漑地区」の面積比率がジャワ島に比べて遥かに低く、まさに「劇場国家」を支えてきたスバックがその伝統によって近代化が遅れ、生産性が上がらず、地域住民にとって農業に対する魅力が薄れ、宅地化などにより水路が寸断されるところも出現し始めたということであった。

一九八〇年代以降、「劇場国家」によってできあがり、日本人研究者の詳細な調査による批判によって新たに形成されてきたバリ島イメージはここで再度の転機を迫られることになった。ギアツの『劇場国家』をいま一度簡単に振り返ってみよう。ギアツの描いた「劇場国家」の特徴は、上部構造(ヌガラ)と下部構造(デサ)に分けて、下部構造の村落共同体が集落(バンジャール)においても水利組合(スバック)においても非常に強固なもので王や領主の全体的な支配を受け付けず、独立度の高いものであった。これに対して上部構造は、村落支配ができず、模範的中央として文化的な影響を村落に与えるとともに王と臣下の序列・秩序を保つため演劇的な儀礼に終始していたというものである。これに対して本稿で示した疑問は、ギアツが描いたバリ島の王国イメージは他のアジア地域の水田農耕社会に生まれた国家と比べても王権の水田灌漑に対する役割が小さすぎて、全歴史的な証明がなされていないのではないかというものであった。これはまだ批判としては未熟なものであるが、「劇場国家」に迫る批判として中村雄二郎と大橋力から提示されたものは、その後のバリ島研究に大きな影響を与えている。中村に代表される批判は次のようなものである。バリ島の演劇に示されたコスモロジーは、圧迫的、暴力的で、母子間でも敵対関係を生むような強いインパクトを有しているが、ギアツの描く「劇場国家」では安定した下部構造が描かれているもののその共同体が持つ圧迫性は視野に入っておらず、楽天的な世界となっているというものである。これに対して大橋の批判は共同体儀礼における「癒し」の意義を明らかにしたもので、バリ島全体の水系システム（常に対立する要素を含む）の基本がここにあるとする。大橋の批判を敷衍すれば「模範的中央」の儀礼の中におそらく「癒し」の効果は存在したはずで、ギアツはそれを見落としていたのである。

以上二つの批判はバリ島の村落共同体が持つ世界史的に見てもまれな「緊張感」と「癒し」を解明し、劇場国家論の弱点を突いたものである。ただし、ギアツが指摘した強固な村落共同体（既にオランダの研究者が指摘したところではあるが）の内実を明確化するものであり、世界的に見ても特異なバリ島の形態をいっそう際だたせるものである。「モンスーンアジアの棚田」シンポジウムでスタワン教授が明らかにしたのは、現代におけるこのような共同体の危機である。精緻にできあがったバリ島イメージは、その実態の変貌から大きく変わることになる。

二〇〇五年棚田学会でイ・グデ・ピタナ教授が、棚田学会大会において講演を行った。[16] テーマは「見捨てられた財産――バリ島の棚田と灌漑組織の現状」で、バリ島の近年における劇的変化が明らかにされた。一九七〇年に農業のGDPに占める割合が五五・九九パーセントであったが、二〇〇一年には二〇・六七パーセントにまで減少し、逆に第三次産業は一九七〇年に二二・八九パーセントであったものが二〇〇一年には六三・一九パーセントになった。この三十年間で農業と第三次産業の役割は完全に逆転したのである。

水田面積において、一九八五年に一一万九〇八ヘクタールであったものが二〇〇三年には八万二六四四ヘクタールに減少した。このような状況の下で、水田の灌漑施設は、政府（通称ＰＵ組織）か農民自身（通称、非ＰＵまたは、農民管理組織）によって維持管理されており、一九八〇年代初期よりほとんどのスバックの灌漑施設は政府により修復され、公共事業部（ＰＵ）により維持管理がなされてきた。二〇〇五年の段階で約七九パーセントの水田が政府管理の灌漑組織（ＰＵ組織）により灌漑され、二一パーセントだけが農民灌漑組織により灌漑されている。二〇〇三年においてバリ島全土では一六一一のスバックが存在するが、その灌漑施設は上記の通り政府の大幅な関与のもとに置かれるようになった。かつての独立したスバックのイメージから大きな転換が遂げられつつある。スタワン教授の研究成果によれば、現代のスバックは次のような多面的な役割を担っている（Sutawan 2005）。

①経済的な役割（米の生産）

②環境的な役割（地下水の再補充、洪水管理、水の浄化）

写真6　世界遺産選定後のジャテルイ（撮影：筆者）

③生態的な役割（植物群や動物群の生態種の多様性の維持）
④社会・文化的役割（農村の社会・文化面の保存）
⑤農村開発の役割（雇用、飲料水、畜産など）
⑥生態系観光（エコ・ツーリズム）と農業観光（アグロ・ツーリズム）（特に棚田、珍しい植物、農業や農民の日常生活などを観光の呼び物として）

スバックの独立した共同体としてのイメージは過去のものとなりつつあり、現代社会のグローバリズムの中で多くの機能を見直し、充実させていこうとするスバックの姿が浮かび上がってくる。従来は①の機能だけが考えられてきたが、世界的な環境問題の視野から②・③の役割についての認識が育ってきたものであり、バリ島以外のアジアで広く行われている無秩序な地下水のくみ上げにより砂漠化現象が起こっていることを勘案すればバリ島の場合には実に巧妙な統御が行われていることがわかる。さらに洪水の時にもアユン川などの状況を見れば多くの水路に水を分散して洪水の力を弱めていることがわかる。多くの人が水に対するケアを行っており、このような②の機能については従来も果たされていたが、その伝統の中に、現代の環境保全につながる知恵が生かされていたのである。今この機能を自覚することが伝統維持につながるのであり、③は広く水が行きわたることによって緑化への大きな貢献であり、④はまさに村落における伝統文化の保存である。⑤は灌漑によって行われる新たな水田開発や養魚などに見られる。⑤はこのような農村そのものが「癒し」を求める都市住民のツーリズムの対象になるということである。

以上のように、スバックが多くの機能により農業生産を行い、国土を保全し、伝統文化を継承するものであるならば、灌漑施設の充実には国家的な投資を行い、人々が守ってきた貴重な財産をさらに活用することができる。スバックの再生により現在人類が抱えている環境と文化に関わるさまざまな問題の解決が可能となるのである。

おわりに

以上、戦間期から現代に至るまで、世界的に特異な伝統文化を有し、それ故多くの研究者を惹き付けてきたバリ島に関して日本人によるイメージ形成を六期に分けて考察してきた。そもそも一つの地域について、世界中の人々が共通貨幣のように単一のイメージを有することなどあり得ないことであるが、バリ島に関しては第一次大戦の後に、「最後の楽園」、「神々の島」といったイメージが付与され、それが広く受け入れられていった。当初から観光開発と密接に結びついたものではあったが、オランダ人の研究者、ついでアメリカの研究者によって一九二〇年代以降にその実態が解明され、イメージはさらに内実化し、広がっていった。生産基盤・社会構造・宗教・芸術の四つの分野でその特徴が明らかにされていったが、日本人がこの島の特性に気づいたのは欧米人による研究が進んだ一九三〇年に入ってからのことである。ただし、三〇年代後半からは、日本人らしい俊敏さを示す。この時期のイメージ形成に決定的な影響を与えたのはポップアート的画家としての才能も持ち合わせた学者ミゲル＝コバルビアスによる『バリ島』であるが、ニューヨークで出版された翌年の一九三七年には翻訳本が出版され、太平洋戦争以前に原著、翻訳本ともに日本の研究者・文化人、軍関係者の間には流布していたものと考えられる。[17] 太平洋戦争直前のインドネシア地域をルポした高見順は、蘭印の文化的印象についてはあまり好感を持っていないが、バリ島芸術の発展に功績のあったドイツ人ヴァルター・シュピースには大きな関心を払い、バリ島の存在が彼自身の創作意欲に影響を与えている。この時期にはバリ島イメージが日本人の文化活動に影響を与えるようになっていた。

バリ島に対するカルチャーショックを最初に明確にしたのは、おそらく阿部知二であろう。彼はバリ島に長く滞在したわけではなかったが、演劇の宇宙観に撃たれ、さらに生産基盤における日本との共通性を強く意識し、社会構造と宗教に対する認識を深めている。日本人によるバリ島イメージの基礎は彼によって形成されたといってよい。第二次大戦のさなかにグレゴリー・ベイトソン、マーガレット・ミードによる『バリ島人の性格——写真による分析』が刊行されている。一九三〇年代後半におけるバリ・アガの村を中心とする記録写真が多数載せられ、貴重な成果ではあるが、バリ島イメージの形成という視点からすると文化的な輪郭が明確にされず、読み解きの困難な書となっている。

戦後には、日本人研究者の音楽分野やスバック研究が進み、七〇年代の末期に至って、雑誌『世界』にバリ島人のコスモロジーを検証する対談もなされているが、バリ島イメージに決定的な改変をもたらしたのは一九八〇年に発表されたクリフォード・ギアツの『ヌガラ——一九世紀バリの劇場国家』であった。従来、「最後の楽園」・「神々の島」によって形成されていたバリ島イメージは、生産基盤・社会構造・宗教・芸術の幅広い分野で内実化され、一九三〇年代の前半の段階でオランダの研究者により「村落共和国」という概念が提示され、「楽園」のイメージは共同体の分析にまで進んでいたのである。ギアツは村落（デサ）の独立性を認めつつ十九世紀にはそれを包含する国家（ヌガラ）が存在したことを明らかにし、この国家の上部構造は儀礼こそが政治であるとしてそこに秩序の淵源を求めたのであった。こうして構想された「劇場国家」は日本の学界や論壇で取り上げられ、国家や村落による儀礼や演劇的パフォーマンスの分析が進められて、「バリ島イメージ」と「劇場国家」は不可分のものとなった。八〇年代から九〇年代にかけて日本人のバリ島研究が進み、「劇場国家」に対して二つの方面から批判が加えられた。一つはチャロナラン劇にみる母性とランダの抑圧的・暴力的側面から「劇場国家」を構成するバリ社会はギアツの描くような楽天的・牧歌的なものではないとするもので、基礎的な「楽園」イメージにも改変を迫るものである。いま一つは、バリ島の儀礼の際に起こるトランスに注目し、水利を巡って我田引水の危機をはらむ緊張状態の中で、祭りが癒しの場になり、この癒しこそが「劇場国家」のなかでも大きな位置をしめるとするものである。こうして明らかにされたバリ島における「劇場」はギアツが構想した以上に人類史上に深刻かつ有益な意味が付加されたといえる。

以上のようにして、日本におけるバリ島の伝統社会に対するイメージが形成され、それが日本における芸術学、宗教学、農村研究、国家論等に影響をもたらしているといえよう。このような状況の中で、近年バリ島の研究者と日本の研究者が連携して研究を進める事例も見られるようになってきた。共同シンポジウムなどにおいてバリ島の研究者から提起される問題は、バリ島における農業の危機である。第三次産業の生産性が高まり、水田面積も減少気味で、スバックもかつてのような自律的存在ではなくなってきている。バリ島イメージと実態は大きく乖離しようとしているが、スバックの多面的な機能を見直し、灌漑施設の修復・管理等は国家の補助事業として行い、農村の活性化を図って伝統文化の保持に務めるべきであろう。「楽園」、「神々の島」から出発した日本における バリ島イメージは、まず欧米の研究から翻案して精緻化され、他の東アジアの水田農耕社会に対するイメージ形成とは大きく隔たった道を歩んだ。第二次大戦後、濃密な交流が進む中で日本人による現地での研究も飛躍的に進むが、「劇場国家」論の登場により再度イメージの転換を迫られることとなった。それは、反米闘争、反日運動、反共戦略などかつて東アジアを襲った政治的インパクトとは質の違う一種のカルチャー・ショックであり、表面的には静かな波であるが、東アジアの本質的な文化に迫るものであったことは間違いない。日本もこの事実を大事にして伝統的なバリ文化の保全にいっそうの理解を示すべきであろう。

付章　バリ島八つのイメージ

ここでは、一九二〇年代から形成されてきた多彩なバリ島のイメージを全体的に示してみよう。本稿では、学術的な分野を中心にイメージ形成を分析してきたが、日本人から見たバリ島はこれだけにとどまるものではない。学術的な分野は、基本的ではあるが、むしろ少数の研究者が描くものであるといっても良いかもしれない。これに対して、最も一般的なイメージは「世界のリゾート」であろう。その付加価値を高めたものとして「神々の島」、「最後の楽園」というイメージが存在するのであるが、「神々の島」は現代に至るまで研究対象としての地位を失わなかった。一九八〇年に新たに付加されたイメージ「劇場国家」はクリフォード・ギアツの指摘した棚田を基盤とする下部構造の持続性が、上部構造の演劇性と並んで重要である。またギアツはバリ島における男女の役割――とりわけ儀礼において――がバランスの取れたものであること述べており、これは単に研究者の指摘にとどまらず、九〇年代以降、日本の若い女性が実感したことでもあった。もちろんそれは現実を反映しない側面もあったが、イメージとしてはきわめて強固かつ普遍性を有したことも事実である。これらを**図1**にまとめると次頁のようになる。このうち二重線で囲んだものは日本人の研究者ならびに一般の人が特別に描くイメージであるが、一九二〇年代から現代に至るまでこれだけ世界に普遍的かつ多彩なイメージを与え続けた島は他にないであろう。

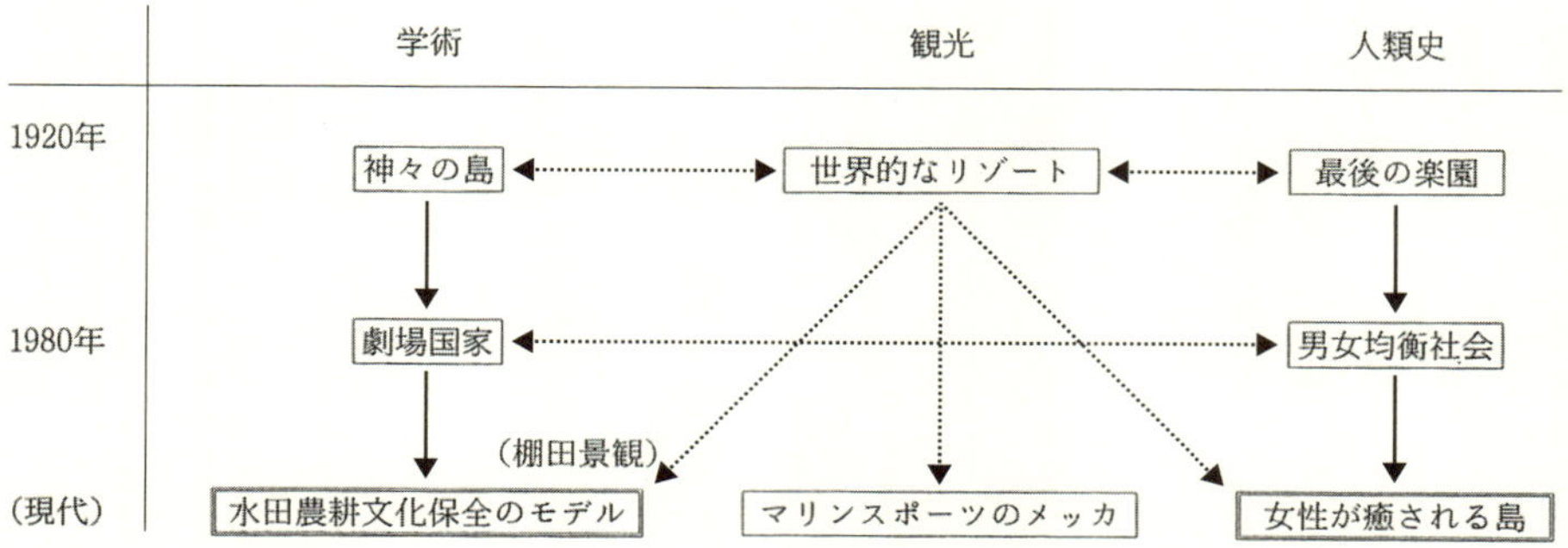

図1　バリ島8つのイメージ

注

（1）本稿は二〇〇七年十月六日に行われた早稲田大学史学会大会シンポジウム「地域イメージの形成と他者認識」での報告「「バリ島」イメージの形成と日本」をまとめたものである。

（2）近代のオリエンタリズムは、ナポレオンのエジプト遠征に端を発し、十九世紀・二十世紀においては二つに分化し、文芸至上主義的オリエンタリズムと覇権主義的オリエンタリズムの二つの流れとなって、欧米社会で展開された。前者はフランスの印象派画家達によるものが代表的だが、その最終局面が戦間期におけるバリ島文化に対する動きであろう。現在前者の研究はやや下火であり、後者の研究がエドワード・W・サイードを始め、盛んになっていることは周知の通りである。

（3）伊藤俊治『バリ島芸術をつくった男――ヴァルター・シュピースの魔術的人生』（平凡社新書、二〇〇二年）に詳しい。

（4）本名古城三之助。故郷の鹿児島県出水市高尾野郷土館に古城画伯コレクションがあり、収集した中国・東南アジア・ヨーロッパの民俗資料と作品が陳列されている。

（5）Covarrubias, Miguel.1936. *Island of Bali.* New York, 一九三七年には首藤政雄・新明希豫の翻訳により日本語版が刊行されている。ここでは関本紀美子翻訳『バリ島』（平凡社、一九九一年）による。阿部知二も既に原本を手にしており、アメリカのみならず日本においてもこれほどバリ島のイメージを多くの人に植え付けた本は他にない。民俗学的な洞察にすぐれ、魅力的な図版が多数挿入されている。ここでは第1章から第12章までタイトルを示す。1島、2人々、3地域社会、4稲、仕事、富、5バリの日常生活、6家族、7芸術と芸術家、8演劇、9儀礼と祭礼、10妖術―妖術師、呪医、呪術劇、11死と火葬、12現代のバリと未来、一九八〇年代以降になると、日本人によるバリ島研究が広汎に進展するが、多くは12章のうちのいずれか1章分を深化させたものである。しかも一九三〇年代の状況についてはこの書からの引用が多い。

(6)『佐藤春夫全集第一〇巻』(講談社、一九六六年)の解説によれば、佐藤春夫は一九四三年秋にジャワ方面に出発し、四四年五月に帰国している。

(7) 草思社、解説(倉沢愛子執筆)によれば、和歌山県師範学校附属国民学校の主事(校長)であった鈴木政平が海軍司政官としてアンボンおよびバリ島での執務内容を報告したものである。

(8)『日本占領下バリ島からの報告』二五一頁。

(9)「ガムラン音楽」(『芸能』3—3、一九六一年)、一九七〇年には黒沢隆朝「バリ島のガムラン楽器と編成」(『東南アジアの音楽』音楽之友社)がまとめられ、東南アジアの音楽の中でも大きな位置をしめるものであることが一般に認識されるようになった。

(10) 以下、小泉潤二訳『ヌガラ——一九世紀バリの劇場国家』(一九九〇年)に拠る。ギアツが出版後十年目にして刊行されたもので、『ヌガラ』に関する限り、原書が与えた影響が大きく、一九九〇年にはヌガラを巡る議論はほぼ沈静化していた。

(11)「政治家のパフォーマンスに重きを置く政治」というほどの意味で使用される。

(12) 東京大学出版会。第3章「作られた楽園」で、一九三〇年に出版されたヒックマン・ポーエルの旅行記は『最後の楽園——あるアメリカ人の一九二〇年代のバリの発見』とあり、二〇年代後半には「最後の楽園」がバリ島イメージとして定着していたことが述べられている。

(13) 日本では、一九九〇年代に入って棚田の多面的な価値が見直されて、一九九五年から自治体持ち回りの棚田サミットが開催され、一九九九年には農林水産省が「棚田百選」の選定を行って全国の棚田の保全に乗り出し、さらに二〇〇〇年度から中山間地域直接支払制度を実施して棚田耕作地域に対する保全支援を行うようになった。棚田学会は、このような機運の中で一九九九年に設立されたものである。

(14) 欧米の家族逗留型と日本のグループ巡見型の旅行スタイルの差が反映する問題でもある。

(15) V「一九九〇年代——日本人による研究進展の時代」の水谷正一論文参照のこと。

(16) 棚田学会誌『日本の原風景・棚田』七号(二〇〇六年)に収録。

(17)『バリ島』(平凡社)の「訳者あとがき」によれば、一九三七年に首藤政雄・新明希豫による翻訳が発行されている。

参考文献

阿部年晴・荻原眞子・伊藤亜人編『民族文化の世界——儀礼と伝承の民族誌』(小学館発行、一九九〇年)

大橋力・河合徳枝「バリ島のガムランにおける快感発生のメカニズム」(『民俗芸能』5、一九九〇年)

大橋力『音と文明』(岩波書店、二〇〇三年)

河合徳枝・大橋力「バリ島の水系制御とまつり」(『民俗藝術』17、二〇〇一年)

岸辺成雄「ガムラン音楽」(『芸能』3—3、一九六一年)

クリフォード・ギアツ著(小泉潤二訳)『ヌガラ——19世紀バリの劇場国家』(みすず書房、一九九〇年)

永渕康之『バリ島』(講談社現代新書、一九九八年)

中沢新一「呪術師の生体システム理論」(大森荘蔵ほか編『新・

岩波講座　哲学9　身体　感覚　精神』（岩波書店、一九八六年）

中村雄二郎「魔女ランダ考――バリ島のパトスの知」（『叢書文化の現在6　生と死の弁証法』（岩波書店、一九八〇年、初出）。後『魔女ランダ考――演劇的知とはなにか』（岩波書店、一九八三年）に収録。

中村雄二郎・木村敏編『講座生命』第5巻（河合文化教育研究所、二〇〇一年）

松尾恒一編『儀礼を読み解く』（総研大　日本歴史研究専攻・国立歴史民俗博物館刊行、吉川弘文館発売　二〇〇六年）

水谷正一「資源制約下の水利用システム――インドネシアスバックの経験」（『全集　世界の食糧　世界の農村　10』一九九六年）

山口昌男『叢書文化の現在12仕掛けとしての政治』（岩波書店、一九八一年）

山下晋司『バリ　観光人類学のレッスン』（東京大学出版会、一九九九年）

矢野暢『劇場国家日本――日本はシナリオをつくれるか』（TBSブルタニカ、一九八二年）

吉田禎吾・柳川啓一・中牧弘允・板橋作美訳『文化の解釈学II』（岩波現代選書、一九八七年）、第15章「ディープ・プレイ――バリの闘鶏に関する覚書」

Bateson,Gregory and Mead,Margaret.1942.*Balinese Character:A Photographic analysis*, New York:New York Academy of Sciences. 外山昇訳『バリ島人の性格――写真による分析』（国文社、二〇〇一年）

Sutawan,N.2005. Subak menghadapi tantangan globalisasi,perlu upaya pelestarian dan pemberdayaan secara lebih serius. In Pitana and Setiawan (eds.) *Revitalisasi Subak dalam Memasuki Era Globalisari*. Yogyakarta:Andi Offset

クリフォード・ギアーツの人類学とその後の人類学的研究

西村正雄

バリの文化研究は、ギアーツ抜きには考えられない。バリ研究は彼の文化研究の中核をなす。このため、ギアーツの研究全体を概観することは、当時のバリの文化的状況を知ることに留まらず、研究の方法について知る上でも重要である。ここでは、ギアーツの考え方を概説して、彼の時代とその後のバリの文化研究の流れを説明する。

一、クリフォード・ギアーツという人

人類学の理論の歴史の中で、ギアーツはしばしば最後のグランドシンセサイザーとして語られる。ギアーツは実際、彼の理論的叙述の中で、文化全般にわたる見解を出してきた。そして、それゆえに以後の人類学者の批判を一身に浴びる結果ともなった。

本稿では、ポストモダン人類学と呼ばれる、現代文化人類学の出発点ともなった、ギアーツの人類学の概要について述べる。特にその代表作である、劇場国家論形成までのプロセスを考えてみる。さらにそこから、ギアーツの人類学の問題点を明らかにし、それに対する批判がどうして生まれたのかについて言及してみたいと考えている。最後に、ギアーツ以後の人類学について、バリ文化研究の観点から簡単にふれておきたい。

まず、ギアーツの学問がどのようにして生まれたのかを知るために、その略歴と、ギアーツに影響を及ぼした人とのつながり、彼が活動してきた時代的背景を知ることは重要であ

にしむら・まさお――早稲田大学文学学術院教授、早稲田大学アジア太平洋研究科教授、フィリピン、サンカルロス大学研究員。専門は文化人類学、東南アジア地域研究。主な著書・論文に*Human Relations and Social Developments.*（編著、Quezon City, Philippines: New Day Publishers, 2014）、「レスリー・ホワイト」（岸上伸啓編『はじめて学ぶ文化人類学』ミネルヴァ書房、二〇一八年）、*Heritage in Cebu City, the Philippines: A Study of "Competitive" Heritage.*（『早稲田大学大学院文学研究科紀要』第六四輯、二〇一八年）などがある。

る。ギアーツは、一九二六年カリフォルニア州サンフランシスコに生まれた。初等、中等教育は、地元の学校に行った。一九四三年、海軍に入隊したが、戦闘に参加する一週間前に第二次世界大戦の終戦を迎えた（Inglis 2000）。

戦後、大学に復帰し、一九五〇年オハイオ州のアンティオク・カレッジで、哲学の修士号を得る。一九五二年から五四年まで、インドネシア研究プロジェクトに加わり、ジャワ島調査に入る。一九五六年、その研究を基に、ハーバード大学社会関係学研究所で博士号を取得する。

翌年の一九五七年から、バリ島での調査が始まった。この研究が、後に解釈人類学という彼の独自の学問を作るきっかけとなった。翌年、一九五八年スタンフォード大学行動科学高等研究センター研究員になり、同時にカリフォルニア大学バークレー校の人類学准教授に就任した（Erickson and Murphy 1998）。

一九六〇年シカゴ大学に移り、同大学の人類学准教授に就任した。この年、博士論文を基にした『ジャワの宗教』（Geertz 1960）を出版する。その後、精力的な執筆活動に入る。一九六三年には、後に大きな影響力を与えた三つの出版物、『古い社会と新しい国家』、『農業のインボリューション――インドネシアにおける生態学的変化の過程』、『行商人と王子』[1]を出版した（Inglis 2000, Geertz 1963, 小泉一九八四）。

さらに一九六五年、『インドネシアのある町の社会史』を出版した。この年、モロッコでの調査を開始した。この調査は、一九六六年まで継続された。一九六六年に『バリにおける人、時間、ふるまい――文化的分析に関する論述』、一九六八年には、『イスラームを観る――モロッコとインドネシアにおける宗教の展開』（Geertz 1968）を出版した。

一九六九年には、一九六六年まで行っていたモロッコの調査を再開した。一九七〇年、シカゴ大学から、プリンストン大学に移籍し、同大学の高等研究所の社会科学教授となった。この地位を得たことにより、ギアーツは、身分が安定したと同時に、研究により一層集中できるようになった。一九七一年ジャワ、バリ、セレベス（現在のスラウェシ）、スマトラの調査に入る（Erickson and Murphy 1998）。

一九七三年それまでの研究成果の集大成であり、またギアーツの理論的立場を最も明確に述べている『文化の解釈学』（Geertz 1973）を出版した。一九七五年には、『バリの親族体系』（Geertz and Geertz 1975）、一九七九年には、『モロッコ社会における意味と秩序』（Geertz, Geertz and Rosen 1979, 小泉一九八四、一九九四）を出版し、自らの理論的立場を実際のフィールドワークのデータを示しながら、より精緻なものへとしていった（小泉一九八四、一九九四）。

一九八〇年に、『ヌガラ——19世紀バリの劇場国家』（Geertz 1980）を出版し、バリにおけるフィールド調査のまとめを行った。この著書で、ギアーツは、国家の概念について、従来考えられてきた西洋的国家観と、バリにおける国家の概念がいかに違うのかを示すことで、文化の相対性について、自己の主張を強化した。

一九八三年には、『文化の解釈学』の続編ともいえる、『ローカル・ノレッジ』（Geertz 1983）を刊行し、従来から繰りかえし唱えてきた他文化のロジックがいかに異なるのかを強調し、文化の相対性について述べた。この年、アメリカ人類学会特別講演賞、イギリス王立人類学協会ハックスレー記念メダルを受賞した。翌年の一九八四年には、アメリカ芸術科学アカデミー社会科学賞を受賞した（Inglis 2000）。

その後も精力的な研究活動を続け、一九八八年に『文化の読み方／書き方』[2]、一九九五年に『事実の後』（Geertz 1995）、二〇〇〇年に『手もとにある光——哲学的問題に関する人類学的考察』を出版するなど、その影響力は今も大きい（Erickson and Murphy 1988）。

二、ギアーツの人類学とその時代的背景

（1）形成期（一九六〇年、七〇年代）

ギアーツの人類学を考える上で重要なのは、彼が活躍した時代的背景である。ギアーツが活躍し始めた一九六〇年代、一九七〇年代、アメリカの社会科学界の間で、マックス・ウェーバーの再評価が起こっていた。ウェーバーは、人間の行動における意味と行為の問題を追求した学者であった（Erickson and Murphy 1988, Inglis 2000）。この影響もあり、六〇年代、七〇年代のほとんどの人類学者は、「意味づけ」の重要性を考えていた（McGee and Warms 1996）。なぜなら、それまで多くの人類学者のよって唱えられてきた「文化の概念」がいまだ総花的であり、漠然としていると人類学者自身が考えており、この意味で、ウェーバーの意味と行為の概念は、この漠然としたものにより明確な視点を与えるものと考えられたからである（Erickson and Murphy 1998）。

こうした懐疑的雰囲気のなかで、人類学の研究を推進し始めていたギアーツにとって、当然、意味と行為の問題は、中心的テーマの一つとなっていった。ただ、他の多くの人類学者と異なり、ギアーツは、その中で、文化の統合の問題を考えたようである　（Erickson and Murphy 1998, Inglis 2000, Ortner

1999)。ギアーツが、常に文化の統合を考えてきたことは、彼が学んできた人類学者をはじめとする、社会科学者、哲学者の影響が大きいように思われる。

まず、大学院生時代、ギアーツが指導を受けたのは、ボアーズ派のクライド・クラックホーンであった。クラックホーンは、ハーバード大学で教鞭をとり、心理人類学のリーダーとして、当時の人類学界に大きな影響力を及ぼしていた。クラックホーンは、文化の統合の心理的側面を強調した人類学者であった。また、アルフレッド・クローバーとともにそれまで出されてきた幾多の文化の概念をまとめようとした人でもあった（Erickson and Murphy 1998, Inglis 2000）。

さらに、ギアーツの人類学の特徴である、現象学的側面は、アルフレッド・シュルツ、象徴論的側面は、ギルバート・ライル、スザンヌ・ランガー、『農業のインヴォルーション』の中で顕著に示された社会システムに関する考え方は、タルコット・パーソンズ、ピトリム・ソローキン、また、生態人類学的知識は、ジュリアン・スチュワードの影響を受けているように思われる。加えて、多くの「ギアーツ研究者」が認めるように、彼の哲学的思索は、ヴィトゲンシュタインの哲学の影響が大きいと思われる（Bohannan and Glazer eds. 1988）。

ギアーツは、文化を考える際にまず、文化とは、統合されたモラル、価値の体系であるとし、どのように生きた経験が、集合的で、公けの象徴システムに統合されているのかを示そうとした。この方法が、後に述べる「厚い記述」という民族誌の技法となり、文化内のテキストを導き出すことこそ人類学者の仕事である、と主張するものとなってゆく。ギアーツによれば、人間とは、自身がつむいだ、クモの糸にひっかかった動物、となるのである（Bohannan and Glazer eds. 1988, Geertz 1973）。

（2）解釈人類学の確立期

ギアーツが唱えた解釈人類学とは、まさに上で述べた理論を体系化したものであった。その特徴は、第一に文化研究の対象を、文化の中で伝達される意味の研究に絞ったことである。すなわち、文化人類学者のなすべきことは、「象徴が運ぶ意味を解釈すること」なのである。ギアーツにとって、文化は意味が網の目のように（ギアーツの言葉を借りれば「クモの糸のように」）組まれたシステムであり、この中で人類学者は、人々が自ら創り上げる意味の世界を、かれらの肩ごしに読み取る人なのである。よって、人類学者は、文化の分析に際して、個々の社会の歴史の中で象徴と結びつく意味を理解しようとしなければならないのであり、個別の文化の多様なあり方の中で、固有の事例としてそれぞれの文化を分析して描写してゆかなければならないとした。これが、ギアーツの人類学において特有の文化個別主義とも呼ばれる考え方になるのである。この観点からすれば、文化の固有の特性を強調することから、もはや一般的な文化間の比較など全く意味をなさないものとなる（Geertz 1973, 1983, Ortner 2007）。

では、ギアーツが描写したいと望んだ、それぞれの文化のもつ「意味」とはどのようなものであったのであろうか。それは第一に、個々人の心の内側にとじこめられたものではなく、公けに表象されたものであるという特徴がある。第二に、そうして公けに表象されたものは、意味づけのネットワークを組み、体系化されたものであるという特徴をもつもの、ということになる（Bohannan and Glazer eds. 1988, Geertz 1973）。

こうした意味づけのネットワークが最も顕著にみられるものが儀礼であるとしている。よって、ギアーツは、その例として、バリの闘鶏の研究を通して、闘鶏を単に娯楽のためとして捉えず、闘鶏こそバリの文化の意味づけが凝縮されたものとして考えた。闘鶏を通して、彼はバリ文化の社会的秩序、統合を見たのである。

このギアーツの人類学が、『文化の解釈学』の中で体系化されてくる（Erickson and Murphy 1998）。この著作ほど、ギアーツの文化の考え方が明確になっているものはないようである。この中で表現されているギアーツの文化観は次のように要約されるものと思われる。

①文化とは、意味と象徴の体系である。

②文化とは象徴に表現された意味の歴史的に伝達されてきたパターンである。

すなわち、ギアーツの述べる文化とは、人間が交信し、永続し、さらに生活に関する知識や態度を発展させるのに用いる象徴的形態の中に表されて、継承されてきた諸概念の体系ということになる。このような文化を研究する意義は、象徴分析から法則の追究をめざすのではなく、それらの象徴に記された意味を読み解くことである。なぜならそれぞれの象徴は、文化的意味の伝達者であるからである。これが、ギアーツが確立した、解釈的方法である。この解釈的方法では、文化をいわば「作品」とみなして理解する。その理解を明確にするものとしての民族誌であり、その意味で、民族誌自体が一つの作品とみなされるのである（Bohannan and Glazer eds. 1988）。

三、ギアーツ人類学のインパクトとその批判

(1)ギアーツの人類学とその貢献

ギアーツ以前の時代の人類学では、構造主義一色に塗り固められ、人間の生活の営みすべてが「不可視の構造」の所産であるとの説明がなされていた。しかしこうした風潮の中で、本当に人間が個人的になすすべのない、生まれつき決定された構造の中で、あらゆる考え方、慣習、行動のパターンが決められるとすることに疑問を持つ人類学者は少なくなかった。その一つの流れが、進化主義的人類学、特にシステム論的人類学の傾向を持つグループであり、もう一つが、認識人類学を基にしたグループであった。この後者の代表者として、大きな影響力を持ったのがギアーツであり、ヴィクター・ターナーであった (Turner 1967, 1995, Erickson and Murphy 1988)。

ギアーツは、構造—機能主義を打ち破ることに最も成功した人類学者と考えられている。この点で、彼の論理の基礎は、ネオカント学派のディルタイの影響にあるといわれている。以前、ボアーズがそうであったが、彼がここで、自然科学と社会科学を区別することを改めて重要視したことに意義があった。それによると、自然科学は一般化できる法則を見つける学問分野であり、研究対象は、それゆえ、そうした法則を追求できる存在物となる。一方、社会科学は、個々人やグループにとってユニークな「心情的」な存在を扱うものとなる。フッサールもかつて、自然科学は文化的生活の研究には向かない、なぜなら、文化的生活は意味を持っているからである、と述べているように、[3] ギアーツは個々の文化の中で伝達される意味の重要性を強調したのであった。ここでいう「意味」とは、生きた経験として、主観的に一番よく理解されるものと考えられている。このため、個々の主観を重要視した点で、個人から離れたところで作られた構造、それゆえに個人としての人間の手の触れることのできない構造にはめこまれたものから人間の行動を解き放つこと、すなわち、構造の呪縛から人間を解放した点で、大きな貢献があった (Erickson and Murphy 1998, Inglis 2000, Moore 1999)。

もし、文化研究のなかで、それぞれの文化のうちにある意味の体系が重要であるならば、そして、その意味の体系の理解なくして文化の理解が成し得ないとするなら、今我々の他の文化の理解の仕方は、いまだに表面的と言わざるを得なくなる。したがって、ギアーツは意味を理解する方法もまた、研究の対象とした。すなわち彼は「厚い記述」という、文化の真髄にまで迫るフィールドワークを提唱したのであった。

ギアーツは、この厚い記述によってはじめて、文化の中に書き込まれているテクスト、すなわちその文化の構成員によってコード化され、伝達され、またコードが解読されてゆく意味の体系が理解できるようになるとしたのである(Geertz 1973, 1995)。

ギアーツのこの考え方が最もよく表されたものがバリの文化研究であった。特に『文化の解釈学』の中で述べられている「ディーププレイ」(Deep Play)は、フィールドワーカーとしてのギアーツと彼の妻が、いかにして表面的な理解から踏み込んで、バリの人々の意味の体系の中に入り、自身、バリの文化の深い理解に到達し得たのか、そのプロセスを述べる点でしばしば他の人類学者に多大な影響を与え、その後のフィールドワークの方法と、文化の分析、理解の方法のお手本として見られた(Geertz 1973)。

ギアーツの人類学のもう一つの大きな貢献は、文化相対主義を大きく前進させたことである。人類学の歴史の中で、文化相対主義はそう新しいことではない。すでに、アメリカ人類学の父といわれるフランツ・ボアーズは、それまでの一系文化進化主義に反論する立場から、それぞれの文化のもつユニークな側面に注目するようにうながし、文化の相対性を唱えている(Boas 1966)。しかし、その後の人類学の流れの中で、相対主義を取り立てて述べる人類学者は出ていない。ただ、人類学者は一般的に各々の文化の持つ価値、その複合性は、それ自体独立しており、優劣をつけることはできないことは認識してきたように思われる(Geertz 1973, Layton1997)。

しかし、ギアーツは、この点で、なぜ文化を上下の序列で比較できないのか、またそうすることが意味のない行為であることの論理を組み立てた点で大きな貢献をしたといえる。ギアーツが示したのは、それぞれの文化がいかに複合的な象徴体系をもち、その中で暮らす人間が、そうした象徴を手段として意味の伝達を行い、理解してまとまった統合的文化を作っているのかということであり、それまで比較的多くの人類学者によって取られてきた研究方法である、文化を比較するということ自体意味のない行為であるとしたのである。しかし皮肉なことに、ギアーツが強調して推進してきた文化研究における特殊主義、個別主義にギアーツ自身が巻き込まれ、その後の厳しいギアーツ批判の発火点となった。

(2) ギアーツの人類学に対する批判

ギアーツの人類学が、統合されたものとしての文化の概念の再構築を目指したがゆえに、そして、大きなインパクトを他の人類学者はもとより、幅広く現代の思想に影響を及ぼしたがゆえに、後に続く人類学者の批判の的となった。ギアーツほど称賛され、また一方で批判されてきた人類学者もいないように思われる（例、Erickson and Murphy 1998, Ortner ed. 1999, Inglis 2000）。

人類学におけるギアーツ批判は、解釈人類学の外側にいるほとんど全ての人類学者のグループからなされてきた。それらは、いわゆるポジティヴィスト、ポストモダニスト、マティリアリストと呼ばれる学問的傾向の人々からのものであった（Ortner ed. 1999）。

ポジティヴィストは、ギアーツの人類学は、解釈という方法を強調するあまり、「予測性」、「検証可能性」、「再検査性」、「法則性」といった、科学的知識に不可欠の要素を全く捨て去ったものであり、人類学の社会科学としての側面を無視するものとして批判した（Sewell 1999: p.35）。

一方、ポストモダニストは、それとは全く対照的に、彼の「解釈」が、いまだに不完全であり、特に自分自身が行なう解釈そのものを主題とする問題意識に欠けており、「解釈」が一体何を意味するのかについての問いかけが無いことに対して批判した（綾部一九八四、一九九四、Bohannan and Glazer eds. 1988, Erickson and Murphy 1998, Barrett 1984）。

マティリアリストは、ギアーツの分析、解釈に、その人々の歴史、パワー（例えば、政治的影響など）、社会的葛藤などの側面からの分析が欠けていると批判した。すなわち、バリの闘鶏でも、その闘鶏があたかもいつも今見られる形でそこにあったかのごとく描かれ、そこに至るまでの歴史的変遷（プロセス）についての分析がないとしたのである。マティリアリストにとって、バリの闘鶏がなぜそのような形で行われており、また、なぜ警察権力の手入れを受けなければならなかったか、という考察を抜きにして、バリの人々の社会生活は語れないと考えたのである（Inglis 2000, Sewell 1999: p.36）。

ギアーツに対する人類学の分野でのその後の批判に比して、人類学以外の分野では、称賛するものがほとんどであった。特に、歴史学の人々からの称賛は注目に値する（Sewell 1999: p.37）。スウェル（Sewell）が述べているように（Sewell 1999: p.37）、通文化的研究を基礎とする歴史学者が、なぜこうまで共時的研究に基礎を置く人類学的研究の影響を受けるのか、考えてみるのは興味深い。

これに関しては、ゲイル・ルビン（Gayle Rubin）が述べているように（Rubin 1975）、歴史と人類学に共通する、異文化との遭遇による興奮があげられるだろう。人類学者は、異文化に遭遇しそれに対して魅了され、そこから分析が始まる。同じく、歴史学者は、自身とは異なった時代の文化にある事象を発見し、大きな関心を抱く。そこから分析が始まる。この共有できる心情があるがゆえに、歴史学者と人類学者はともにお互いが行っている研究について、理解し合えるというのである（Sewell 1999）。

もう一つの点が、歴史学者、特に社会歴史学者が歴史的事象を説明する理論と方法を、歴史学の外に求めて来たことがあげられる。文化人類学が社会の研究の中でその方法論を洗練させてきたことは、社会歴史学にとって、自らの中に取り入れるよい例を示してきたと考えられたからである。ギアーツの行ってきた研究が、歴史学の中で好ましい研究として受け入れられてきた理由はここにあるように思われる。

しかし、この歴史学の中からも、ギアーツの研究に対する批判も出てきている。例えば、スウェルは、文化的事象が単独で存在するのではなく、システムとして内的、外的要素とつながりを持って、常に変化していることを強調し、システムとして文化を見ることの重要性を提唱している（Sewell 1999）。

現在こうしたギアーツ批判を要約すると、次のようになる。まず第一に、ギアーツは、文化をあまりに総体的なものとして扱い、あたかもそれが今あるがままの総体として存続してきたかのように扱ったという批判である。実際には、文化は、歴史的な変遷を経て、多くの多様性を内包するにもかかわらず、そのプロセス、また今存在する多様性についての言及がなされていない。そして、その「一様な文化」の中で、彼の言う「一様な意味付け」がなされてきたのかどうか、疑問であるという批判である（Fox and King eds. 2002, Greenblatt 1999）。

第二に、方法論として、「厚い記述」と彼が呼ぶ民族誌への疑問である（Rapport and Overing eds. 2000）。この厚い記述の必要性は理解できるとしても、彼自身が本当に厚い記述を行ってきたのかという疑問である。バリの闘鶏の論文で描かれているのは、西洋世界から非西洋世界の異文化を訪れたある種の余裕を持った（植民地主義的余裕とまでは言わないが）裕福な西洋人が、高みの見物をしている姿であり、それは決してその文化に深く入り込んで、真摯に理解しようとしている姿ではないというのである。ここで、現在の人類学の重要な論点である、自己と他者の問題が出てくる。人類学者が実際は自己の殻から抜け出られないことに関する洞察が必要になってくるのである。この点で、ギアーツは、構造を壊しながら、実際には新たな構造を作り上げてきたという批判が出てくるのである（McGee and Warms 1996）。

よって、それ以後の人類学者は、三つの点で方向性を探ってきた。一つは、他の分野との連携である。ギアーツが大いに影響を与えてきた歴史学との連携は特に顕著である。ギアーツの研究は共時的ではあるが、その解釈の仕方が、ある時代のある場所のできごとの考察に応用できるというものである。

さらに第二に、宗教、儀礼といった特定の場、時間における人間の価値観の表出をギアーツは描いてきた。ただギアーツはそれを普遍的なものとして、全ての文化の構成員の価値観と置き換えてしまった。それに対する批判はあるにしても、この価値観の表出の描写そのものは重要であると思われる。そこで、批判を受けてなすべきことは、そうした価値観の中に見られる多様性の分析であり、その時々、その場その場での価値観に与えているパワー、影響力の研究であり、なにが、どのように今見られる価値観に影響を与えているのかについてのきめの細かい研究である（Marcus 1999）。

第三に、厳しい批判はあるものの、今一度ギアーツの唱えた点、そして、その後の人類学者が決してなしえていない点は考えておく必要がある。それは、人間の行動のまとまりを見るという点である。ギアーツ以後の人類学者は、ギアーツ批判をする一方、ギアーツが示そうとしてきた「統合的文化観」の新たな構築の努力を怠ってきたように思われるのである（Ortner 1999, Rosaldo 1999）。

おわりに

述べてきたように、ギアーツは二十世紀後半において、最も影響力の大きな人類学者の一人であった。彼の提唱したものは、次の人類学を考える上で重要なステップとなった。とりわけ、ギアーツが与えた人類学以外の分野への影響は大きかった。それが、人類学と他の分野の融合を促し、新しい学問を生み出してきたように思われる。バリ文化の人類学的研究に関して言えば、バリ文化を包括的に取り扱うのではなく、その中で、より専門的に詳細に見てゆく傾向となっている。例えば、歴史学の人々との協同で、バリの慣習を詳細に研究するもの、あるいは、現代の観光の影響について研究するものなのである。しかしそれらに共通する点はギアーツが唱えた詳細なフィールドワークに基づいた、「厚い記述」から始まる研究であるように思われる（Ortner 2007）。

注

（1）研究者によっては、この本のタイトルを『行商人と貴族』（例、小泉一九八四）としているが、内容をより正確に示すものとして、『行商人と王子』としておいた。

（2）本書の原題は、Works and Lives: The Anthropologist as Author（Geertz 1988）である。しかし、日本語訳の本では、『文化の読み方書き方』（ギアーツ一九九六）というタイトルになっている。

（3）　人類学では、人類学を人文的分野と見なすか、社会科学的分野と見なすか、ボアーズの時代以来長い間延々と論争が繰り返されてきた。詳しくは、Erickson and Murphy 1998, Layton 1997などを参照。

参考文献

綾部恒雄編『文化人類学15の理論』（中公新書741、中央公論社、一九八四年）

綾部恒雄編『文化人類学の名著50』（平凡社、一九九四年）

小泉潤二「解釈人類学」（綾部恒雄編『文化人類学15の理論』中央公論社、一九八四年）二四三―二六二頁

小泉潤二「クリフォード・ギアーツ『ヌガラ　19世紀バリの劇場国家』」（綾部恒雄編『文化人類学の名著50』平凡社、一九九四年）四一八―四二九頁

ギアーツ、クリフォード（森泉弘次訳）『文化の読み方書き方』（岩波書店、一九九六年）

Barrett, S. R, *The Rebirth of Anthropological Theory*. Toronto: University of Toronto Press, 1984.

Bohannan, P. and M. Glazer eds., *High Points*. 2nd Ed. New York: McGRAW-HILL, Inc. , 1988.

Boas, F., Race, *Language, and Culture*, New York: Free Press, 1966.

Erickson, P. A. and L. D. Murphy, *A History of Anthropological Theory*, Peterborough, Ontario, Canada: Broadview Press, 1998.

Fox, R. G., and B. J. King eds., *Anthropology Beyond Culture*, Oxford: Berg, 2002.

Geertz, C., *The Religion of Java*, Chicago: The University of Chicago Press, 1960.

Geertz, C., *Agricultural Involution*, Berkeley: University of California Press, 1963.

Geertz, C., *Islam Observed*, Chicago: The University of Chicago Press, 1968.

Geertz, C., *The Interpretation of Cultures*, New York: Basic Books, 1973.

Geertz, C., *Negara: The Theater State in Nineteenth-Century Bali*, Princeton: Princeton University Press, 1980.

Geertz, C., *Local Knowledge*. 3rd Ed. New York: Basic Books, 1983.

Geertz, C., *Works and Lives: The Anthropologist as Author*, Cambridge: Polity Press, 1988.

Geertz, C., *After the Fact*. , Cambridge, Mass.: Harvard University Press, 1995.

Geertz, C., H. Geertz and L. Rosen, *Meaning and Order in Moroccan Society*, with a Photographic Essay by Paul Hyman, New York: Cambridge University Press, 1979.

Geertz, H. and C. Geertz, *Kinship in Bali*, Chicago: The University of Chicago Press, 1975.

Greenblatt, S., “The Touch of the Real.”In Ortner, S. B. Ed., *The Fate of Culture*, Berkeley: University of California Press, 1999: pp. 14-29.

Inglis, F., *Clifford Geertz*, Cambridge: Polity Press, 2000.

Layton, R., *An Introduction to Theory in Anthropology, Cambridge*: Cambridge University Press, 1997.

Marcus, G. F., “The Uses of Complicity in the Changing Mise-en-Scene.” In Ortner, S. B., Ed., *The Fate of Culture*, Berkeley: University of California Press, 1999, pp. 86-109.

McGee, R. J. and R. L. Warms, *Anthropological Theory*, Mountain View, California: Mayfield Publishing Co. , 1996.

Moore, H. L., “Anthropological Theory at the Turn of the Century.” In

Moore, H. L. Ed., *Anthropological Theory Today*, Cambridge: Polity Press, 1999, pp.1-23.

Moore, H. L. Ed., *Anthropological Theory Today*, Cambridge: Polity Press, 1999.

Ortner, S. B., "Introduction.", In Ortner, S. B. Ed., *The Fate of Culture*, Berkeley: University of California Press, 1999, pp. 1-13.

Ortner, S. B. Ed., *The Fate of Culture*, Berkeley: University of California Press, 1999.

Ortner, S. B., Clifford Geertz (1926-2006) (Obituaries). *American Anthropologist*, Vol.109, Issue 4, 2007, pp.786-798.

Rapport, N. and J. Overing Eds., *Social and Cultural Anthropology: The Key Concepts*, London: Routledge, 2000.

Rosaldo, R. I. Jr., "A Note on Geertz as a Cultural Essayist."In Ortner, S. B. Ed. *The Fate of Culture*, Berkeley: University of California Press, 1999, pp. 30-34.

Rubin, G., "The Traffic in Women: Notes on the 'Political Economy' of Sex." In Reiter, R. Ed., *Toward an Anthropology of Women*, New York: Monthly ReviewPress, 1975.

Sewell, W. H. Jr., "Geertz, Cultural Systems, and History: From Synchrony to Transformation." In Ortner, S. B. Ed., *The Fate of Culture*. Berkeley: University of California Press, 1999, pp. 35-55.

Turner, V., *The Forest of Symbols*, Ithaca: Cornell University Press, 1967.

Turner, V., *The Ritural Process*, Hawthorne, N.Y.: Aldine, 1995.

［Ⅰ バリ島研究とそのイメージ形成］

スバック・グデ・スウェチャプラと王朝の伝統

三浦恵子

本稿は、バリ島の歴史上極めて重要な地域にある水利組合のスバック・グデ・スウェチャプラとその発展の基盤になったゲルゲル王朝が築いた寺院や伝統との関係性を明らかにする。また、近代化の過程で変容した宮廷とスバックの関係とスバックが今日直面する問題についても考察する。

はじめに

スバック・グデ・スウェチャプラは、クルンクン県の県都スマラプラ［Semarapura］の中心地から東部と南部にかけて存在する文字通りの「大スウェチャプラ水利組合」である（**図1**）。スウェチャプラは、正式には、スウェチャプラ・リンガルサプラ［Sweca Linggarsapura］で、クルンクン王朝（一七一〇―一九〇八年）の前身であるゲルゲル 王朝（一三八一―一六五一年）の王宮の名前に由来している。ゲルゲル王朝の最盛期を築いた二代目の王ダルム・ワトゥレンゴン・プトラ（**Dalem Waturenggong Putra**）（一四六〇―一五五〇年）の時代には、ゲルゲルの地政学的な支配は、西の境界線が東ジャワのパスルアン［Pasuruan］とブランバンガン［Blambangan］、東は、ロンボック島［Lombok］のササック［Sasak］とスンバワ島［Sumbawa］、南はヌサ・ペニダ［Nusa Penida］列島に至っていた。この黄金期には、単に支配が拡大しただけでなく、ヒンドゥー教の中の仏教派とシバ派が統合されたことで、社会的及び文化的統合も見られたのである（Wirawan 2011: pp.31, 37）。

一九九五年にこの地域にあった四つのスバックが統合さ

みうら・けいこ――早稲田大学文学学術院非常勤講師。専門は社会人類学、東南アジア学、世界遺産学。主な著書に『アンコール遺産と共に生きる』（めこん、二〇一一年）、I Made Sarjanaとの共著, "The World Heritage Nomination of a Balinese Cultural Landscape: Local Struggles and Expectations," *UNESCO in Southeast Asia: World Heritage Sites in Comparative Perspective*, edited by Victor T. King, Copenhagen: Nias,pp.274-290., "Thinking Globally and Acting Locally in Angkor World Heritage Site," *The World Heritage on the Ground: Ethnographic Perspectives*, edited byChristoph Brumann and David Berliner, New York; Oxford: Berghahn, 2016, pp.125-146. などがある。

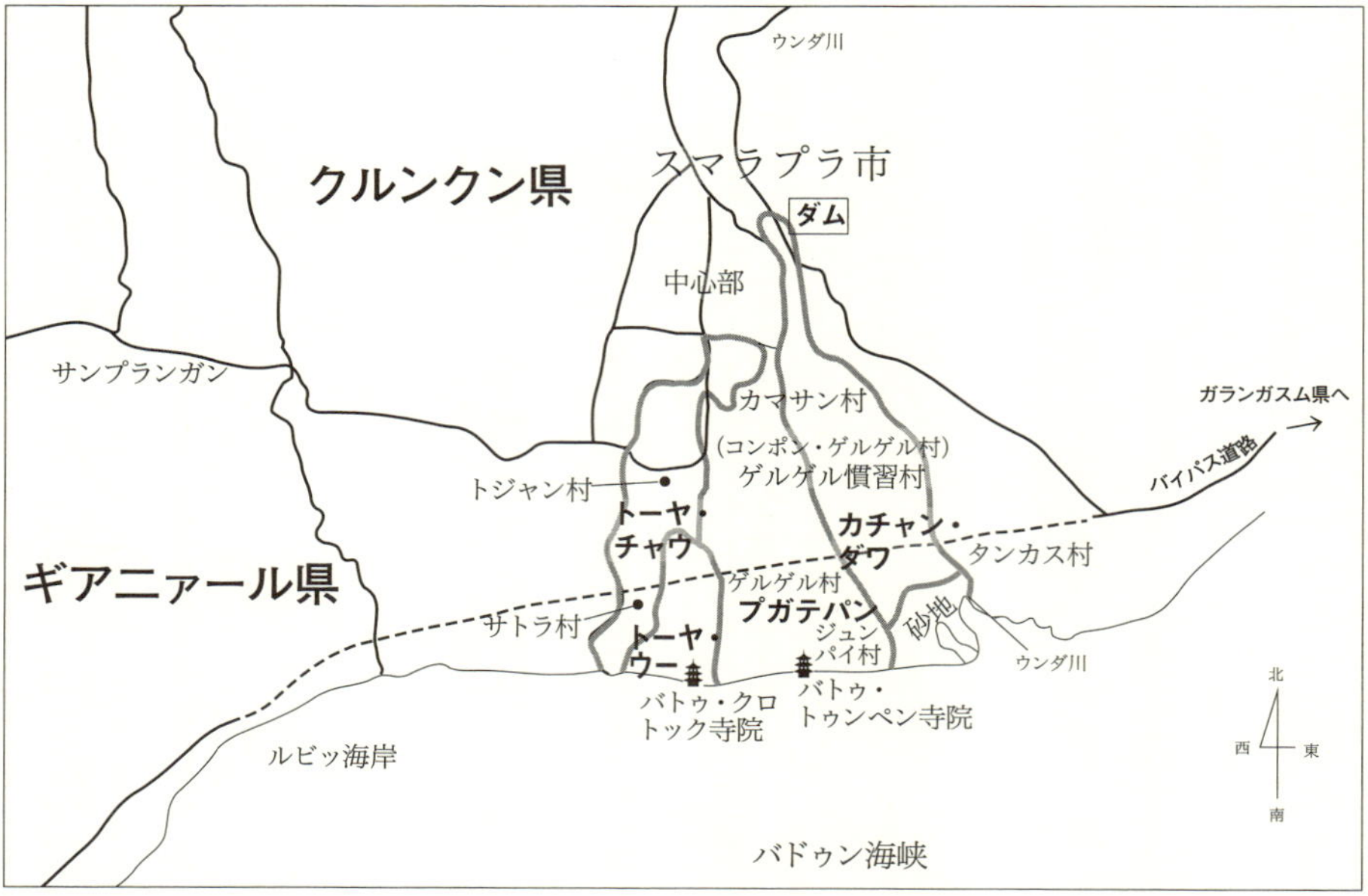

図1　大スウェチャプラ水利組合

写真1　左：スバック長、中：バグス・ウィラワン教授、右：海老澤衷教授（撮影：筆者）

れ、スバック・グデ・スウェチャプラと命名された。統合されたスバックの中で一番大きなスバックの長だったニョーマン・スディアルサナ（Nyoman Sudiarsana）（**写真1**）が初代のスバック長に選出され、彼のリーダーシップの下で、ゲルゲル王朝時代の栄光を思い起こし、伝統の継承者としてのアイデンティティを鼓舞するように、この名前が付けられた（Wirawan 2011: p.35, 41, 42, 三浦二〇一一：二頁）。

ゲルゲルにおけるスバックの起源は、一般的には十一世紀とされているが、クルンクン県のレバッ・チュレピック[Lebah Clepik]碑文によれば九世紀である。しかし考古学的調査からわかったことは、紀元前約二〇〇〇年の新石器時代から人々はこの地域で生活しており、村としてのゲルゲルもスバックも、紀元前二〇〇年から紀元前一〇〇年頃に既に存在していたのである。前ヒンドゥー文化である巨石文化時代には祖霊崇拝と関係した立石（メンヒル）、石棺、先祖の石像、石の玉座、石臼などが造られている。その中でもメンヒルや玉座は、土地の肥沃、人間や家畜の多産や農作物の豊穣に感謝する儀礼と密接に関わっていた。バリ島の中でもクルンクン県、とりわけゲルゲル村に最も多くのメンヒル、円筒状の石柱、台座や先祖の石像、階段状の道などが見つかっていることから、この地域は、バリ島における人間社会、そして農耕の中心地だったことが伺える。ゲルゲル村では、川の石で作った玉座の集合体が、バレ・アグン［Bale Agung］（村寺・集会所）や神殿に発展していった。巨石文化は、ジャワ島からヒンドゥー教が伝わった十一世紀頃まで存続した（三浦二〇一一：一・二頁、Wirawan 2011【a】: pp.31-33, Wirawan 2011【b】: p.58, Sutaba 1998, pp.41-50）。このように農耕もスバックも、ゲルゲル王朝創設以前から存在していたことは明らかであるが、王朝の存続と発展は、スバックの農民の労働力、米の生産と経費の負担なしには成り立たなかったことから、王朝とスバックの関係は相互依存の関係にあったと言えるだろう（Wirawan 2011【a】: p.34, Wirawan 2011【b】: p.38）。

写真2　プラ・ダサールの割れ門（撮影：筆者）

　ここで注目したい点は、ゲルゲル王朝とその地域における知識は、この王朝とスバックの研究者であるウダヤナ大学の歴史家でゲルゲル王家の末裔でもあるアナック・アグン・バグス・ウィラワン［Anak Agung Bagus Wirawan］（今後単にウィラワンと呼ぶ）（**写真1**）が、地域の中心的なダサール寺院［Pura Dasar］（**写真2**）に関して書いた文献（Wirawan 2011【b】: pp.55-103, 三浦二〇一一：一頁）を地域の指導的立場にある人々が参考にして、村や地域に関する歴史を構築・再構築していることである。しかし、ウィラワンの説明とは異なるバージョン、または補完的な逸話や歴史的説明もあり、歴史の多面性や解釈の多様性を示している（三浦二〇一一：一・二頁）。

一、スバック組織と農耕サイクル

スバック・グデ・スウェチャプラは、前述したように一九九五年に四つのスバックが合併したものである。その四つのスバックは、もともとの面積が広い順にプガテパン［Pegatepan］、カチャン・ダワ［Kacang Dawa］、トーヤ・チャウ［Toya Cau］、トーヤ・ウー［Toya Hee］（ウィラワンによるとイエー・ウー［Yeh Hee］である（Wirawan 2011【a】: p.41）。それぞれのスバックのテンペック［tempek］（セクション）の数は多く、先に述べたスバックの順に十一、十一、八、十である。プガテパンは宅地化が進んだことから、現在はカチャン・ダワが一番広いスバックである。この四つのスバックは、それぞれ川や住宅地を囲む道路沿いに境界線がある。トーヤ・チャウは、海岸からスマラプラ市の南部まで延びている。カチャン・ダワも海岸付近から水の取り入れ口のあるウンダ川［Tukad Unda］のダム（**写真3**）まで延びている縦長のスバックである。このダムの近くにウルン・スウィ寺院［Pura Ulun Swi］（**写真4**）がある。ダムの上流には、スバックの成員が手作業で石や土嚢を積んで水路に水を取り入れている場所があり、すぐそばに伝統的な堰（ウンプラン［empelan］）が造られているが、現在コンクリートで固定している（**写真5**）。もともとウンプランは個人所有であったが、現在政府の管理下にある。水源は、バリ島で最も神聖と見做されているアグン山のカルデラ湖バトゥール［Batur］である（三浦二〇一一：二頁）。

大スバックは、六つの行政村と四つの慣習村にまたがっている。行政村は、サトラ［Satra］、トジャン［Tojan］、カマサン［Kamasan］、ゲルゲル［Gel Gel］、タンカス［Tangkas］、ジュンパイ［Jumpai］で、そのうちトジャン、カマサンがゲルゲル慣習村に含まれる。ゲルゲル慣習村は、クルンクン県最古の村である（三浦二〇一一：三頁）。

大スバックの初代スバック長であるスディアルサナによると、スバックの成員は二〇一〇年には約二〇〇〇人である。スバック長の任期は五年で二期まで可能であるが、スディアルサナは既に三期を務め上げた。二〇一〇年に二代目のスバック長にテンペック長のイ・ワヤン・クルタ［I Wayan Kerta］が選出されているが、調査当時まだ着任していなかった。スバック長たちは、毎月一回寄合いを開いて新しい問題について協議するが、成員の寄合いは一年に四回である（三浦二〇一一：三頁）。

各スバックは、テンペックごとに稲作前に寄合いを開き、どの稲種を植えるかを決定し、その品種を政府に注文する。田植えは農民自身で行うが、収穫は各自の裁量に任されてい

写真3　ウンダ川のダム（撮影：筆者）

写真5　ウンダ川から引水している水路とウンプラン（手前）（撮影：筆者）

写真4　ウルン・スウィ寺院（撮影：筆者）

る。外から農業労働者を雇ってもいいし、買い手に収穫を依頼してもよい。収穫は、鎌か脱穀機で行う。買い手がついた稲以外は、政府が買い上げてくれることになっている（三浦二〇一一：三・四頁）。

農耕サイクルは、水稲―パラヴィジャ［palavija］（休耕田で栽培される副作物）―水稲が古いサイクルで一般的であるが、プガテパンとカチャン・ダワは、水稲―水稲―パラヴィジャの新しいサイクルを採用している。パラヴィジャは、水が少ない所でも栽培できるので、スバックの水利状況に応じてこのようなパターンが出来上がったと思われる。パラヴィジャには、トウモロコシ、豆類、ピーナッツ、西瓜、唐辛子（県の産物として有名）や供物用の花（ホウセンカなど）が多く栽培されている。近年、政府がトラクターに関心のあるスバックをタバナン県で開かれた講習会に招待し、希望するスバックに日本製のトラクターを寄贈している。これを機にそれぞれのスバックでトラクターの使用が増加してきている（三浦二〇一一：五頁）。

大スバックは、かつて約九〇〇ヘクタールの広さを誇っていたが、スディアルサナによると、一九六三年のアグン山の噴火で七六一ヘクタールに減少した。更に、二〇〇〇年に始まったサヌールとクサンバを結ぶバイパス道路工事の影響で、機能している水田は十年の間に五六五二三（Wirawan 2011【a】：p.42）ヘクタールまで縮小してしまった（三浦二〇一一：五頁）。

二、農耕儀礼と寺院

大スバックの儀礼に関連した寺院は数が多く、最も重要な寺院は、ダサール寺院である。その他にウルン・スウィ寺院、グドゥン・ベテル寺院［Pura Gedung Betel］（**写真6**）、バトゥ・トゥンペン寺院［Pura Batu Tumpeng］（**写真7**）、バトゥ・クロトック寺院［Pura Batu Klotok］（**写真8**）などがある。ダサール寺院と石のリンガを祀ったグドゥン・ベテル寺院は、ゲルゲル王朝時代からの古い寺院であり、ゲルゲル慣習村の中にある。ダサール寺院はスバックにとって重要なだけでなく、世界の基盤であるとの信仰とカーストや宗派の違いを超えて全バリ島の人々を統一するために貢献した歴史から、今でもバリ島の全ての人々に開かれた寺院である。バトゥ・トゥンペン寺院とバトゥ・クロトック寺院は、海岸沿いにあり、前者はスバックのみの寺院であるが、後者はダサール寺院同様バリ全土の人々が自由に参拝できる（三浦二〇一一：五・六頁）。

スバック最大の儀礼は、ゲルゲル慣習村と共催のウサバ・ニニ［Ngusaba Nini］（豊穣の女神デヴィ・スリ［Dewi Sri］の化身で稲などの農産物そのもの）で、女神に供物や祈りが捧げられる（Wirawan 2011【a】：p.39, Wirawan 2011【b】：p.75）。この儀礼は、前ヒンドゥー期の伝統を継承したもので、土地の肥沃、害獣（虫）被害回避と豊穣、人間を含む全宇宙の浄化や全バリ人の幸福を願って一年に一度（九〜十月）収穫前の満月の日にダサール寺院で開かれる。水田の灌漑用水を使った寺院の浄化儀礼を含むと、満月の二日前に始まり、全行程一週間かかる。儀礼の様式は、ゲルゲル王朝時代に創始されたオマ・ヤドニャ［Oma Yadnya］と呼ばれる神聖な儀礼に由来する（Wirawan 2011【a】：pp.36-38, Wirawan【b】：p.70, 三浦二〇一一：六頁）。

オマ・ヤドニャは、王朝の盛時を築いた王ダルム・ワトゥレンゴンとヒンドゥー・シヴァ派のダンヒャン・ニラルタ［Danhyang Nirartha］とヒンドゥー・仏陀派のダンヒャン・アスタパカ［Danhyang Astapaka］という二人の高僧によって十五世紀に創始された。当時イスラム化が進むジャワ島からヒンドゥー教の僧侶たちがバリ島に逃れて来ていた。そうした折、

写真6　グドゥン・ベテル寺院（撮影：筆者）

写真7　バトゥ・トゥンペン寺院（撮影：筆者）

写真8　バトゥ・クロトック寺院（撮影：筆者）

王は、この二人の高僧を宮廷の顧問として招待した。この高僧たちは、宗教のみならず、社会と文化、政治や行政組織、軍事、農業、経済など国家の統治に関するあらゆる問題にもアドバイスを提供した。それに先立って九世紀以降さまざまな宗派のヒンドゥー教がバリ島に導入されているが、この二僧は、その中でも影響力が強いシヴァ神と仏陀を融合させ、カーストの違いを乗り超えて、バリ島のあらゆる人々の生活と精神性の融合を目指して、ダサール寺院で祈る伝統を確立した。ダサール寺院では、唯一神サン・ヒャン・ウィディ・ワサ［Sang Hyang Widhi Wasa］の信仰の下に一体化し、スウェチャプラ宮殿においては、ウダヤナ王に東ジャワの王妃を迎え、バリ人とジャワ人との和合と統合を果たしたのである。このことにより、十五世紀から十六世紀にかけて、近隣の諸島がイスラム化という大きな社会変革を起こしてその脅威が迫っている時期に、バリ島はイスラム化を逃れ、ヒンドゥー教を維持することができたのである（Wirawan 2011【a】: p.37-39, Wirawan【b】: p.59, 71-73, 100, 101, 三浦二〇一一：六・七頁）。

　オマ・ヤドニャの儀礼を行ってから、農産物の生産性が目覚ましく向上するという結果が得られ、それ以降、あらゆる高位の儀礼では、オマ・ヤドニャの伝統に従って、仏教系とシヴァ系の両方の司祭であるプダンダ［pedanda］が儀礼を司るようになった（Wirawan 2011【a】: p.38）。儀礼では、水牛が供犠され、トッペン［topeng］（仮面舞踊）、ルジャン・デワ［rejang dewa］（神へ奉納するルジャン舞踊）、ワヤン・クリ［wayang kelit］（小型影絵劇）、マスラマン［masraman］（戦士の踊り）といった神聖な舞踊や劇の奉納がある。スバックの成員は、儀礼に際して一世帯毎に二万五〇〇〇ルピアを、バリ州政府は五〇〇〇〇万ルピアを提供する。州政府が寄付金を提供し始めたのは二〇〇三年頃からで、バイパス道路建設がスバック運営に大きな影響を与えていたことが切掛けである（三浦二〇一一：七頁）。

水田の灌水式であるマパッグ・トーヤ［Mapag Toya］は、ウサバ・ニニから二ヵ月後、ウルン・スウィ寺院で行われる。この時、ウンダ川のダムに犠牲獣（山羊、家鴨、亀、鶏など）やほかの供物が沈められる（三浦二〇一一：七頁）。

写真9　ダサール寺院の梟の彫刻（撮影：筆者）

マパッグ・トーヤから一ヵ月後、害獣（虫）から稲を守るように女神デヴィ・スリに祈るニュンスン［Nyungsung］（ナンルック・ムラナ［Nangluk Merana］とも呼ぶ）儀礼が開かれる。この地域では、鼠、雀や稲子などの害獣（虫）被害があるが、稲子の被害はそれ程深刻ではない。トーヤ・チャウやトーヤ・ウーでは、鼠を毒殺したらもっと増えて、儀礼的に駆除した方が効果的であるということがわかったという。害獣（虫）は海から来るとの伝承により、海に近いバトゥ・クロトック寺院でこの儀礼が開かれる。この寺院は、バリ全土の害獣（虫）駆除に効果的であると信じられている。ニュンスンは、同様に、ダサール寺院、グドゥン・ベテル寺院、バトゥ・トゥンペン寺院でも行われる。害虫（獣）予防・駆除儀礼は、実際に害があるかないかは別として定期的に行われる。害獣（虫）予防・駆除が成功した暁には、バトゥ・クロトック寺院で神への感謝をこめてニェティ［Nyeti］の儀礼が行われる（三浦二〇一一：七頁）。

ニェテイから、二度目の満月の日にニュントゥック・サリ［Nyuntuk Sari］という儀礼がダサール寺院で行われる。この儀礼では、梟に蛇、鼠やほかの害獣を食べてくれるように祈る。寺院の門の上部には、梟（**写真9**）や蛇の彫刻が施してある（三浦二〇一一：七頁）。

農耕の予定について神に報告するニェドゥ［Nyeduh］の儀礼は、バトゥ・クロトック寺院以外に、バトゥール寺院、ゴア・ラワ寺院［Pura Goa Lawah］、ブサキ寺院［Pura Besakih］、ウルン・ダヌ寺院［Pura Ulun Danu］などバリ全島の人々にとって重要な寺院で行われ、家鴨や鶏などの供犠を伴う（三浦二〇一一：七、八頁）。

三、スバックと王朝

ゲルゲル王朝は、ダレム・クトゥット・ングレシル［Dalem Ketut Nglesir］が一三八一年に創設したもので、当時ゲルゲルはスバックが発達した農村だった（Wirawan 2011【a】：p.35）。しかし、スバック長は、このスバックの歴史の起源をゲルゲル王朝時代と認識していることから、スバックの成員もスバックと王朝が共に繁栄してきたと考えていることがわかる。このことから、スバックは、ゲルゲル王朝を支え、またスバックも王朝の支援によって維持・発展してきたと考えられる。ウィラワンは、碑文研究により、大スバックのうち、トーヤ・ウーとトーヤ・チャウは、川の名前に由来し、プガテパンとカチャン・ダワは、ゲルゲル王朝時代の王の家臣の名前に由来すると見なしている（Wirawan 2011【a】：p.35, 36, Wirawan【b】：p.67, 三浦二〇一一：八頁）。

宮廷（**写真10**）とスバックの関係は、パトロンとクライアントの関係にあり、王はスバックの所有者で管理の責任を持っていた。インドネシア独立前、スバックは事あるごとに宮廷に報告し、宮廷は他の成員同様スバックの行う全ての儀礼と献納金に対する責任があり、緊急時の救済のために尽力した。とりわけ、雨乞い式や新しい水源を開く儀式などでは王宮の役割が重要だった。雨乞い式はバトゥ・クロトック寺院で行われた。ウィラワンによると、ゲルゲル王朝は、スバックを守って発展させるために税金制度を導入し、収穫時に王にいくらか献納することにした。王は、スバックの土地税部門の長であるスダハン・アグン［sedahan agung］を通して、土地税のスウィニィ［swinih］をスバックの成員から徴収したが、水路やダムの補修は、王が直接農民を動員して行った。補修にかかる費用は、スウィニィで賄った。また、緊急時にも王が直接指揮をとり、大きな寺院も建造した（三浦二〇一一：八頁）。

ゲルゲル王朝の文化と社会制度は、十八世紀にクルンクン王朝に引き継がれ、宮廷とスバックの関係も継承された。しかし、二十世紀初めオランダがバリ島を征服する際に、クルンクンの王家の人々と家臣たちは、名誉を守りオランダへの服従を拒絶するために、煌びやかな衣装をまとい、宝刀クリスを身に付けてオランダの砲弾に立ち向かい、ププタン［puputan］（「終焉」を意味する集団自殺）を行った。その結果、王族の多くの人々は死亡し、生存者はロンボック島に送られた（Wirawan 2011【a】: p.92, 93, 三浦二〇一一：八頁）。

ウィラワンによると、オランダはバリ島征服後、王家の生存者の中からバリ人たちをまとめることができる者を王（デワ・アグン［Dewa Agung］：クルンクンの王の称号）に任命した。

写真10　クルンクンの宮廷（撮影：筆者）

その下にスダハン・アグンを配してスバックから各種の税金や拠出金を回収させ、スバック長や行政に関わる役職者たちには給料代わりに土地を与えた（Wirawan 2011【a】: p.93, 96, 97, 三浦二〇一一：八・九頁）。一九二九年にはデワ・アグンの地位が法律で制度化され、一九三八年には王国を統治する権限が強まった。このことによって、デワ・アグンはゲルゲル村の内政にもかかわることができるようになった（Wirawan 2011【a】: p.93, 96-98, 三浦二〇一一：八・九頁）。しかし、現在は、宮廷のかつての役割の多くがスマラプラの県政府に委ねられている。

クルンクン県に二十九ある全宮廷の代表は、二〇一〇年調査当時六十一歳だったチョコルダ・グデ・アグン［Tjokorda Gde Agung］である。彼は、三十六年間クルンクン県外で生活し、定年退職するまでジャカルタの中央政府の役人をしていた技師である。退職後、かつてクルンクンの市長で、調査当時デンパサールの州議員であった兄のチョコルダ・グデ・ングラ［Tjokorda Gde Ngurah］から宮廷の代表の役割を引き継いだ。彼らの父親は、ププタン当時十二歳だったが、膝に砲弾を受けて倒れた際に折り重なる死者の下敷きになり生き延びた。ププタンによる王室関係者の死とその後の混乱と遺産の喪失のために、宮廷に伝わる貴重な伝統知識の多くも失われてしまった（三浦二〇一一：九頁）。

現在、宮廷の役割は、地域社会の中でかつてほど顕著でなくなったが、伝統的な村での争議や問題が起こった時に、デワ・アグンと王宮の僧侶たち（バガワンタ［Bhagawanta］）は、共に解決のために尽力する（Wirawan 2011【b】：p.93, 99）。それはスバックにおいても同様で、スバックの成員だけでは解決でない深刻な問題が発生した時に、宮廷は最後の仲裁者として威信を発揮するのである（三浦二〇一一：九頁）。

チョコルダ・グデ・アグンは、以前水路の水が地下に流れて消えてしまい困っているスバックから助けを求められた。神に祈った後、地面にコンクリートを打ち、水が消失しないようにすることができた。農民が持っていない能力を持っていることが宮廷に求められるが、グデ・アグンは技師なので問題を解決することができたわけである（三浦二〇一一：九頁）。

ダサール寺院で行われる慣習村のオダラン［odalan］（周年祭）であるプトヤアン［Petoyaan］とバトゥ・クロトック寺院での大祭は、かつてデワ・アグンが監督し、必ず出席した。一九二九年から現在までもブンデサ・プラ［bendesa pura］と呼ばれている寺院の治安、維持管理と儀礼の責任者は、ゲルゲル王家の後継である。村長とブンデサ・プラの後任者については、現在でもデワ・アグンの承認を必要とする。儀礼は、先祖に礼を尽くすためにバリ歴で一年（二一〇日）に一度行われる。グデ・アグンによると、かつてと違って、昨今宮廷は献納金とバンテン［banten］と呼ばれる果物などで構成された供物を奉納するのみである。慣習村の成員は、逆にかつて農産物を奉納したが、近年は献納金を奉納する義務もある。日常的な儀礼は、プマンク・プラ［pemangku pura］（寺院の僧侶）が村の他の寺のプマンクの助けを得て行う（Wirawan 2011【b】：p.96-98, 三浦二〇一一：九頁）。このように、独立後のインドネシア、特にバリ島では、宮廷には、スバックを含めて地域の慣習や伝統的な価値観を維持する役割が残されている（Wirawan 2011【b】：p.98）。しかし、実務的なことの多くは慣習村と県政府に任され、宮廷の存在感は、主に象徴的、仲裁的なレベルと役職に集約されている。

四、イスラム教徒の村コンポン・ゲルゲル、スバック、王宮

プガテパン慣習村に隣接してコンポン・ゲルゲルというイスラム教徒の村がある。二〇一〇年、広さは約七〇〇ヘクタールで世帯数約三〇〇、人口は約八〇〇人である。ほとんどの世帯は農業を営んでいたが、一九七五年以降多くの農地

は売却され、そのうち他のスバックに転属したものもある。農民の数は減少し、現在はほとんどの世帯が商業活動に携わっている。スマラプラ市には、他にイスラム教徒の村が二つあるが、彼らの村の起源は比較的新しい（三浦二〇一一：九頁、Wirawan 2011【b】：p.68)。

コンポン・ゲルゲルの起源は、ングレシル王の時代に遡り、この村のモスク（マスジッド［masjid］）（**写真11**）はバリ島で最古である。コンポン・ゲルゲルの前村長ムハマド・ハリリ・K［Mohammad Hariri K.］によると、ングレシル王が会議に出席するためにジャワに行き、帰途ジャワの王の命により四十人のジャワ人イスラム教徒が王の護衛としてバリ島までやって来た。彼らが自分たちの先祖であるという。イスラム教徒たちは、当時サトラ村のある地域に住み、後に現在の土地を王によって付与されたという。ウィラワンにも同様の記述がある（三浦二〇一一：九・一〇頁)。

ゲルゲル慣習村の村長によると、このイスラム教徒たちは宮廷の警護にあたった。このような歴史的経緯から、コンポン・ゲルゲルと宮廷との関係は親密であり、宮廷の儀式には村民が必ず招待される。また、イスラム教徒たちがゲルゲルに住みついた後、デヴィ・ファティマ［Devi Fatima］という

写真11　コンポン・ゲルゲルのモスク（撮影：筆者）

写真12　グジャラット石（撮影：筆者）

一人のイスラム教徒の女性が亡くなり、この女性の死体を埋葬したところに石が置かれ、グジャラット［Gujarat］石（**写真12**）と呼ばれるようになった。この石は現在スバックの水田の中にあり、水田の所有者はサトラ村の農民である（三浦二〇一一：一〇頁）。

サトラ村の村長イ・デワ・プトゥ・アンガリアナ［I Dewa Putu Anggariana］によると、死体埋葬当時、この場所は水田ではなく、その後イスラム教徒の礼拝や巡礼の地になった。毎週金曜日の礼拝時やラマダン明けの祭イドゥル・フィトリ［Idul Fitri］にもイスラム教徒が訪れる。グジャラット石の近くの川には小さな港があるので、かつてイスラム教徒たちは船でここまで来たのかも知れない（三浦二〇一一：一〇頁）。

この石の背景について調べていくと興味深いことがわかった。十五世紀から十六世紀にジャワ島北部に島では最初のイスラム王国が興った。イスラム化をもたらしたのは、インドのグジャラット州、特にカンベイ［Cambay］を拠点とするアラブ人、ペルシャ人とインド人のイスラム教徒の商人たちだった。ヒンドゥー王国のマジャパイト［Majapahit］（一二九三―一四七八年）は、北部に興ったドゥマック王国［Demak］により倒された。ホール［Hall］によると、スマトラ島最初のイスラム君主（サルタン）が亡くなった時に、グジャラットのカンベイから来た石が石碑に使われたとある（Hall1981, pp.221-235）。このことが、インドネシアにおけるイスラム教徒の埋葬と巡礼の伝統になり、サトラ村のグジャラット石の設置とその命名にも影響したのかも知れない（三浦二〇一一：一〇頁）。

ウィラワンの記述によると、ジャワからバリに来たイスラム教徒たちは、グジャラット（ドゥマック王国）出身者で、バリ島の人々をイスラム教に改宗する使命を持ってやって来た。しかし、彼らは殺され、現在サトラ村にある土地に埋葬された。その墓地はジャラット［Jarat］と名付けられたという。そこに石碑を立てたが、周辺には水田がある。これにちなんで、この地域のスバックは、ジャラットと名付けられた（Wirawan 2011【a】：p.39, Wirawan 2011【b】：p.73, 三浦二〇一一：一〇頁）。

サトラ村に残されている伝承は、来島したイスラム教徒の使命が前述した二つの話と次のように異なる。

ジャワ島ソロ［Solo］の王（イスラム教徒）がバリ島の王に使者を送った。王が送った手紙には、ゲルゲルの王女への結婚の申し込みが書いてあった。ダルム・ワトゥレンゴン王は、条件を一つ出した。「もし、私の足の毛を切ることができるなら、娘をソロの王に差し上げよう。」

ソロ王の使者たちの何人かは、王の足の毛を切ろうとしたが、誰も成功せずに降参した。ダルム・ワトゥレンゴン王は、彼らを許し郊外に土地を与えた。しかし、彼らの中にはソロに帰還したかったが、ソロ王の罰を恐れて自殺した者もいた。この自殺者たちを埋葬したところに記念碑として石を置いた。こうしたことから、この場所が地域に住むイスラム教徒の巡礼地になった（三浦二〇一一：一一頁）。

写真13　パルマン寺院（撮影：筆者）

イスラム教徒がただ病死したのか、自殺したのか、殺されたのかが話者の社会的背景や記憶によって異なっている。どちらにせよ、このようなイスラム教徒の来島と居住の歴史により、サトラ村では、グジャラット石の上方にあるパルマン寺院［Pura Palman］（**写真13**）で行われる儀礼では、イスラム教徒に礼をつくして、供物に豚肉を使うことは禁止されている。また、村人がパルマン寺院に行く前に豚肉を食べると縁起が悪いとも言われている。バリ島の伝統料理ラワール［rawar］を作る際にも、家鴨の肉を使ったものをスラマン［seraman］（バリ人がイスラム教徒を呼ぶ時の名称）と呼び、通常豚肉で作るラワールと別々にするという。また、寺院の正門の両側に立って帽子をかぶっている二人の人物の像はイスラム教徒であると言われている（三浦二〇一一：一一頁）。

サトラ村には、他の村と異なるルジャン（ワリ：神聖な舞踊）がある。通常ルジャンの踊り手は若い女性であるが、この村のルジャン・オヨッド・パディ［rejang oyod padi］は、年配の女性によって踊られる。村には、バリス・グデ［baris gde］（兵士の踊り）やルジャン・デワ［rejang dewa］など他の神聖な舞踊もあり、寺院の周年祭で奉納される。葬儀も特徴的で、火葬場までの道すがら、二つのグループが互いの作った獅子や牛の形をした張りぼてをぶつけ合って完全に壊れるまで戦わせて行く伝統がある（三浦二〇一一：一一・一二頁）。

コンポン・ゲルゲルのイスラム教徒たちは、周辺のヒンドゥー教徒たちと穏やかで良好な関係をもっている。一九六〇年代以降は、ヒンドゥー教徒とイスラム教徒間の通婚も一般的になり、その数も多い。結婚後は、夫側の宗教に改宗するのが通例である。宮廷の人々との通婚も存在するという。コンポン・ゲルゲルの前村長は、自分たちはバリ人であり、後にジャワから来たよそ者のイスラム教徒とは違うということを強調した（三浦二〇一一：一二頁）。

ゲルゲル王朝時代の良き遺産として、大スバックのみならず、ヒンドゥー教徒とイスラム教徒の平和的共生、カースト間の友好的共存、仏教系・ヒンドゥー教系プダンダの儀礼における協働など、ングレシル王の時代から推奨されてきたトリ・ヒタ・カラナ（神界、物理的世界、人間界の調和）の伝統が今日まで継承されているのがわかる（三浦二〇一一：一二頁）。

五、ジュンパイ慣習村、スバック、宮廷

海岸に近いジュンパイ慣習村は、村長イ・ワヤン・マルパ［I Wayan Marpa］によると、全てがパセック・マジャパイト［Pasek Majapahit］氏族であるという。村長によって語られた村の歴史の内容は、ロンタール［lontar］という棕櫚《シュロ》の葉に刻まれた資料（貝葉）による。その歴史は、ジャワのマジャパイトの王が、裕福で勢力の強いンプ・クリスナ・クパキサン［Mpu Kresna Kepakisan］にバリ島を統治するように依頼し、その息子ダルム・クトゥ・クパキサン［Dalem Ketut Kepakisan］が、バリ島の王に就任するために、妻と息子の一人、パセック・ボン・ダルム・サマンジャヤ［Pasek Bon Dalem Samanjaya］と従者を連れてルビッ［Lebih］海岸に到着した。この年は、ウィラワンによると、一三五〇年である（Wirawan 2011【b】: p.64）。この後、クパキサン一行はサンプランガン［Samprangan］に行き、そこでクパキサンは王になった。しかし、その息子は、魚が捕りやすいように、海の近くまで移住させてくれるように父王に頼んだ。息子は、名前をパセック・ボン・ブンデサ・ダルム・サマンジャヤ［Pasek Bon Bendesa Dalem Samanjaya］と改名した。その後、東方にある現在ジュンパイ村のある地域ンジュン・パイット［Njung Pahit］に移住したという。ジュンパイは、このンジュン・パイットに由来していると思われる。この歴史によると、現在農民のカーストである最下層スードラの最大多数であるパセックの氏族は、もともとは僧侶（ンプ）かつ王家の子孫ということになる（三浦二〇一一：一二頁、Wirawan 2011【b】: pp.62-66）。

ウィラワンによると、ダルム・クトゥ・クパキサンの統治は、大部分の戦略的な地位がマジャパイト系の人々に取

られたことから、バリ・アガ［Bali Aga］やバリ・ムラ［Bali Mura］と呼ばれている先住民たちの五十六の村から激しい抗議を受けた。この問題と取り組むために、ダルム・クトゥ・クパキサンは、パセックの氏族に儀礼村（デサ・パクラマン［desa pakraman］、慣習村）の村長ブンデサ［bendesa］になるように指示した。村長の役割は、サッド・カヤンガン［Sad Kahyangan］（バリ島の六大寺院）、カヤンガン・ジャガット［Kahyangan Jagat］（ブサキ寺院やダサール寺院などバリ島の最高位の寺院）、カヤンガン・ティガ［Kahyangan Tiga］（プラ・プセ［Pura Puseh］、バレ・アグン、プラ・ダルム［Pura Dalem］）（Wirawan 2011【b】: p.60, 71）[1]などの寺院で神聖な儀礼プジャワリ［pujawali］（Wirawan 2011【a】: p.33, 34, Wirawan 2011【b】: p.60）[2]を実施することが含まれた。そして、この重要な貢献に報いるために、地位の程度に応じて五〇ウィニッ［winih］（約九〇エーカー）から一二ウィニッの土地（水田）を所有することが許された（Wirawan 2011【b】: p.60, 61, 65-71, 三浦二〇一一：一二・一三頁）。これが現在まで続く村長職と職田の制度である（三浦二〇一一：一二・一三頁）。この地域の歴史を学ぶことによって、バリ島に現在まで存続しているカーストや村落統治の制度が導入された経緯が浮き彫りになってくる。

六、近代におけるスバックの変容

スバック・グデ・スウェチャプラの前身である各スバックとその成員の生活に大きな変化をもたらした要因は、前述した一九六三年のアグン山の噴火と一九九〇年代から二〇〇二年までに起こった複数の市場や複合住宅の建設やバイパス道路工事などである。他に、気候変動、プラスチックごみ問題、観光化による副業の変化などが挙げられる。これらの問題は、住民の他地域への移住をもたらした（Wirawan 2011【b】: p.42, 三浦二〇一一：一三頁）。

一九六三年に二度にわたって起った噴火によって、瓦礫は周囲八～一〇キロ四方に飛び散り、総数で一九〇〇人もの死者がでた。この時、ウルン・スウィ寺院は完全に破壊され、寺院の再建は一九六九年に、門は二〇〇九年にやっと完成した（三浦二〇一一：一三頁）。

ジュンパイ村は、かつて五つの集落から構成されていたが、現在二つの集落（バンジャール・カンギン［Banjar Kangin］とバンジャール・カワン［Banjar Kawan］）のみが残された。その要因の一つにアグン山の噴火による被災がある。噴火により五〇〇人もの村人が亡くなった。また、バンジャール・カンギン集落に多くの瓦礫が降り、至る所が火山灰に覆われた。そのため、多くの村人は土地を他地域の人々に売却した。何人かの村人は、バドゥン県など他県へ移住した。また病気も蔓延し、人口が更に減少した。一九七二年に食糧不足で儀礼を実施できなかったことも村の衰退に拍車をかけた。村にはかつてスバック・ジュンパイがあった。バトゥ・トゥンペン寺院もこのスバックに属していたが、スバック・プガテパン、ひいてはスバック・グデ・スウェチャプラに統合された。近年バイパス道路工事によって、村人の多くが道路周辺のほぼ全部の農地を売却してしまった。そのため、農民として働いている住民は住民全体の七五パーセントに至るものの、彼らのほとんどはもう農地の所有者ではないのである（三浦二〇一一：一三・一四頁）。

タンカス慣習村も噴火の被害が大きかった。村人に死者はでなかったが、村が所有していた全ての水田がことごとく破壊されて耕作不能になってしまった。副次的に起こった川の氾濫の影響で、徐々にではあるが、ウンダ川の東側にあった古い村から川の西側にあり、かつて水田があった所まで移住せざるを得なくなった。現在、全住民のうち農民はわずか二パーセントであり、水田もほんの少し残っているのみである。かつて村の農民はスバック・タンカスに属していたが、現在は、スバック・カチャン・ダワ、ひいてはスバック・グデ・スウェチャプラに帰属している。しかし、噴火時に降ってきた大量の黒い砂が、寺院の建築や道路工事に使われるようになり、村人に新しい職業をもたらすようになった。今では地域の中で最も裕福な村に変容しつつある。村長のイ・ワヤン・スバドラ［I Wayan Subadra］は、その砂を使ってコンクリート・ブロック屋を営み、多くの男性はトラックの運転手になり、女性は村の中で農産物販売などの商売をしている。「災い転じて福となす」の好例である（三浦二〇一一：一四頁）。

スバックは、他に気象変化、プラスチックごみとバイパス道路建設などに起因した問題をかかえている。まず、雨季に川の水が激流となって河岸を削って行く被害があり、修理が必要になった。また、下の水田に水が多く溜まりすぎる被害も出た。他に、プラスチックごみが水路に溜まって水の流れを遮る問題が、程度の違いこそあれ全てのスバックに現れている。このことから、毎日のごみ掃除と年に四回の大掃除は必須になっている（三浦二〇一一：一四頁）。

トーヤ・チャウでは、バイパス道路に埋めた水路用の土管がその先の土地の高さに対して低すぎる位置に敷かれて、川の水が下流にあまり届かない被害が発生し、土管にごみが溜まることでますます状況が悪化している。この深刻な問題に関してスバックは、二〇〇六年に県や州政府に苦情の手紙を出したが、二〇一〇年の調査当時まで回答がなかった。次に、道路建設により土地の投機が進み、多くの世帯が土地を売却してしまった。トーヤ・チャウのスバックの農民は、州都デンパサール、隣接しているギアニャール県、カランガスム県などの人々に農地を全部売却してしまい、他者のものになった農地で雇われ農夫として働いている。投機目当ての土地は、農業以外の土地にいつでも変更可能であり、スバックの存続に対する大打撃である（三浦二〇一一：一五頁）。

クルンクンは、スマラプラに多少観光客が訪れるとは言え、宿泊客は少なく、直接観光業で潤っているわけではない。しかし、デンパサールやギアニャール県のウブドなどの主要な観光地まで車で数時間で行かれる距離にあるため、家族の何人かは観光地で観光産業に係わっている。また、観光業に農産物や手工芸品を提供している（三浦二〇一一：一五頁）。

サトラ村では、天然素材の額縁やアルバムを生産する家庭も多く、カマサン村は、ゲルゲル王朝時代から絵画、彫像などの芸術作品を制作している。また、儀礼用品や儀礼用にも使われるソンケット［songket］などかつてゲルゲル宮廷で使用された高貴な布は、スマラプラの市場で多く販売されており、県の内外からそれを目当てに買い物客が訪れる。唐辛子がクルンクンの農産物として有名で、儀礼用の花と共に県外に売られている。また、バトゥ・クロトック寺院付近の海岸では、トジャン村などから、ホテル、レストランやヴィラなどの庭用に売られる丸い石を拾い集めに来る人々がいる。農作業の後ここに来る者もいれば、朝五時から夕方五時まで半日間黙々と石の選別作業をしている者もいる。一日に二、三袋分を選別することが可能とのことであるが、一袋の収益がほんの一万ルピア（二〇一〇年八月当時約五十一円）という安値である（三浦二〇一一：一五頁）。

バイパス道路建設により、交通の便が良くなり、観光関連産業や農産物の輸送との関連では好ましいことかも知れないが、スバックの成員たちの生活は否応なしに急速に変わりつつある。スバックにとっては、農地が減少し、農地を所有する農民の数が減少していることは、儀礼や関連寺院の整備や修復の費用を肩代わりできる成員の数の減少を表し、また、残された成員へ重い負担がのしかかることを意味する。スバックの存続は、このように危機的状態を示している。また、ピタナ［Pitana］が強調しているように、スバックがその基盤をなしているバリ島の伝統文化の基盤をも危うくさせているのである（Pitana 2006: pp.87-93）。ウィラワンとプルナワン［Purnawan］の二人が提言しているように、スバックに対する政府の保護と経済支援が求められていると同時に、投機のために農地を農業以外の目的に転用することを法的に規制し、持続可能な農業を推進できるような政策を実施することが急務と思われる（Pitana 2006: p.92, Wirawan【a】2011: p.42, Wirawan, & Ramaswati 2011: pp.44-49）。

おわりに

スバック・グデ・スウェチャプラの発展の歴史は、地域の歴史と王朝と切っても切れない関係にある。地域のスバックの起源は、紀元前と考えられるとはいえ、当スバック内に統合された各スバックは、総体的にゲルゲル王朝の創始と繁栄を支え、ゲルゲルの文化、社会と地域を継承したクルンクン王国の発展に寄与した。また、バリ島に持ち込まれたシヴァ派と仏陀派の融合の思想がゲルゲル王朝の中核をなして、カースト、出身地、宗教の派閥や違いを超えて地域の新旧の住民が友好的に共存できるような制度に発展していったことは注目に値する。このような平和的共存の哲学は、地域の中心的寺院であり、バリ島全土でも最高位に位置するダサール寺院で行われる儀礼を通して具現化、可視化されてきたのである（三浦二〇一一：一六頁）。

宮廷とスバックは、かつてもっと深い関係にあったが、オランダによる植民地化の過程で行政を再構築し、伝統的な宮廷と地域社会との関係に介入してしまったことにより、宮廷とスバックの役割も変化し、現在では限定的で主に象徴的なものになってしまった。次の大きな転機は一九六三年のアグン山の噴火で、それは地域に多くの死傷者を出し、少なからぬ範囲の農地を耕作不可能にしてしまった（三浦二〇一一：一六頁）。

近年では、二〇〇〇年に始まったバイパス道路建設が水利事情に悪影響を与えているのみならず、周辺の土地が投機の対象となり、多くの農地が外部者に売却されてしまった。そのために、皮肉なことに農民はかつて自分が所有した農地の小作人、または、雇われ農民となってしまった。スバックは、成員の減少と、それに伴う儀礼や寺院修復の負担の増加により、その持続可能性が脅かされており、スバックを基盤にしたバリ島の文化や社会の規範や基礎も危機に瀕している。バリ島の農業の専門家やスバックは、県や州政府に対してスバックの保護と関係者の連携や土地の登記に関する法的規制とその実践を強く望んでいる。しかし、行政からの対応が非常に遅いことが関係者にフラストレーションを与えており、何らかの肯定的な展開が期待されている（三浦二〇一一：一六頁）。

注

（1）プラ・プセッは、ウィスヌ神を、バレ・アグンは、バラモン神を、プラ・ダルムは、シヴァ神と妻ドゥルガ神を祀っている。

（2）ウィラワンによると、プジャワリは、十一世紀にダサール寺院にンプ・ガナ［Mpu Ghana］（僧ガナ）とシバ・大乗仏教徒のンプ・クトゥラン［Mpu Kuturan］（僧クトゥラン）が到着したことと密接に関連している。この儀礼は、神々、先祖と全能の神とその化身が、人々に幸福をもたらすように願って、バリ暦で一年（二一〇日）毎に行われる。

引用・参考文献

三浦恵子「スバック・グデ・スウェチャプラと地域の歴史――ゲルゲル王朝との関わりと近代の社会変容」（海老澤衷編『バリ島ゲルゲル王朝とスバック・グデ・スウェチャプラ』早稲田大学水稲文化研究所、二〇一一年）

A. Bagus Wirawan, "*Swecapura: The Subak Named after the Palace at Gel Gel Village from the 14th to the 20th Century*", translated by Udayana University's Translation Centre.（海老澤衷編『バリ島ゲルゲル王朝とスバック・グデ・スウェチャプラ』早稲田大学水稲文化研究所、二〇一一年）【a】

A. Bagus Wirawan, "*Pura Dasar and Sweca Linggarsa Pura: (Kahyangan Jagat and the Capital City of the Bali Kingdom) Centre of Hindu in Nusantara Since XIV Centuyr*". (Translated by Ramaswati Purnawan), Klungkung: Pura Dasar; Denpasar: Udayana University., 海老澤衷編『バリ島ゲルゲル王朝とスバック・グデ・スウェチャプラ』早稲田大学水稲文化研究所、二〇一一年）【b】

D. G. E Hall, *A History of Southeast Asia* (4th edition), London: MACMILLAN,1981.

I Made Sutaba, "Living Megalithic Tradition in Bali", *Jurnal Arkeologi Malaysia*, 11, 1998, pp. 41-50.

I Gede Putu Wirawan & Purnawan Ramaswati, "Agriculture in: Today's Issues and Challenges"(海老澤衷編『バリ島ゲルゲル王朝とスバック・グデ・スウェチャプラ』早稲田大学水稲文化研究所、二〇一一年）

I G. Pitana,"The Deserted Wealth: The Present Situation of Balinese Rice Terrace and Irrigation System"（海老澤衷編『バリ島の水稲文化と儀礼――カランガスム県バサンアラス村を中心として』早稲田大学水稲文化研究所、二〇〇六年）

付記　スバック・グデ・スウェチャプラの調査に当たっては、次の方々に大変お世話になり、心から感謝の意を表します。早稲田大学文学学術院の海老澤衷教授、ウダヤナ大学のアナック・アグン・バグス・ウィラワン教授とラマスワティ・プルナワン先生。スバック・グデ・スウェチャプラの総スバック長イ・ニョマン・スディアルサナ氏と各スバック長、ゲルゲル慣習村、サトラ村、ジュンパイ村の各村長、コンポン・ゲルゲルの元村長とダサール寺院の僧侶ジェロ・マンク・マデ・リリール氏［Jero Mangku Madé Lilir］。調査の移動と通訳に携わってくれたイ・マデ・スシラ氏［I Madé Susila］、イ・ニョマン・ムルティカ氏［I Nyoman Murtika］。

スバック・バサンアラスの形態的特質と東アジアの水利社会

海老澤衷

バリ島の水田を維持するスバック（水利組織）は、二〇一二年に主たる背景となる棚田とともに文化的景観としてユネスコに登録された。二一世紀まで開発を免れたカランガスム県のバサンアラス村は全村が一つのスバックにより運営されている。この地に残された一九八四年のスバック報告書をもとに一九八三年の姿を復原する。

はじめに

スバック・バサンアラスは、バリ島東部、カランガスム県のレンプヤン山西麓に位置する。この県では島の中央部に比して降雨量が少なく、海岸部では塩田が存在し、天日干しによる製塩が行われているが、このバサンアラス村ではレンプヤン山から発する二本の小河川を水源として比較的安定した水田農耕を行っている。

二〇〇三年八月二十一日、本書に執筆している西村正雄氏とともに観光地化していない水田農耕の実態がわかるフィールドを探していたところ、筑波大学名誉教授の大橋力氏から紹介された有能な日本語ガイドであるスシラ氏の生れ故郷であるバサンアラス村で、会計を担当している人から『MONOGRAFI SUBAK BASANGALAS』を見せていただくことができた（**写真1**）。一九八三年から一九八四年にかけて作成したもので、当時インドネシアが行っていたスバックコンテストに参加するための報告書であることがわかった。スバックはすでにオランダ植民地時代からバリ島独特の灌漑組織として広く知られていたが、独立を果たしたインドネシアはそれを国家的な資産と考え、一九八〇年代にはスバック組織の実態を明らかにして、顕彰するため、この時期に各村からスバックの実態を示す報告書を提出させていた（鏡味二〇〇〇）。二〇〇〇年代に入ってからはこのコンテストも一段落していたが、史料として大事に保存されていたのである。

写真1　スバック役員からの聞き取り（撮影：筆者）

ブラッド・ホートン氏（秋田大学教育文化学部准教授）によってインドネシア語から英語への翻訳を行い、さらにそれを八木玲子氏が日本語に訳すという過程を経てその全体を二〇〇六年三月に刊行した『講座　水稲文化研究Ⅱ』（早稲田大学水稲文化研究所刊行）に掲載することができた。本稿では、スバック報告書を作成する過程でみえてきたバサンアラス村の実態を起点にして、アジアと日本に視野を広げて考察する。

一、水田灌漑の状況

一般にバリ島には、用水池がなく、井堰と水路によって灌漑施設が構成され、とりわけ水路に関心が払われているが、このスバック・バサンアラスにおいても同様な状況が見られる（**図1**）。レンプヤン山を水源とするブカ川に設けられた井堰が最も上流部のものであり、そこに発した用水はバンギ川の井堰へと導かれ、ここで合流して他のスバックの水田を横切る形で下流に向かう。やがて五〇〇メートルのトンネル水路となるが、その上の地表には他のスバックの水田が広く形成されている。途中には空気抜き的な穴が他のスバックの水田のほぼ中央に見られる。この長いトンネル水路を出たところが、アンペル川の井堰で、ここがバサンアラスの集落の入り口ともなるところである。この井堰は広くて浅い水たま

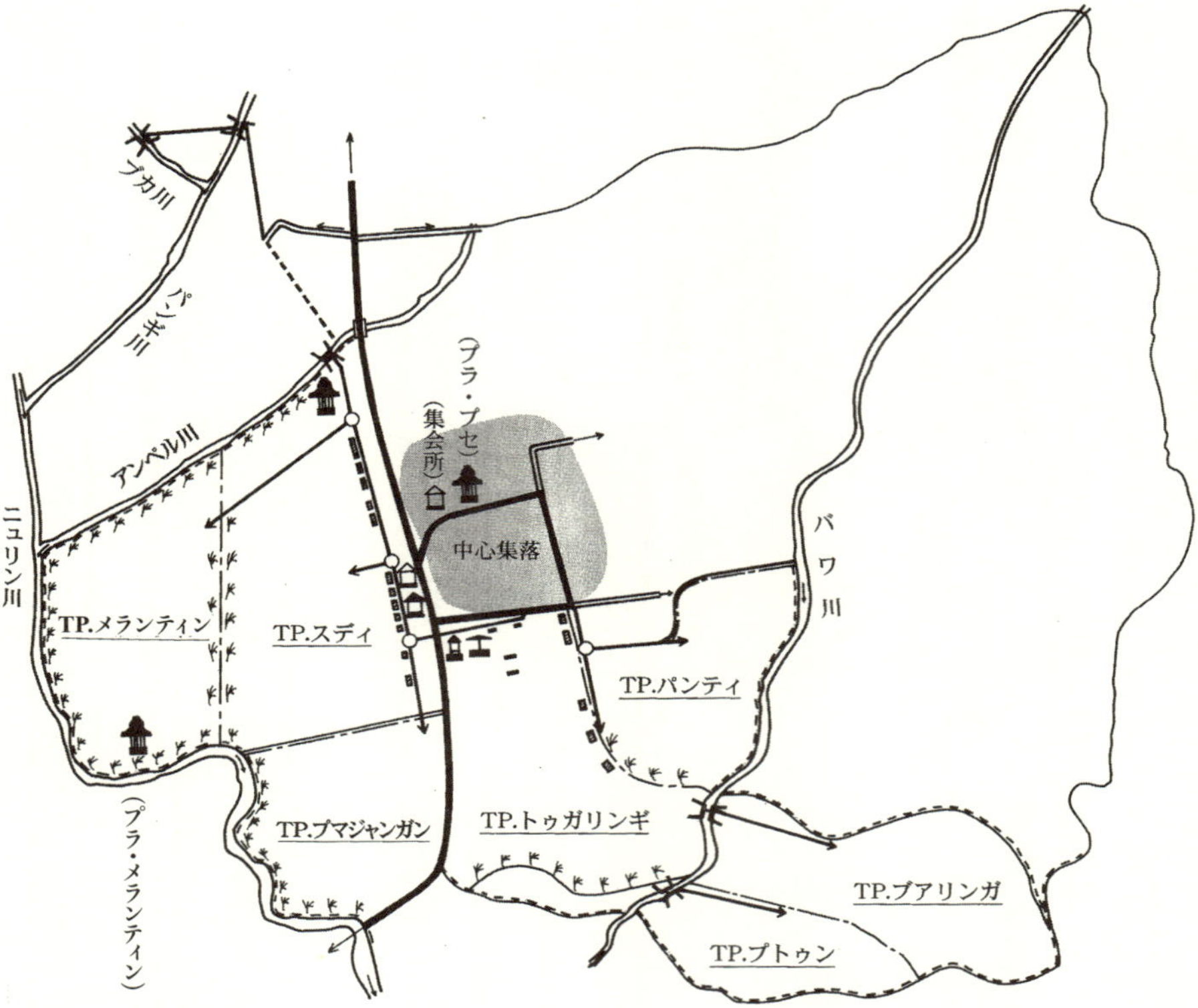

図1　スバック・バサンアラス地図

りとなっていて牛の行水などもここで行われる(海老澤二〇〇六)。

このアンペル川の井堰から村内の幹線水路となり、脇にはスバックの寺院であるプラウルンスイ［Pura Ulunswi］が鎮座している。この幹線水路の上流部がバリの人たちには欠かせない水浴の場となっている。この寺院と水浴場の聖なる空間を過ぎてスバック内の分水が始まる。テンペック［Tempek］と呼ばれる七つの支線水路に分かれ、スバック・バサンアラスの全水田を灌漑している。最初に枝分かれした水路はテンペック・メランティン［TP.Melanting］という水田に入る。西の境界はニュリン［Nyuling］川で、バサンアラスの用水源となったブカ川・バンギ川・アンペル川はいずれもこのニュリン川に注いでおり、バサンアラス村と西隣の村との境ともなっている。

東南部の川岸に近いところに、プラ・メランティン［Pura Melanting］があり、後述のように商売繁盛の神としてバサンアラス村の人々の信仰を集めているが、これがテンペック・メランティンの名の由来となった。(1) 灌漑面積は七・六ヘクタールで、付近に住居はなく、集落からは一キロメートル程度の距離がある。

次の分水は、テンペック・スディ［TP.Sudi］である。灌漑面積は七・六ヘクタールで、幹線水路沿いのため、長い分水路を必要とせず、また近くにスバックの共有建物［BalaiSubak］があり、この地の中心的なテンペックであるといえよう。スディの南側には、テンペック・プマジャンガン［TP.Majangan］が展開している。この南側はニュリン川の深い浸食谷となっている。幹線水路はスディで直角に曲がって東方に向かい、街道の下を抜けてテンペック・トゥガリンギ［TP.Tegallingih］に入る。この地点は、スバック・バサンアラスの水田を広く見渡せるところで、ウルン・ブドゥグル［Urun Bedugul］とバリ・ティンバン［Bali Timbang］があり、前者は水田の神が降臨するところであり、後者は「天秤屋」と訳すことができ、二本の柱で支えられた小さな四阿（あずまや）で吹き抜けになっており、ここで老人たちが休息し、農事談義に花を咲かせている。日本では圃場整備事業が行われたあとの水田にこのようなゆとりが感じられないが、バリ島ではスバックの持つ文化性が自然に息づいている。

トゥガリンギの灌漑面積は八・一ヘクタールほどで七つのテンペックのなかでは最も広いもので、集落から南に展開しており、見晴らしが良く、作柄を検討する適地である。トゥガリンギのさらに東にはテンペック・パンティ［TP.Panti］がある。その東限にはパワ川が流れている。この川の東岸下流部にさらに二つのテンペックがある。上手にあるのが、ブアリンガ［TP.BuahLinggah］で、スバック・バサンアラスの余水と水量の乏しいバワ川によって灌漑されている。灌漑面積は四・七ヘクタールあり、集落から見て川向こうの出作的な位置にある。その下流に今ひとつ井堰が設けられ、テンペック・プトゥン［TP.Petung］が存在する。バサンアラス村では最も低い傾斜地で、〇・九四ヘクタールの灌漑面積をもつに過ぎない。村境の小領域まで開発し尽くされた感が強い。

以上、用水路をたどりながら、スバック・バサンアラスの七つのテンペックを見てきた。村内の用水路の最上部に水浴場があり、プラ・ウルンスイが設けられ、以下スバックに関連する施設が水路に沿って作られており、さらに一九八〇年代には、十七箇所にも及ぶ養魚場が存在していた。このように幹線水路を中心にして諸施設が並ぶ状況は、同じように村内に用水路を有する日本の場合とは著しいコントラストを見せている。日本の場合には、規模の大きな用水路であれば、井堰の場合でも、溜池の場合でも、その出発点に祭祀施設が存在することが多い。[2] 場合によっては、井関大明神あるいは宇奈根神社などの社殿が存在することもある。しかし、水路の末端に進んで村内に入ると通常関係する施設は乏しくなる。それに比してバリ島の場合には用水路に沿って生活・信仰・生産の施設が存在し、この点では日本と大きく異なっているといえよう。

二、スバックの人的構成

表1によってこのスバックの人的構成を分析してみよう。スバックの構成員は、一一九人で、このうち土地を所有するものは七十七人であり、単に耕作を行っているものは四十一人である。土地所有面積の分布は、〇・二五ヘクタールより広い面積を所有しているものが二十名、〇・二五ヘクタール未満〇・〇七ヘクタール以上のものが三十七名である。スバック・バサンアラスの灌漑水田面積は三二・四五〇ヘクタールであるから、耕作面積の平均値は〇・二七三ヘクタールとなる。所有耕作地の最大のものは26イ・グデ・テラガと96イ・ニョマン・ダンギンの一・〇〇〇ヘクタールであり、耕作地を含めて最大のものは52イ・グデ・タナの一・三二〇ヘクタールである。いずれにしても、一一九軒の間での格差がほとんど目立たないのが特徴といえよう。雨水を灌漑利用した水田（日本流にいえば天水田）が十五ヘクタールあるが、これらは個人別の統計には表れてこない。したがって、その分布は不明だが、スバック内では共同体としての調整がよくとれているので、こちらも過度の集中はないと考えられる。

スバックの構成員一一九人のうち、二十三人は草分け的存在で、スバックへの米貢納の義務を負っておらず、スバックの運営に関わる人たちで、米貢納の義務があり、運営には関わらない九十六人とは区別される。その二十三人は、表中の番号で示せば、2、5、7、11、15、18、21、22、27、31、36、59、70、83、87、92、96、97、102、107、108、109、115となる。この二十三人の所有耕地の平均面積は〇・一七九ヘクタールで全体の平均面積に及ばないし、分布最大値の〇・二五ヘクタールの人もこの中には含まれていない。さらに自己所有の田を持たないものも八名にのぼるのである。したがって、米貢納の義務を負わない特権集団と貢納義務のある集団との間にヒエラルヒーを想定することは不可能である。

スバックにかかわる大きな祭は、西側のスディ、メランティン、プマジャンガンの三つのテンペックとそれ以外の南側にある四つのテンペックでは別々に行われる。地勢的に見ても分けられることに妥当性はある。祭の準備は二十三人（世襲的であるので二十三家といってもよい）が中心になって

表1　スバック・バサンアラスにおける農家一覧　※合計が一致しないが原文のままとした

No.	農家・氏名	所有耕作地	耕作地	合 計	No.	農家・氏名	所有耕作地	耕作地	合 計
1	I Nengah Lejeh	0.150		0.150	39	I Ketut Dana	0.070	0.030	0.100
2	I Wayan Tambun		0.150	0.150	40	I Wayan Windra	0.150		0.150
3	I Gede Kereg		0.100	0.100	41	I Ketut Sarga	0.500		0.500
4	I Nengah Lengkara		0.100	0.100	42	I Ketut Durung	0.150	0.200	0.350
5	I Ketut Deprok	0.400		0.400			2.620	1.540	4.160
6	I Nengah Gadi	0.100		0.100	43	I Komang Nesa	0.500		0.500
7	I Gede Mangku	0.100	0.240	0.340	44	I Gede Bangsing	0.200		0.200
8	I Gede Muda	0.500		0.500	45	I Ketut Kenting	0.300		0.300
9	I Komang Cakrek		0.250	0.250	46	I Gede Sandi	0.250		0.250
10	I Made Mawa	0.400		0.400	47	I Ketut Gelatur		0.350	0.350
11	I Komang Tilem	0.250		0.250	48	I Gede Kemper	0.100		0.100
12	I Komang Jiwa		0.150	0.150	49	I Gede Rindi	0.250		0.250
13	I Wayan Amyeg	0.100		0.100	50	I Koman Gejer	0.150		0.150
14	I Wayan Goyi		0.250	0.250	51	I Ketut Pucil	0.100		0.100
15	I Nengah Gesek	0.250		0.250	52	I Gede Tana	0.500	0.820	1.320
16	I Nengah Darti	0.200	0.100	0.300	53	I Made Keria		0.450	0.450
17	I Ketut Alit Punia	0.180		0.180	54	I Wayan Soka	0.250		0.250
18	I Made Rapi	0.070		0.070	55	I Wayan Kadung	0.200	0.150	0.350
19	I Gede Darma	0.150	0.225	0.375	56	I Made Rayu	0.100		0.100
20	I Wayan Rai	0.100	0.150	0.250			2.900	1.770	4.670
21	I Nengah Gelis	0.130		0.130	57	I Made Rica	0.250		0.250
22	I Ketut Beretut R.		0.250	0.250	58	I Made Telembang	0.350		0.350
23	I Nengah Rija	0.100		0.100	59	I Made Ragen	0.500		0.500
24	I Nengah Prodong	0.150		0.150	60	I Gede Kisid		0.150	0.150
25	I Nengah Nuarsih	0.400		0.400	61	I I Gede Asih		0.100	0.100
26	I Gede Telaga	1.000		1.000	62	I Made Widia		0.250	0.250
27	I Gede Gerenjeng	0.500	0.160	0.660	63	I Gede Pura	0.250		0.250
28	I IGede Jingga	0.250		0.250	64	I Wayan Nada		0.380	0.380
29	I Wayan Matal		0.150	0.150	65	I Wayan Turun	0.120	0.210	0.330
30	I Komang Ketil	0.100		0.100	66	I Nyoman Konong	0.100	0.400	0.500
31	I Ketut Batah		0.500	0.500	67	I Made Nancir	0.250		0.250
32	I Nyoman Puri	0.050	0.200	0.250	68	I Nengah Lengar	0.250		0.250
33	I Nengah Pangah	0.250		0.250	69	I Komang Reteg	0.250		0.250
34	I Nengah Pudeng		0.250	0.250	70	I Komang Gai	0.250	0.250	0.500
35	I Made Anom	0.250		0.250	71	I Ketut Alit Sari	0.300		0.300
36	I Komang Kelok	0.350		0.350	72	I Komang Pinti	0.200		0.200
37	I Gede Sueca	0.500		0.500	73	I Gede Rangki	0.120		0.120
38	I Gede Mangku	0.250	0.210	0.460	74	I Nengah Jelandra		0.250	0.250

No.	農家・氏名	所有耕作地	耕作地	合 計
75	I Wayan Kari	0.250		0.250
76	I Wayan Putu Tusan		0.200	0.200
77	I Nyoman Menor	0.500		0.500
78	I Gede Abian		0.130	0.130
79	I Gede Ranta	0.250		0.250
80	I Nymoan Mantik	0.250		0.250
81	I Wayan Manis		0.250	0.250
82	I Gede Karsa		0.250	0.250
83	I Gede Goderan	0.100	0.150	0.250
84	I Gede Marsih	0.070	0.280	0.350
85	I Made Berinit	0.480		0.480
86	I Gede Samah		0.130	0.130
87	I Made Selnta	0.100	0.320	0.420
88	I Wayan Pater		0.250	0.250
89	I Ketut Ringet	0.150		0.150
90	I Ketut Ngatag	0.250		0.250
91	I Made Ranti	0.200		0.200
92	I Made Winda	0.120		0.120
93	I Ketut Santut	0.200		0.200
94	I Made Gelgel	0.100		0.100
95	I Komang Wara	0.150	0.160	0.310
96	I Nyoman Dangin	1.000		1.000
97	I Nyoman Gedug	0.250		0.250
98	I Wayan Ngurah	0.150	0.150	0.300
99	I Nyoman Serengen		0.250	0.250
100	I Komang Rai	0.250		0.250
101	I Nyoman Noka		0.250	0.250
102	I Gede Kita		0.250	0.250
103	I Komang Gede	0.300		0.300
104	I Komang Kerti		0.100	0.100
105	I Gede Gina		0.200	0.200
106	I Gede Putu Astawa		0.100	0.100
107	I Nyoman Serengan		0.210	0.210
108	I Nyoman Gejor		0.110	0.110
109	I Wayan Tama		0.500	0.500
110	I Nengah Gadi		0.100	0.100
111	I Wayan Laja		0.230	0.230
112	I Komang Legawa		0.080	0.080
113	I Made Entongan		0.090	0.090
114	I Nengah Dadi		0.100	0.100
115	I Nyoman Gejor		0.100	0.100
116	I Gede Kompyong		0.170	0.170
117	I Ketut Nurun		0.300	0.300
118	I Nengah Kaing		0.175	0.175
119	I Wayan Goyi		0.130	0.130
	合 計	19.310	13.140	32.450

写真2　ルジャンを踊る少女（撮影：筆者）

行うが、祭祀の際にはスバック構成員が思い思いの供物を持ち寄り、二十三家との間に座並の区別はしない。祭の時にも重要な役割を担うスバック長、書記、会計の三役はこの二十三家から選ばれる。クリフォード・ギアツが『ヌガラ――一九世紀バリの劇場国家』で指摘したスバック構成員間の公平性は二十一世紀に入っても守られている。(3)なお、バサンアラス村には、ルジャンと呼ばれる未婚の女子による聖なる舞踊が伝えられているが、これを担う二十三家はスバックの二十三家とは現在では別の存在となっている（**写真2**）。起源的には同一の可能性があるが、未婚の女子を参加させることができる家は限られるため次第にズレが生じたのであろう。

三、スバックの全般的な組織と活動

（1）運営組織

まず運営組織をみよう。トップにあるのはスバック長であるが、プカセー［pekaseh］とクリアン［kelian］の二名がいる。このうち、プカセーは一般組織内においてスバックの成員に対して、スバックの長としての責任を負う。さらに、政府とスバックの成員とのコミュニケーションをとる。スバックの成員はもとより、他のスバックのメンバーや村の役人とともに協同組合の育成を可能な限り行う。用水の公平な分配が行えるようその調整をする。

クリアンはスバックの慣習法典や、政府の決定事項について人々からの聴聞などの一貫した実行とスバックの活動の運営管理を行う。スバック内の居住者を含むスバック領内の開発、保護と安全の確保を行う。さらにスバック領内における宗教儀式の適用の指揮をとる。また、プカセーに対する責任をとる。

次に書記はプニャリカン［penyarikan］と呼ばれ、スバックにおけるすべての運営の管理を行うとともにスバック内で行われたすべての活動の記録を作成する。会計係はセダハン・ダギン［sedahandagin］と呼ばれ、スバックの資金運営と管理を行い、スバックのあらゆる財源の管理・監督を行う。さらに、これら役員と成員の間には、突発的な必要性が生じた時の連絡係が成員の中から選ばれて任務につく。彼らはサヤ／ジュル・アラ［saya/juruarah］と呼ばれる。さらに一般の成員はクラマ［kerama］と呼ばれ、スバック全体があまねく秩序だった仕事を行うために、クリアンからのあらゆる規律や指導に従う。

（2）年間の主な活動（一九八三年の記録）

〈一月〉三日、十四日、十五日、用水及び水路の管理と監視。二十三日井堰の修繕。二十九日ヌドゥの儀式。

〈二月〉活動の記録無し。

〈三月〉十八日、水路の管理と監視。

〈四月〉四日、水路の管理と監視。九日、ングサバの儀式。十九日種の植え付けと灌水に関する決定の合意。

〈五月〉二十日、ブカ川方面での水路の修繕。二十一日、アンペル川方面での水路の修繕。二十二日、トゥガリンガ区方面での水路の修繕。

〈六月〉一日、井堰から水路への揚水。七日、井堰及び水路の水の管理と監視。十四日、幹線水路の用水の管理と監視。二十一日、水路および水路分配における水の管理と監視。

テンペック・スディにおける副作物に関する合意のための寄り合い。

〈七月〉九日、水分配における水の管理と揚水。十四日、水分配における水の管理と監視。

〈八月〉四日、揚水、十一日、トゥガリンガ地区でのングサバの儀式。十四日テンペック・スディにおける薬とアルジュナ・コーンの種、ピーナッツの分配。

〈九月・十月〉活動の記録無し

〈一一月〉十五日、寺院と水路の修繕に関する合意のための寄り合い。十一月二十日ブドゥグル寺院およびウルンスイ寺院の修繕。十一月二十一日、ブドゥグル寺院ウルンスイ寺院および幹線水路の修繕。十一月二十二日、ウルンスウィ・ブドゥグルのための水門の建設。二十八日、寺院の竣工式に関する事項の合意のための寄り合い。

〈一二月〉十五日、寺院の竣工式と灌水。十一日、スバック・コンペテッションの事項にかかわる合意のための寄り合い。十四日、スバック・コンペテッションに関する郡のチームからの指導。十五日、揚水。十六日、水路の清掃。十七日、スバック・コンペテッションの体制に関する課題の振り分け。十八日、管理・監視、トンネルの清掃。十九日、スバック・コンペテッションの体制に関する合意のための寄り合い。十二月二十日スバック事務所における民主的な調停。

以上のように、スバックが組織として取り組むのは水路の維持管理と関連する寺院の儀礼の執行であり、個別の水稲耕作や収穫等の営農には関わらない。一九八三年当時、政府から奨励されていた用水を使っての養殖などもスバック成員の仕事である。

(3) スバックに関わる宗教儀礼

〈ヌドゥ［Neduh］〉この儀式は、苗がほぼ二十五日を迎えた後に行われる。ほぼ二十五日とするのは暦の日柄に恵まれた日が選ばれることが必要だからであり、通常、カジャン・クリウォン［KajengKlion］(4)またはティルム［Tilem］(5)が選ばれる。この儀式は植物を害虫に冒されることから守ることである。

〈ングサバ［Ngusaba］〉稲の成長が完了し、収穫の準備が整ったことの恵みに対し、ヴィシュヌ神の妻バタラ・スリ［Batarasri］に報告するための儀式である。稲を収穫する前に、各水田の所有者が感謝の表現として、デウィ・スリが稲に降臨するための儀式を執り行う。

以上二つの儀礼が、スバックの年間行事になっているが、テンペック以下の水田においてはさらに次のような儀礼が行われる。

〈マパグ・トヤ［Mapag Toya］〉スバック・バサンアラスはクルタ・マサの植え付け方式のシステムに従っている。この儀式は灌水の際、用水が何らかの障害にあわないようイダ・サンヒャン・ウィデ・ワサに祈るため、ブドゥグル寺院で行われる。

〈ンガトゥラン・スニンガ［NgaturangSuninga］〉鋤で田を耕すことや、苗が成長したことをイダ・サンヒャン・ウィディの前で報告するために行われる。

〈ヌアスン［Nuasen］〉この儀式は田植えのときにおこなわれる。ヌアスンの語源は、田植えの開始にふさわしいと見込まれる日をあらわす「ドゥアサ［duasa］」。

〈ニャンブティン・パディ［NyambutinPadi］〉稲の田植え後四十日を迎えた後に行われる。この時期に稲は成熟しはじめたとみなされ、イダ・サンヒャン・ウィディの前で、稲が害虫に対して強くなるよう祈ることが必要とされる。

〈ビウ・ククン［BiuKukung］〉稲が完全に成熟した（開花し始めた）ときに行われる儀式である。その目的はイダ・サンヒャン・ウィディに稲が同時に開花し、混乱のないよう祈ることである。

〈ンガラピンとマントゥニン［Ngalapin /Mantenin］〉稲が田から米倉（ルンブン［lumbung］=高床式の米倉）へ移った後、即座に納屋で行われる。マントゥニン・ルンブンの目的は米倉に納められた稲が繁栄を達成するための糧食として実際に用いることが可能なように、そのための強さをバタラ・スリが与えてくれるよう祈ることである。また、米倉も籾を精米する際には、その都度適切な日が選ばれる。

四、スバック・バサンアラスと日本の水利共同体

ここで、形態的なスバック・パサンアラスの特徴をまとめておきたい。第一に水路が川の流れに直角に造られていることである（**図2**）。これは比較的高度な技術で、日本の場合、中世以前の古い灌概水路では見いだすことは難しい。中継井

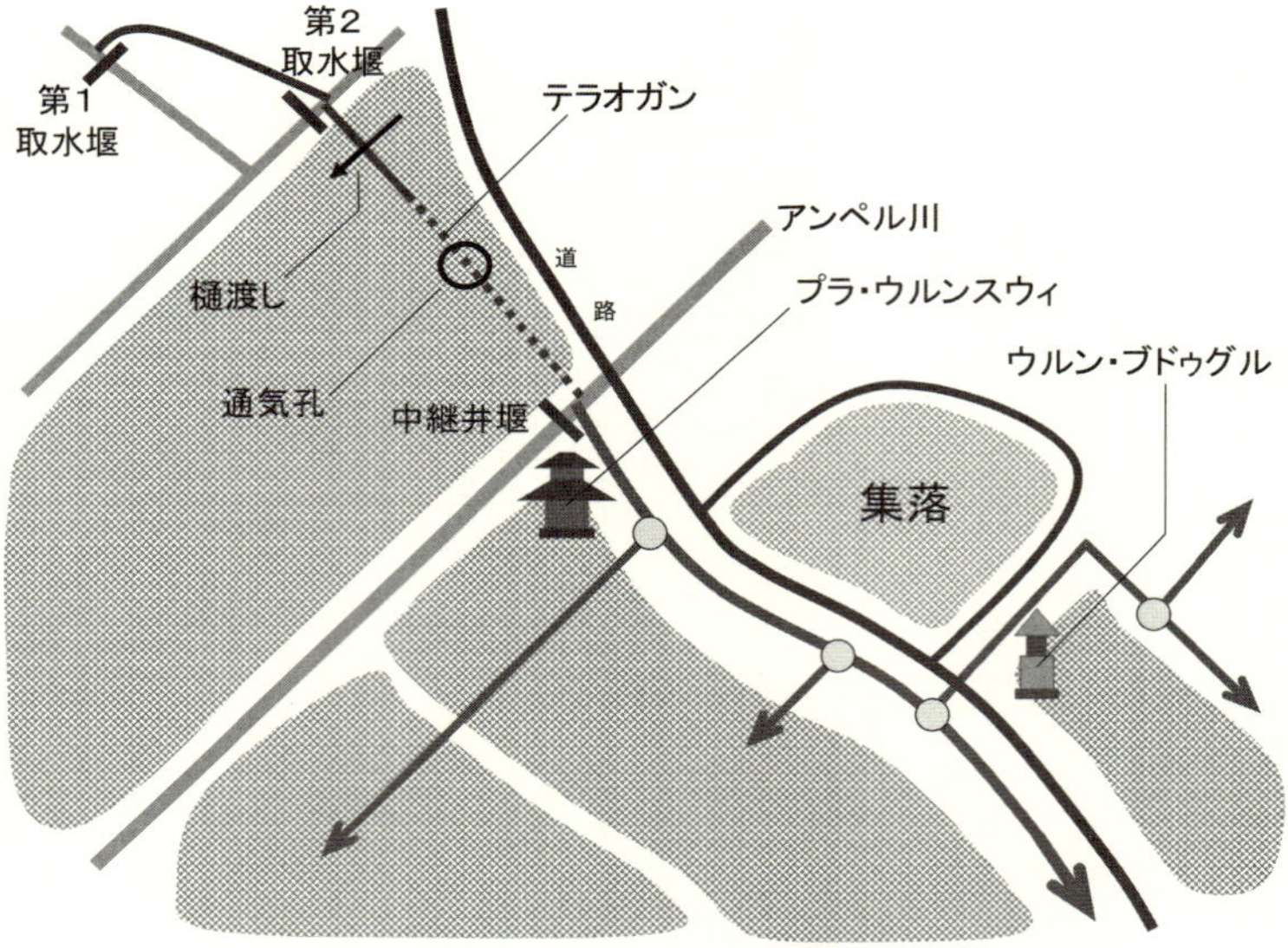

図2　スバック・バサンアラス（調査報告書『MONOGRAFI SUBAK BASANGALAS』をもとに作成）

堰とトンネル式の水路を組み合わせることによって達成されたものである。このトンネル式水路は、バリ島では九世紀から存在すると言われている。(6) 日本でこのようなトンネル式の水路が見られるようになるのは、飛鳥期における河内国の狭山池の堤に築造された地下水路である。水に強い高野槙の板をかぶせるなどしており、奈良時代には行基が大規模な修復を行っている。さらに鎌倉時代には東大寺の大勧進となった俊乗房重源が古墳の石室の材料などを再利用し大規模な再築堤を行っている。飛鳥時代以来の技術が継承されたものと思われるが、鎌倉時代末期には狭山池に近い河内国の豪族楠木正成が地下水路により居館（遺跡の所在地は千早赤阪村）の近くの丘陵上に造成した赤坂城の城内へ水を引いたことが知られる。

これは元弘三年（一三三三）に行われた赤坂城第二次攻防戦の時のことであり、赤坂城の水の手が切れないのを不審に思った鎌倉幕府軍が、二丈ほど（三〜四メートル程度）掘ったところ、地下から水路が出てきたというものである。この水路は郭の外側に築造される堀切の下を通っていたことが明らかであり、地表を掘って埋め込み式に工事しただけではなく、部分的には地下を掘り抜いたところもあったものと推測される。これらの地区には現在尾根上から中腹にかけて棚田が開かれているが、バリ島の棚田景観に通じるものがあり、興味深い。(7)

しかし、以上の河内国の場合は日本全体の水田景観からすればきわめて僅かな事例である。地下式水路が村レベルの灌漑に普及するのは鉱山技術が応用されるようになった戦国時代以降のことである。日本のこれらの水路は通常マブと呼ばれるが、幕府や藩、あるいは富裕な商人資本などによって開かれるものであり、村落共同体レベルに広く普及することはなかったといえよう。例外的に村庄屋が独自に開削するものもあったが（大分県豊後高田市嶺崎）、それらはきわめて限られたものであり、規模も小さいものであった。

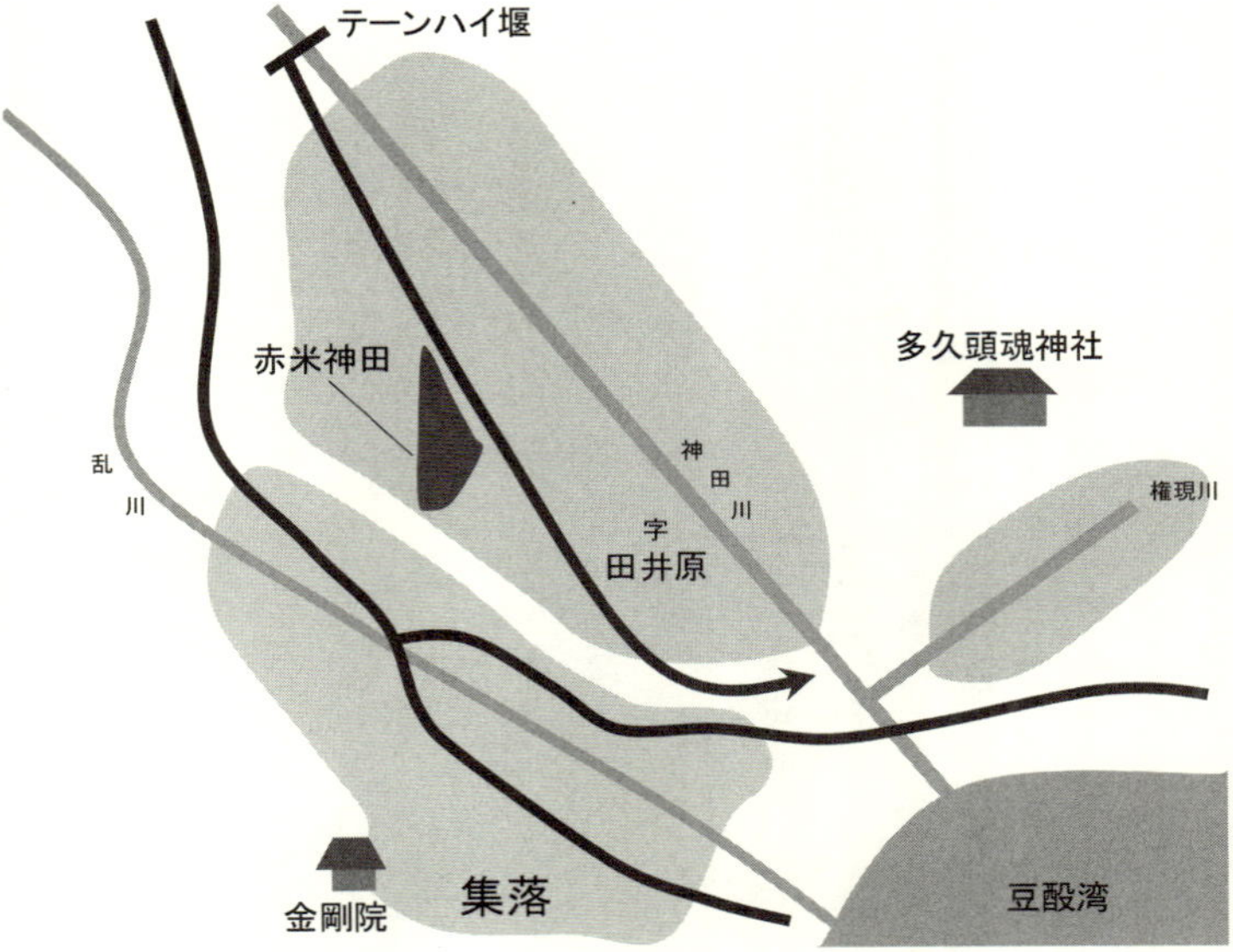

図3　対馬豆酘の水利――バリ島スバックとの比較①――

ここで対馬の場合（**図3**）と比較してみたい。対馬豆酘《つつ》では、赤米神田を灌漑する約八〇〇メートルの長さを有するテーンハイ井堰は、神田川とほとんど平行に流れている。この方が水路としての築造は簡単で、豆酘の灌漑施設は特別な技術を必要とするものではない。平安時代より可能なものであるが、ここでは文献資料の上で江戸時代にならないと出てこないという状況にある。また、現在水利組合が存在しないが、かつては赤米神事を差配する頭屋が水利に関わる差配も行っていた。すなわち祝祭の執行と灌漑の掌握は共同体内でほぼ同一のこととして捉えられていたのである。ところで、豆酘の水利体系だけでは、日本の伝統的灌漑状況を示し得たということにはならない。

ここでもう一つの事例を見よう。大分県の国東半島に位置する豊後高田市の田染地区である。この地区は日本における有力な神の一つである八幡神が生まれた宇佐八幡宮の荘園であったところで、水田開発がなされてから一二〇〇年以上の歴史を有する。北部には富貴寺という寺があり、平泉の中尊

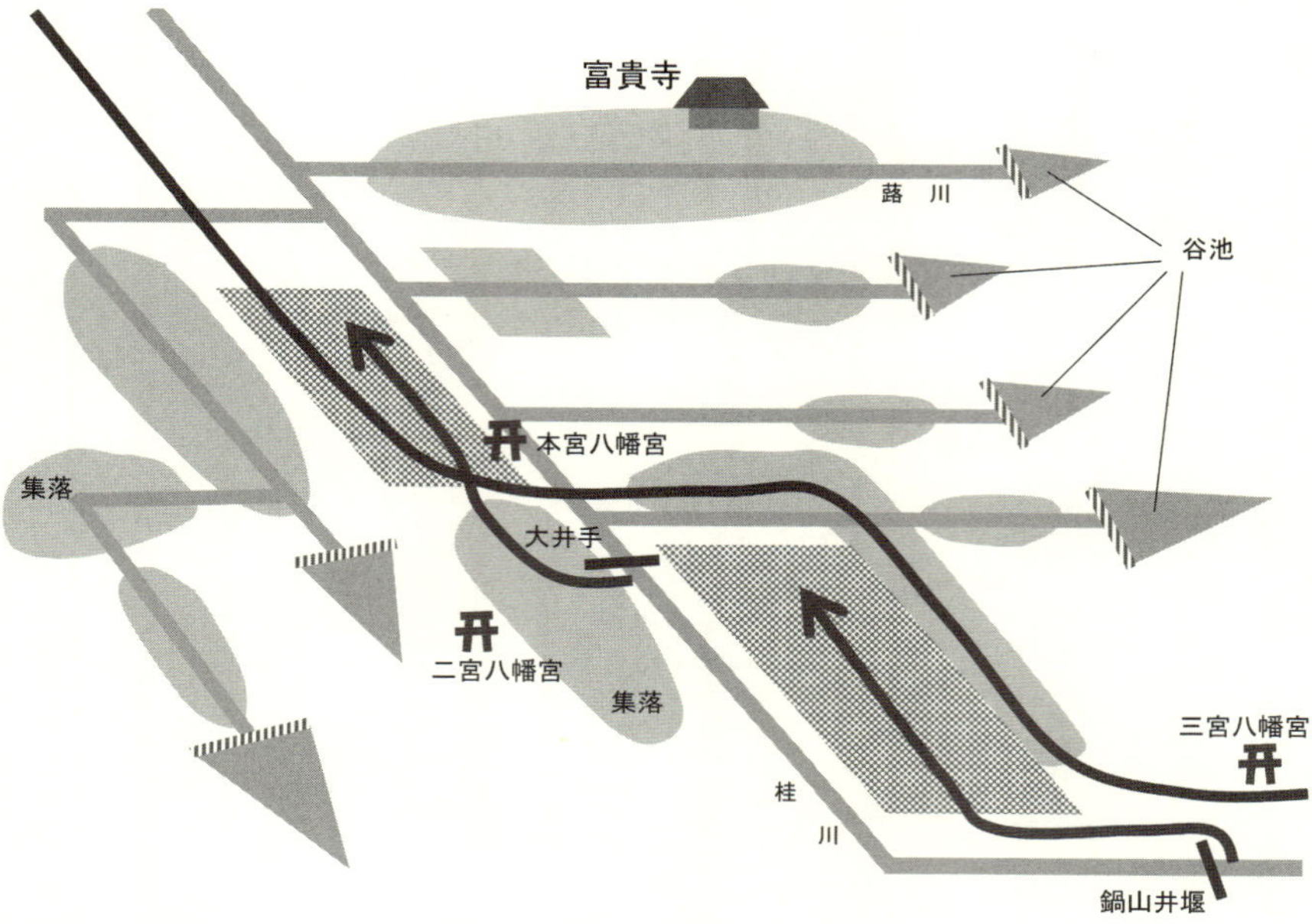

図4　豊後田染の水利——バリ島スバックとの比較②——

寺とともに平安時代後期の中央の文化が地方に伝播した例として著名な寺院である。この地で同じような比較灌概模式図を作成すると**図4**のようになる。国東半島中央の両子山を水源とする桂川という川が南から北に流れており、二つの大きな井堰によって盆地中央部が灌概されている。これは律令期にできた井堰である。豆酘の場合と大きく違う点は、溜池が多用されていることである。その多くは、近世に作られているが、先程のバリ島でも豆酸でも溜池は存在しない。

日本では、瀬戸内海沿岸を中心に灌漑用溜池は広く分布する。『日本書紀』の天皇の事績に池造りが登場し、[8] 日本の水利社会で最も労働力が集中的に投下されたのはこの溜め池作りであったと考えられる。その意味で田染は、日本の水利社会の一断面を象徴しているといえよう。村落に関わる信仰としては三つの八幡宮をあげることができる。鎌倉時代に既に一〇〇ヘクタールほどの水田が存在したが、近世においては十六ヵ村に分かれており、水田面積も四〇〇ヘクタールほどとなり、豆酘の二十倍の灌漑面積を持つに至っている。これらは三つの信仰領域に束ねられていたが、近世には統一的な祭礼である十月祭りが行われていた。バサンアラスでは、先程述べたように溜池灌漑は存在せず、トンネル式水路が多用されており、非常に強固な水利組織が形成されているという特徴がある。

ここで、棚田に象徴されるバリ島の水利社会の特徴を簡単にまとめておきたい。十九世紀においてバリ島では、国家所有や国家経営の水利施設は一切存在せず、スバックと呼ばれる自律的団体が一切の責任を負っていた。また、バリ島の棚田ではトンネル式水路が発達し、天水に頼る度合が大きかった日本の棚田よりも灌概技術において優れていたことがあげられる。さらにバリ島では、豊かな用水と肥えた土壌および台風の来襲がないことから、三期作も可能である。以上のように、バリ島の伝統的な村落は、その組織性と生産性において、音楽・演劇・絵画・彫刻などの分野で独特の芸術を生みだす基盤となりうる潜在能力を有していたのであり、これらを統合したバリ島の国家には、文化人類学者クリフォード・ギアツによって「劇場国家」の名が付されたのであった。

五、東アジアにおける二つの水利社会とスバック

ここで東アジアにおける二つの水利社会について述べておきたい。一つは国家の水利管理が優越する社会であり、ウィットフォーゲルは、著書『オリエンタル・デスポティズム』のなかで秦・漢帝国による大規模灌漑を想定している。「水力社会」と翻訳されたものは東洋における専制国家の特質は、水稲耕作地域に限定されたものではない。しかし、前近代社会の中で、灌漑および治水が最も端的に示されるのはやはり東アジアに展開した水稲耕作地域であろう。『オリエンタル・デスポティズム』が執筆されたころには、中国内におけるフィールドワーク研究が進んでいなかったため、ほとんど実態を解明するには到らず、論理的な研究が中心となっていた。そのような状況は一九八〇年代に四川省に存在する巨大な水利施設、都江堰が中国の国内で注目されるようになり、大きく変化する。二〇〇〇年には都江堰が世界遺産になるに及んで、バリ島のスバックの対極的な位置にある国家的な水利施設の存在を究明することができるようになったのである。日本においてもこの都江堰に対する解明のメスが入れられるようになり、現代の四川省地域の状況を踏まえて秦による蜀の開発と都江堰との関係が解明されている。(9) その構造は長江の支流である岷江から用水を誘導し、丘陵を大規模に開削して、扇状地に水利網を巡らしたものである。その灌漑面積は戦国時代にすでに二十万ヘクタールに及んだといわれ、その水利網が成都近郊を広く包み込んでいる大規模な分水施設であるが、固定堰すなわちダムにあたるものはない。

魚嘴《ぎょし》と呼ばれる一種の分流堡《ほう》およびそれに続く堤防と宝

瓶口という大規模な開削水路によって構成される施設である。規模の大きな扇状地であればこのような分水施設も有効に機能させることができるが、分水路の機能を長く維持するためには分水側に土砂が堆積しないように恒常的に浚渫《しゅんせつ》作業が行われなければならず、自然条件が整わなければ長期の維持は難しい。日本の古代において都江堰的な灌漑施設を見出すことは難しいが、あえて挙げれば、平安京の右京に流れ出す桂川に見出すことが可能であろう。山間部から出た流れは大きく南側にカーブするが、内側の右岸に灌漑水路が何本もとられ、肥沃な水田地帯を形成している。これらの灌漑水路の取水口には川原石が並べられ、導水されているが、これらの斜めに並べられた川原石は桂川全体をふさぐものではなく途中で切れていて本流への流れを妨げないようになっている。小規模な都江堰的分水路と見なすことが可能である。すでに『史記』の河渠書に都江堰が紹介されているので、平安京の造成に大きく寄与した渡来人である秦氏は、都江堰的な規模の大きな分流施設も彼らの構想の中にはあった可能性がある。しかし、葛野大堰《かどのおおい》と呼ばれる灌漑施設も現在では段差を利用した施設になっており、日本においては都江堰的な展開を見ることができない。

以上のように国家的な水利管理の一つの型が、秦に見られた分水型の都江堰であるが、もう一つの類型がカンボジアのクメール王朝が見せたような巨大な皿池の築造である。

カンボジアにはアンコールワットと共に非常に大きな皿池が存在し、その皿池の灌漑は常に国王の管理のもとにあった。クメール王朝が滅びたとき、アンコールワットは遺跡となったが、同時に巨大な皿池は荒廃し、この地の水利社会そのものも滅び去ったのである。日本においても、八世紀前半における百万町歩開墾計画から大仏建立に至る歴史に、カンボジア・クメール王朝と同様な水利社会を見出すことができる。それは八世紀に開墾されて、まもなく荒廃に向かった初期荘園（開発にあたって官衙の果たした役割が大きかった）の水田に象徴されるものである。一方、これに対置されるのは、村落共同体の水利管理が優越する社会である。クリフォード・ギアツが注目したバリ島の棚田に基づく水利社会がこれにあたる。ギアツは、『ヌガラ――19世紀バリの劇場国家』において、バリ島では揺れ続ける上部構造とは対照的に下部構造が安定しており、これが劇場国家の特徴であるとしている。日本において村落共同体の水利管理が優越する社会は、中世後期から村落単独で、あるいは複数の村落間で一般化し、近世初頭の大規模開発期にも、基層では村落共同体の水利管理が展開していたことが確認される。

本研究で扱ってきた対馬豆酘を例にとれば、赤米神事を執行してきた共同体内の当番の家（頭屋）が、主要な井堰の水利差配権を有しており、バリ島のスバック内においてヒンドゥー信仰と灌漑を把握するスバック長の権限に共通するものがあったといえよう。ギアツはバリ島のスバックについて次のような評価を下している。

　灌漑技術面においては、タバナンのスバックは完全に自己完結的であった。それが自ら直接統御できないような設備に依存することはなかった。（中略）そこに現れる制度を原始共産制と呼ぶのは先ず無理である。が、一方それは原始国家資本主義――「全面恐怖＝全面服従＝全面孤独」――でもなかった。

　これはそのままかっての対馬豆酘のテーンハイ井堰管理の姿に当てはめることができる。日本とバリ島の水利社会を中国文明の届かない非文明社会のことと考えるのは誤りで、一方は近代テクノロジーの受容に成功し、他方は近代に入って芸術面で開花させたその潜在能力に注目すべきなのであり、これこそが共同体による水利管理が優先する社会の特質であったといえよう。

おわりに

一九八三年から一九八四年にかけて作成されたスバック・バサンアラスの報告書をもとにして、小スバックの実態を見た。実際に調査を始めたのが二〇〇三年のことであったから報告書作成からちょうど二十年を経ての調査であった。ほぼ一世代の開きがあるが、聞き取り調査は十分可能であった。本書では、あまり触れることができなかったが、報告書ではスバック全体が養魚に取り組んでいることがわかる。新興国インドネシアが国民のたんぱく源をもとめて国策的に取り組んだのであろう。当時はたくさんあった生簀《いけす》も現在では見ることができないが、スバックとしての本質的な部分は破壊されることなく、二十一世紀に継承された。

　このようなムラの水利の共同体を核としてそれを文化資産とみなして棚田を中心とする文化的景観［Cultural Landscape］が二〇一二年には世界遺産となったのである。これとは対照的な国家の大規模な水利施設である中国の都江堰が、二〇〇〇年に世界遺産に登録されており、東アジアにおいて二つの水利社会の極を見出すことができる。また、クメール国家のように巨大な池灌漑を基盤として都市と巨大寺院を生み出す国家も存在した。このような状況下で、日本においては古代

写真3　バサンアラス村での収穫（撮影：筆者）

から現代に至るまで二つの極のあいだを振り子のごとく揺れる状況を見出すことができる。

附章

写真3は、二〇〇五年九月十三日撮影のテンペック・スディでの収穫風景である。収穫の形態も各地域で様々であるが、バサンアラス村は規模の大きな集団で行っている例。ほうきで籾を掃いている女性が、この水田（面積約二十五アール）のオーナーであり、村内のグループ（近隣の知り合い十三名で構成）に収穫を請け負わせたもの。**写真3**にあるとおり、動力は一切使わず、刈り取った稲をGREJAGという木（竹）の板に打ち付けて籾を落とす。落としきれなかった籾は後ろに座っている女性が点検して、摘み、同時にわら束をそろえる。遠景のワラ束を頭上に乗せている女性は牛の飼料にするため運んでいるもの。完全に黄色になったワラは牛が好まないので水田に残される。このグループは収穫の八分の一を受け取ることができる。なお、オーナーの女性には、夫も息子もいるが、一切手伝っていない。また、田植えは男性中心の別のグループが行った。

注

（1）全村的な信仰を集めているのだが、その立地は集落から遠く隔たっており、通常の寺院とは異なった扱いを受けている。ただし、地域によっては中心的な寺院の敷地周辺に祀られている場合もあるが、バリ・ヒンドゥーの神とは一線を画している。

（2）特に溜池の場合には石造の水神などが祀られている。

（3）バサンアラス村のなかでは、かつて他の村のスバックに属しているものもあったが。例外的な存在であり、二〇〇五年の段階では全くいなくなった。

（4）ウク暦において十五日に一度巡ってくる霊力の強い日。

（5）新月の日。

（6）タバナンに所在するスバック博物館の展示解説。スバックの歴史全般を展示すると共に、暗渠水路の測量具や農具、漁具なども展示されている。

（7）「下赤阪の棚田」として農林水産省の「日本の棚田百選」に選ばれている。

（8）例えば、応神天皇紀。その出生については多くの謎に包まれているが、後半生には史実と考えられる具体的な記述が見られ、その中に池の築造にまつわるものがある。日本の古代国家においては王権による灌漑が大きな位置を占めていた。七世紀半ばから八世紀に初頭にかけて開始された班田収授の前提には国家による比重が高かったことが上げられる。

（9）大川裕子氏の「秦の蜀開発と都江堰の建設――川西平原扇状地と都市・水利」（『史学雑誌』一一一―九、二〇〇二年）によれば、「都江堰」は宋代以降に一般的となった名称であり、当初は「離碓」などと呼ばれ、『史記』第二九巻「河渠書」に登場し、戦国期の秦の時代に蜀郡の郡守となった李冰によって構築されたものである。二〇〇〇年にユネスコの世界遺産となった。四川省都江堰市が二〇〇八年大地震に見舞われ、水利施設の中心をなす魚嘴にもヒビが入るなどしたが、水利機能そのものには大きな影響はなかった。

参考文献

海老澤衷編『講座水稲文化研究Ⅱ　バリ島の水稲文化と儀礼――カランガスム県バサンアラス村を中心として』（早稲田大学水稲文化研究所、二〇〇六年）

鏡味治也『政策文化の人類学――せめぎあうインドネシア国家とバリ地域住民』（世界思想社、二〇〇〇年）

水島司編『環境と歴史学――歴史研究の新地平』（勉誠出版、二〇一〇年）

The Ministry of Culture and Tourism of the Republic of Indonesia and The Government of Bali Province. 2011. *Cultural Landscape of Bali Province*

Karl A. Wittfogel. 1962. *Oriental Despotism――A Comparative Study of Total Power*（湯浅赳男訳『オリエンタル・デスポティズム――専制国家官僚の生成と崩壊』新評論、一九九一年）

〔II　バサンアラス村の調査から〕

バサンアラス村における神聖と不浄の生活空間

三浦恵子

本稿は、これまであまり研究されてこなかったカランガスム県のバサンアラス村に焦点をあてて、当村のバリ島における歴史的及び文化的な位置づけを考察すると共に、村人たちがいかにバリ・ヒンドゥー教の基本である神聖と不浄の概念に基づいて、村の空間を時空的に配置し、日々の生活や儀礼を実践しているのかを明らかにする。

一、カランガスム県とバサンアラス村の学術的位置づけ

バサンアラス［Basang Alas］村が存在するカランガスム県［Karangasem Regency］では、これまであまり学術調査が行なわれなかっただけではなく、ジャワ・ヒンドゥー教による影響が少なかった地域である。このことから、バリ島でも古い儀礼形式が残っていると言われている（Swellengrebel 1960: p.31）。特に、辺境の山岳部の村に、バリ島の土着の文化的要素が強く残っている（中村一九九〇：二六六―二九三頁、三浦二〇〇六：七頁）。一三四三年にジャワ島のマジャパイト［Majapahit］王国により制圧される前からバリ島に住んでいた人々の中でジャワ化を拒否した人々は、通称バリ・アガ［Bali Aga］（Swellengrebel 1960: p.31, Goris 1960: p.294, 三浦二〇〇六：七頁、二二頁）と呼ばれている。彼らの村の多くは山岳地帯にあり、村の構成が並列で縦長であるが、マジャパイト系は村が十字形に広がっていると言う。バサンアラス村は、そのどちらにも属さず、この中間に位置すると考えられる（図

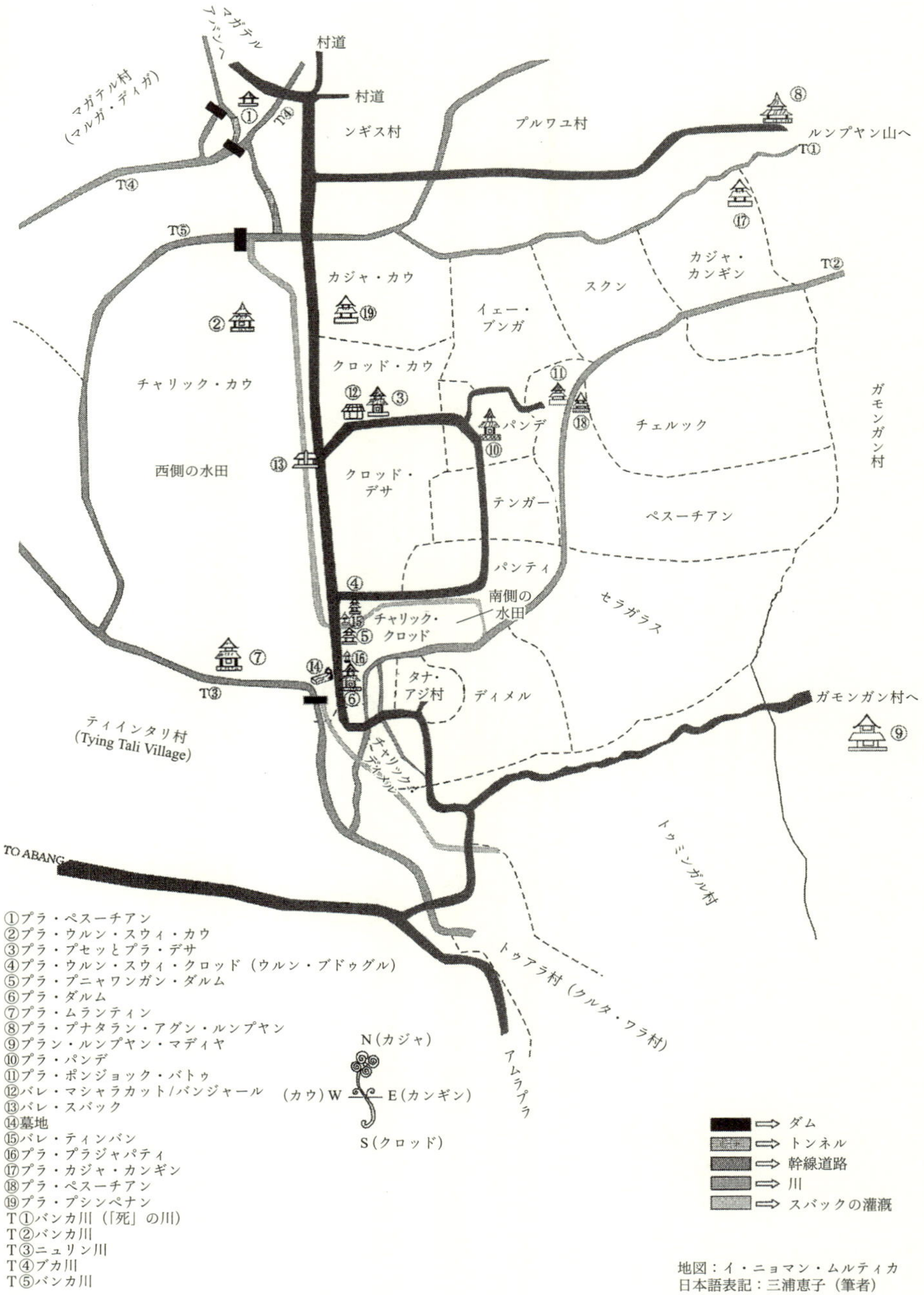

地図:イ・ニョマン・ムルティカ
日本語表記:三浦恵子(筆者)

図1 カランガスム県バサンアラス村地図

1）。中村潔の調査した同県のスラット村（中村一九九〇：二六六―二九三頁）とバサンアラス村は、そういった意味で共通点も見られるが、また、バサンアラス村独自の歴史、慣習、そして生活環境をもっている（三浦二〇〇六：七頁）。

バリ島の中央部から南部にかけての県では、マジャパイト系の子孫が多く、四つのヒンドゥー教のカースト、ブラーマナ［Brahmana］（司祭階層）、クサトリア［ksatria］（王族・武士階層）、ウェシア［wesia］（貴族・商人階層）、スードラ［sudra］（平民階層）が同じ共同体に混在している。しかし、カランガスムの農村では、一つか二つのカーストだけの共同体が比較的多く、農村では、スードラ以外の住民は、往々にして後から移住してきた人々である。ピタナによると、マジャパイト系のジャワ人がバリを植民地化してからは、それ以前のバリの王室や僧侶の階級も、平民とみなされるようになった（Pitana 1960: p.294, 三浦二〇〇六：二二頁）。

バサンアラスは、基本的にはスードラのみの村である。このことは、マジャパイト系の人々が住み着かなかった村であると言うことである。スードラのカーストの中にまた、様々なサブ・カーストがあるが、当村の村民は、鍛冶屋のパンデ［pande］以外はほとんどが、バリで最大のサブカースト（氏族）のパセック［pasek］に属する。カランガスムのパセックは、ブンデサ［bendesa］（慣習村の村長）同様、オランダの賦役を拒否したことでも知られている。バサンアラス村出身ガイドのスシラ［Susila］氏とムルティカ［Murtika］氏は、スードラの僧侶プマンク［pemangku］の家系であり、先祖は、隣村でルンプヤン［Lempuyan］山（別名ビスビス［Bisbis］山）の稜線上に延びているガモンガン［Gamongan］村の出身である。彼らは、マジャパイト系のジャワ人が入ってくる以前に僧侶であったドゥクッ・シャクティ・パスン・グリギス［dukuh sakti pasung grigis］と言う古い範疇の集団に属するが、この範疇はバリではもうほとんど使われなくなっていて、今ではスードラに組み込まれている（三浦二〇〇六：七頁、二二頁）[1]。ピタナによると、ドゥクッ［dukuh］は、理論的にも歴史的にも、隠遁生活をする僧侶で、三十三氏族があり、その中にドゥクッ・ガモンガンも含まれている（三浦二〇〇六：二二頁）。

二、バサンアラス村の環境と人々

バサンアラスは、「森の中」という意味である。村は、その名のごとく今でも多くの古い樹木に囲まれてルンプヤン山の西部の裾野に広がり、快晴の日には、北西方向にバリ島で最も神聖と見做されているアグン山がくっきりと見える（三浦二〇〇六：一〇頁)。

本稿で単にバサンアラス村と言う時にはバサンアラス慣習村（デサ・アダット［Desa Adat Basang Alas］）を指す。慣習村は、伝統的な村で主に慣習を基本にした村組織である。行政的には、カランガスム県のアバン郡（ケチャマタン・アバン［Kecamatan Abang］）ティスタ村集合体・行政村［Kedesaan/Kelurahan Desa Tista］）に属する四つのデサ・アダット（五つの慣習村）の一つである。行政村は、オランダが植民地化してから導入された村で、慣習村と行政村の範囲は多くの場合一致しない。バサンアラス行政村［Desa Dinas Basang Alas］は、バンジャール・カンギン［banjar kangin］とバンジャール・カワン（カウ）［banjar kawan/kau］の二つの集落に分かれている（三浦二〇〇六：一四頁)。

村人は農民がほとんどであるが、中には、前述のプマンクや鍛冶屋を始め、教師や警察などの公務員、銀行員、大工、家具屋、レンガ屋、コンクリートブロック屋、銀細工師、竹細工師、燈油屋、雑貨屋などが存在する。農業と兼業の場合もあれば、それだけで生計を立てている家族もいる（三浦二〇〇六：七、八頁)。

若い世代は、土地が現在の人口の割に少ないことから、デンパサール［Denpasar］、クータ［Kuta］、ウブド［Ubud］などで観光産業にかかわっている者が少なくない。彼らは、家族や親族、そして村に関する重要な祭祀儀礼の際には帰郷して義務を遂行すると共に、村や家族とのコミュニケーションを密に保っているようである。村人の中には、アメリカで銀行員をしている者や、カリマンタンに移住した家族もいる。通過儀礼や村の大祭などでブラーマナ階層の僧侶プダンダを必要とする時には、通常ヒンドゥー仏教系のブダキリン［Budakeling］村から呼ぶ（三浦二〇〇六：八、九頁)。

三、村人の生活空間

バサンアラス村では、他のバリ・ヒンドゥー教徒の村同様、村人たちが自らの生活空間を神聖と不浄の概念に階層的にコード化し、不浄を浄化するための儀礼が日常生活のルーティンに組み込まれている。ブタ［buta］やカラ［kala］と呼ばれる霊は、一般的に悪霊と日本語に訳されているが、霊は必ずしも悪ではないというのがスシラ氏の見解であった。人に対するように、霊にも敬意を払わないと、悪霊化しトラブルを起こす。それを未然に防ぐために、霊の存在が人々の日常生活において強く意識され、供物を捧げる形で儀礼が生活のルーティンに組み込まれていると考えられる。神や先祖に対する敬意も同様と考えていいだろう（三浦二〇〇六：九頁)。

写真1　バレ・ティンバン（撮影：筆者）

バリ島の文化を語る時に良く引き合いに出される正―悪、神聖―不浄などの二極は、極点や対比することに意味があるというよりも、その二極が相互に影響しあう連続体としての空間の状態が重要と考えられる（Cohen 1975: p. 621）。ホバートも、バリ人の空間概念の分析に二極を対比させるやり方が、比較的な位置関係や動きの問題を無視していて、静的で不完全の傾向にあると警告している（Hobart 1978: p.5, 三浦二〇〇六：九頁）。その二極間のバランスを取ることが村人にとって重要であることが、村はずれにあるバレ・ティンバン［Balé Timban］（「天秤屋」の意）が象徴している（**写真1**）。そこに天秤はなく、二本の柱で支えられている空間をもつ東屋風の建物があるだけである。村人たちは、生活空間のバランスをとるために、不浄の状態を浄化し、神聖な状態の不浄化を防ぐために、儀礼を日常化していると考えられる。ジャワ・バリ暦であるウク暦（二一〇日／七ヵ月で一年）による村の各寺院の周年祭や、ウク暦で三年や十年に一度の不定期の中型の祭りや大祭を通して、村人や村同士のより良い協力関係や周囲の自然界との調和を図るために行なうと考えれば納得できる。

これは、バリ人がことあるごとに引き合いに出すトリ・ヒタ・カラナ（［Tri Hita Karana］幸せや繁栄の三要素）の概念に則るものである。その概念とは、神や霊など超自然界と人間の調和（パラヒャンガン［parahyangan］）、人と自然や物理的世界の調和（パルマハン［palemahan］）、人と人との調和（パウォンガン［pawongan］）の三つで構成されている。バリ人たちは、この三要素が相互に調和する時に幸せや繁栄がもたらされると信じているのである（Pitana 2005: p.13, 三浦二〇〇六：九・一〇頁）。安寧幸福が、互いの存在とバランスの確認、そして、敬意の表象というコミュニケーションからもたされるとしたら、バリ島の人々は、形式や規模こそ違え、共通した儀礼という手段を使って、超自然界、自然環境と人間社会との洗練されたコミュニケーションをはかっている達人と言ってもよいだろう（三浦二〇〇六：一〇頁）。

四、神聖と不浄の軸と方位

バリ人は、生活空間を神聖と不浄の二極であるカジャ［kaja］―クロッド［kelod］の縦軸を中心にして、他の方位を決定する。横軸は、カンギン［kangi］―カウ［kauh］で、その「神聖度と不浄度」は、カジャとカンギンに近い方がより神聖、クロッドとカウに近い方がより不浄となる。カンギン―カウは、太陽の動きと関連して東西の軸で固定していると一般的には言われているが（Hobart 1978: p.6, 中村一九九四：三九頁、三浦二〇〇六：一〇頁）、私の調査では、それは固定していず、カジャとの位置関係で決まることがわかった。神聖な方向には、村の最も神聖なプラ・プセ［pura puseh］（起源の寺）（図2）や屋敷内のサンガー［sanggah］（屋敷寺）があり、村人はその方向に枕を置き眠る。カウ―クロッドには、プラ・ダルム［pura dalem］（死の寺）や屋敷内の台所、厠や豚小屋がある（三浦二〇〇六：一〇頁）。

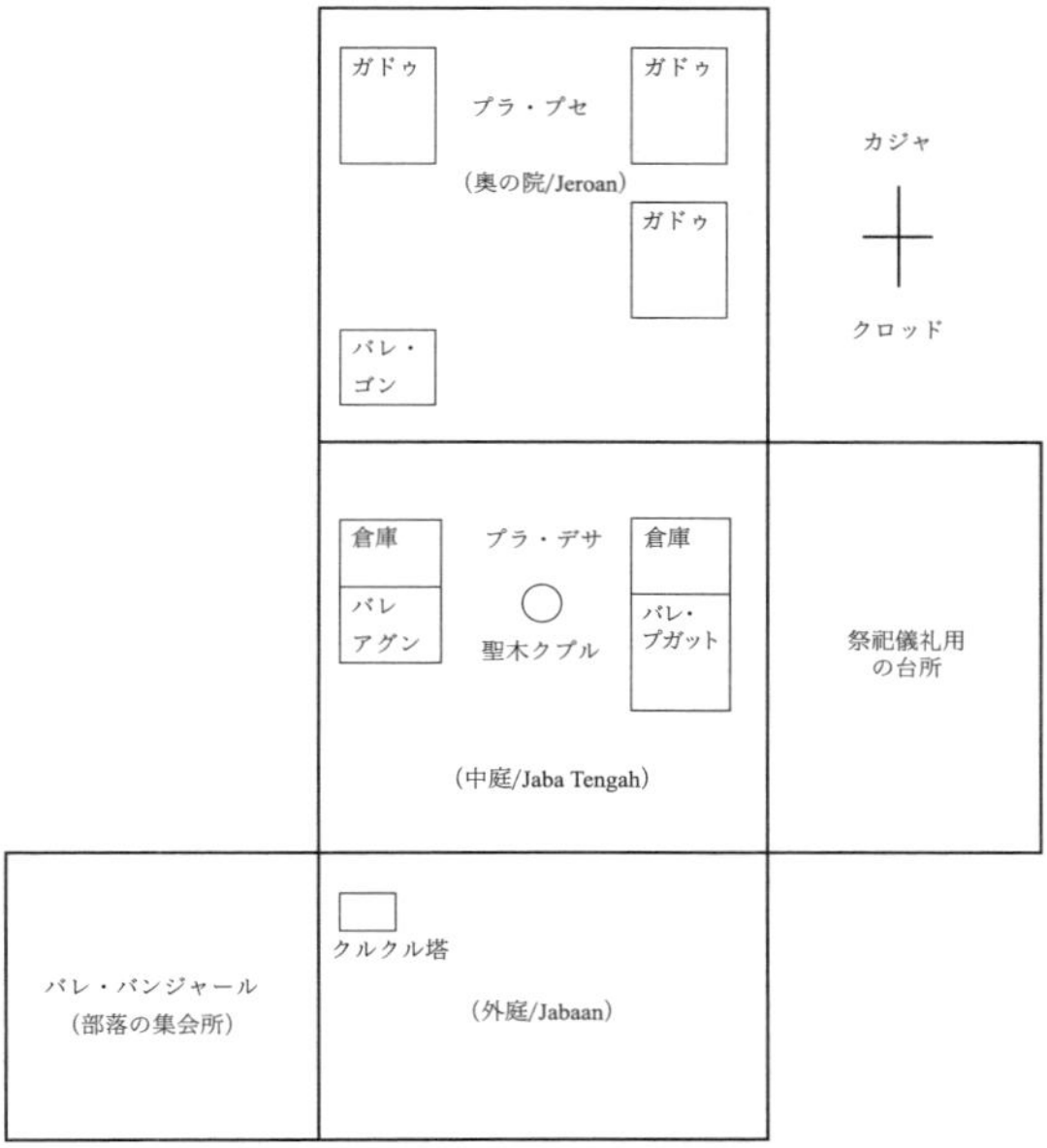

図2　バサンアラス村の寺、集会所と方位

山、特に、アグン山の方角がカジャ、海の方角がクロッドと言う見方が一般的であるが（Covarrubias 1937: p.76, 倉田一九七二：一三一、一三二頁、中村一九九四：三九―四二頁、三浦二〇〇六：一〇頁）、それは、スウェレングレベルやホバートも指摘しているように、必ずしも固定していない（Swellengrebel 1960: p.39, Hobart 1978: p.6, 三浦二〇〇六：一〇頁）。しかも、海は、単に最も不浄なわけではない。海はあらゆる穢れを受け入れると同時に巨大な浄化装置の役割も果たし、全ての物を浄化する力をもっている。このことは、バサンアラス村最大の祭りウサバ・グデ［usaba gde］の際に、神輿が必ず海まで運ばれ、最も神聖な儀礼の道具が海で洗浄される事からも明らかである。紐つきのジュプン［jepun］（「フランジパニ」「プルメリア」の意）のコルクをしたダプダプ［dapdap］と呼ばれる瓶を海に投げ入れて得た海水は、後に村のプラ・プセで聖水として儀礼に使用される。他村では、海は、死者の浄化の最後の段階で祖霊神化するための儀式で火葬した灰の浄化にも使われる。この過程を経ることによって、死者は天界での格を上げ、祖霊神として屋敷寺に迎え入れられる（高橋一九九四：二二四頁、三浦二〇〇六：一〇頁）。

バサンアラス村は、前述したように、アグン山とルンプヤン山の間にあるが、村人にとっては、ルンプヤン山のほうが、より近く、より神聖である。それは、村やスバックが使用する水がルンプヤン山に源を発することとも深い関係があると思われる（Hobart 1978: p.29, 三浦二〇〇六：一〇頁）。しかし、このように二つの聖なる山に囲まれているせいか、この村では、カジャは、どちらの山の方角でもなく、その中間の北、クロッドは南、カンギンは東、カウは西である。村は山間にあるので、海は近くにはない。他の数ヵ所の調査でも、アグン山がいつもカジャでも海が必ずしもクロッドとは限らないことがわかった（三浦二〇〇六：一〇頁）。

バサンアラス北東の海浜の村アメッド［Amed］から車で十分ほど海岸線を南東方向に行くと、レヤン［Leyan］と言う漁村に着く。ここでは、カジャが、ルンプヤン山側で南西、クロッドが北東で海、カンギンが北西で海、カウが南東で主に海である（三浦二〇〇六：一一頁）。

そこから更に海岸線を南東に下ると、バトゥ・クスニ［Batu Keseni］と言う漁村がある。カジャは、バトゥ・クスニの丘［Bukit Batu Keseni］の方角で西、クロッドは東の海、カンギンは北で海、カウは南で陸と海である（三浦二〇〇六：一一頁）。

バトゥ・クスニの南西で、スラヤ［Seraya］山の南東にスラヤ・チモール［Seraya Timor］と言う地域がある。ここでは、カジャが北西にあるスラヤ山側、クロッドは南東の海側、カンギンは北東で陸と海、カウは南西側で山がある（三浦二〇〇六）。

海岸線では、方位性が短距離でも違うのは、基本的には、近くて、しかも頂上もしくは大部分が視界に入る山が最も神聖なカジャの方角で、他の方位は、それとの比較で決まると言えるだろう（三浦二〇〇六：一一頁）。

五、聖なる山と儀礼

山が神聖なのは、土着の宇宙観とヒンドゥー教の宇宙観が重なって、そこに神々や祖霊が存在すると信じられるようになったからだと考えられる（中村一九九四：四〇頁、三浦二〇〇六：一一頁）。山はまた、村人にとっては儀礼に必要な聖水

写真2　ルンプヤン山頂の竹（撮影：筆者）

の源や農耕や生活一般に欠かせない水の源としての重要性を持っている。こういった理由から、バリ人は通常観光や登山を楽しむために山に登ることはない（三浦二〇〇六：一一頁）。

バリでは、ルンプヤン山の頂上から光が宇宙に向かって放たれていると信じられている。頂上と中腹には大きな寺があるが、小さい寺も数カ所にある。一九八四年に中腹の寺まで新しい道路が造られたので、現在そこまで車で行ける。満月（プルナマ［purnama］）と新月（ティルム［tilem］）の日に儀礼を行なうコミュニティは多い。バサンアラス村では、アチ［aci］と呼ばれる周年祭にルンプヤン山頂に登り、供物を捧げ神に祈る。その後竹の幹の中に入っている聖水をいただく。全ての竹に水が入っているわけではないが、竹は三本までしか切ることを許されない（**写真2**）。もし水が見つからなければ、供物が充分でないと考えられる。これは縁起が悪いが、聖水は他のグループから分けてもらうか、下から運んで来たもので代用できる（三浦二〇〇六：一一頁）。

バサンアラスの村人がアグン山に登るのは、ウク暦で十年以上に一度（実際は、二十年や三十年に一度）のウサバ・グデの時だけであると言う。ウサバ・グデは、不定期で、村や父系氏族（ダディア［dadia］）の社会経済状況、暦、ニーズによって決められる。聖水は山の中腹の寺でいただけるが、その前に頂上まで登り、神に祈り、供物を噴火口に落とす。スシラ氏とムルティカ氏の叔父の一人は、氏族の寺（プラ・イブ［Pura Ibu］「母寺」の意）の竣工式の際に、神が氏族の寺に留まるように祈るためにアグン山頂まで登り、中腹の寺で聖水をいただいてきたと言う（三浦二〇〇六：一一頁）。

六、生活空間の構成と儀礼

バリ島に儀礼が多いのは、先祖を含む様々な霊や神々に対する信仰が強いことの表れである。村人は、一般的に塀で囲まれた同じ敷地内に数組の兄弟夫婦と両親がそれぞれ別棟に住み、一屋敷を形成している。この敷地内の空間の配置も神聖と不浄が階層化されている（倉田一九七二：一三四―一三七頁、Hobart 1978, pp.8-10, 中村一九九四：四一・四二頁、三浦二〇〇六：一一頁）。前述したように最も神聖な方角に屋敷寺がある。

写真3　供物の皿作り（撮影：筆者）

村人は、夜明け前に起き、庭を掃く。その後、通常女性が一日分の食事を用意し、何よりも先にご飯の供物を供える。毎朝この寺のそれぞれの社に供物が供えられる。それだけでなく、屋敷の入り口、台所の竈、全ての部屋、地面など要所々の霊に供物が捧げられる。ムルティカ氏の母親と叔母は、二十数ヵ所に供物を捧げていた。彼女達は、毎朝、供物の皿も砂糖椰子の葉で作っていた（**写真3**）。夕方には、夕食前に沐浴し、着替えた後、色とりどりの花を供物として供える。かつてお供えには芳香を放つ花が中心だったが、近年は、色の鮮やかな花も好まれる。家の周りには、どちらの種類の花も咲いていたが、毎日多くの量が必要なことから、花は一袋分近くの店から買っていた。それ以外に、村人は、カジャン・クリウォン［Kajeng Kliwon］（河野・中村一九九四：三頁、三浦二〇〇六：一一頁）と言う十五日毎に訪れる縁起の悪い日には、屋敷以外に、田や川の水浴の場所などの霊にも供物を捧げる（三浦二〇〇六：一一頁）。

七、神聖と不浄の間を巡る通過儀礼

ホバートによると、神聖から不浄までの動きは通過儀礼が行なわれる場所にもよく表れている。誕生の際の儀礼は、屋敷内で最も神聖な場所である屋敷寺で行われ、その後の通過儀礼は、徐々により不浄な空間に移り、死に際して最も不浄な空間クロッドにある墓地に埋葬される。その後何段階かにわたる浄化儀礼の後、海や川で浄化された魂は充分に浄化されたとみなされ、屋敷寺に祀られ、一生のうちの神聖から不浄までのサイクルを閉じる（Hobart 1978, pp.16-19, 三浦二〇〇六：一一、一二頁）。ピタナは、このホバートの分析の最初の部分が欠けていると指摘している。新生児も、その母親も一定期間不浄とみなされ、その期間が終えて初めて聖域である屋敷寺での儀式が行われると言う。新生児の儀式は、神聖ではない住居の前で執り行われる。母子の不浄な期間は、生後四十二日間、三ヵ月間などその村によって異なる（三浦二〇〇六：一二頁）が、バサンアラスでは、生後一ヵ月目に始めて屋敷寺で儀礼を行うことができる（三浦二〇〇六：一二頁）。

バリ島では、新生児は何世代か前の父系親族の生まれ変わりであると信じられている。また、高橋によると、新生児は、ウク暦一年目の誕生日（オトン［Oton］）までは、魂が人間よりも神的な存在とされ、それまで地面を踏ませないし、死んでも何の儀礼も行なわず、屋敷地内に埋葬するだけであるという（高橋一九九四：一九六―一九九頁、三浦二〇〇六：一二頁）。バサンアラスでは、これに先立ち、命名式と入魂儀礼が行われる生後三ヵ月目のヌルブラニン［Nulubulanin］から後は、地面を踏ませてもよいと言う。生後の不浄な期間や神的な存在の期間こそ村によって違え、神聖と不浄のサイクルが単に生と死によって変わるのではなく、段階的に変化することの意味合いは、共通していると言えるだろう。死後一定期間を経て儀礼を通して段階的に浄化されて祖霊となった魂は、新たな生命として再生され、一定期間を経てまた儀礼によって浄化され、ついに一人の人間と見做される。このことによって、家系内の生命が神聖と不浄の時空を経て連続性を保持していると信じられていることがわかる。その一つ一つの過程を段階ごとに押さえて適切な時間と空間を儀礼で細かくコード化しているのがバリ社会の特徴であると言えるだろう（三浦二〇〇六：一二頁）。

八、神聖な樹木

村にはたくさんの種類の花と果物のなる木が植えてある。どちらも、神、先祖や霊の供物にもなるし、村人自身の消費や美観のためにも役立つ。そのなかでも、ある種の木は神聖視され、個人所有の木でも村の許可なしには切ることができない。どの木が神聖かは村によっても違う。バサンアラスでは、ジャックフルーツの木（ナンカ［nangka］）が神聖な木の一種で、屋敷寺の社やクルクル［kulkul］と言う木製の半鐘を作るために使われる。芳香を放つ白い花をつけるチュンパカ［cempaka］（木蓮の一種）の木も同様に神聖とされ、公共の建物や行事に使われる。前述したように、花は供物としても好まれる。プラ・デサの中央にある大木クプル［kepel］も神聖な木である。クプルは、人工的に植えようとしてもなかなか育たないようで、バリ全土でも四本しかないと言う。墓地の入り口付近にあるクプッ［kepuh］とプレ［pulé］の大木は、白黒のポレン［poléng］と言う聖域を表す布が巻かれている。クプッは、通常聖木ではないが、墓地にあることで聖木である。プレは、場所に係らず聖木で、精霊に好まれ、通常仮面を作るために使われる。寺院の敷地内にも多いバンヤン（ビンギン［bingin］）は、バリ島全土で聖木である。フランジパニ（ジュプン）は、通常聖木ではないが、プラ・ダルムに生えているものは聖木と見なされる。寺の周辺に生えている木は総じて神聖である。ココナツは、木自体は神聖視されないが、果汁は神聖と見做され、実は削って儀礼や料理用の燃料にする。儀礼に使われ、また村人が飲んで楽しむトゥアック［tuak］と言う蒸留前の椰子酒には、聖木ではないが、クラムプアック［kelampuak］と言う木の皮を酒の匂いづけのために入れる。竹自体は聖木には見做されないが、儀礼に使われることも多く、日曜日に切ってはいけないというタブーがある（三浦二〇〇六：一二頁）。

九、寺と儀礼

バサンアラスには、大小多くの寺がある。前述の屋敷寺、氏族の寺を除いても、プラ・プセ、それに付随したプラ・デサ、プラ・ダルムの各村共通の三寺カヤンガン・ティガ［Kahyangan Tiga］（マジャパイト文化の特徴）、植物や商売の神の寺、プラ・ムランティン［Pura Melanting］（三浦二〇〇六：二二、二三頁）[2]、スバックのための寺が二つ、プラ・ウルン・スウィ［Pura Ulun Suwi］（水源の寺）とブドゥグル［Pura Bedugul］（豊穣の神デヴィ・スリと夫のヴィスヌ神を祀る寺）がある。泉のある二ヵ所のプラ・ペスーチアン［Pura Pesucian］では浄化儀礼を行なう。プラ・プシンペナン［Pura Pesimpenang］（**写真4**）は、後述する神の依代を保存しておく寺である。プラ・プナタラン・パンデ［Pura Penataran Pande］は、鍛冶屋の寺で村に二十五ヵ所もある。このほかにも小さい寺が複数あり、方向性が重要であるのは言うまでもない。儀礼の日にちは、儀礼の種類に応じてウク暦かサカ暦（太陰暦）のどれか一つを使うこともあるが、プラ・ムランティンの祭りのように、両方の暦で指定された日が合致する日が選ばれることもある（三浦二〇〇六：一三頁）。

村を挙げての祭祀儀礼は、村の創始者である二十三家の家族が中心となる。この二十三家がデサ・アダット・トゥルリクール［Desa Adat Telulikur］（以後、デサ・アダットと呼ぶ）を構成し、村全体の組織がデサ・アダット・ロバン［Desa Adat Roban］（以後、デサ・ロバンと呼ぶ）である。この村の神に対する伝統的な奉納舞踊はルジャン［rejang］と呼ばれる少女と未婚の若い女性が踊る舞踊だけである。ルジャンは、盆送りのクニンガン［keningan］の翌日と翌々日の二日間にわたって奉納される。前述の二十三家は、プルング［perunggu］と言う合金で創られたルジャン用の腕輪を所蔵しており、踊りには、各家から女性を一人ずつ出す義務がある。適当な娘がいない場合には、他家から娘を借りることができる。出せない時には、アウィグ・アウィグ［awig-awig］（慣習法）に則って罰金を支払って免除してもらうこともできるが、あまり好ましいことではない。もともとは、二十三家だったが、ある家の男性が病気になり、もし病気が治ったら娘を一人ルジャンに出すと神に誓ったので、現在二十四家が参加する（三浦二〇〇六：一三、二三頁）。

写真4　プラ・プシンペナン（撮影：筆者）

慣習法はそれぞれの村によって異なる。バサンアラス村のものは、ギアニャール県の村々の慣習法に比べるとあまり厳しくないようであるが、規則に違反すると、罰金を支払う義務がある。ルジャンは、プラ・プセで始まり、踊り子たちはプラ・デサのクプルの木の周りを反時計周りに三周してから（**写真5**）プラ・プセに戻り、村人たちと共に神々に祈る（三浦二〇〇六：一三頁）。

ワヤン・クリ［wayang kulit］（小型影絵劇）は村にはグループがなく他村から呼ぶこともあるがあまり頻繁ではない。村は仮面を所有せず、仮面劇も行なわない。バリ島中央部や南部で盛んなバロン劇やランダの舞の伝統もない。この観点から、バサンアラス村は、マジャパイト文化の影響が少ない村と言える。調査時に六十八歳のバンジャール・カンギンの部落長から、かなり昔にサンギャン［sangyang］の儀礼（嘉原一九九四：九一—一一四頁、三浦二〇〇六：一三、二三頁）が行なわれたと聞いたが、彼自身は見たことがないという。サンギャンは、悪霊によってもたらされると信じられている疫病や災害などを防いだり払ったりすることを目的とし、トランス（憑依）を伴う（三浦二〇〇六：一三頁）。下流域では疫病が蔓延したことがたびたびあったようであるが、バサンアラスは丘陵地帯にあり、人口も少ないことから、定期的な厄払いの必要があまりなく、必然的にトランスを呼ぶような儀礼はほとんどない。

写真5　聖木クプルの周囲で踊るルジャンの娘たち（撮影：筆者）

それに比べると、村人は音楽好きで、楽器を作れる人も演奏ができる人も多い。デサ・アダットは、青銅の楽器のアンサンブルであるゴン・クビアール［gong kebyar］と竹ガムランのガンバン［gambang］を一組ずつ所有している。村には、他に青銅の楽器のアンサンブル、アンクルン［angklung］が二組あるが、それぞれ個人所有である。このうちガンバンは、神聖な儀礼の時にだけ演奏される。ゴン・クビアールは、神聖時と世俗時の両方の機会に演奏することができ、バサンアラスのグループが、一九九八年のバリ芸術祭でカランガスムを代表して出場し、三位に入賞したそうである。アンクルンは、火葬式とプラ・イブの祭りの際に演奏する。村の儀礼の際には、プラ・プセのバレ・ゴン［Balé Gong］でゴン・クビアールを演奏し、ルジャンの踊りを奉納する際には、プラ・デサのバレ・プガット［Balé Pegat］でガンバンが演奏される（三浦二〇〇六：一三頁）。

寺院の構造も奥に行くほど神聖度が増す。この村では、プラ・プセとプラ・デサがほぼ同義的に使われることもあるが、厳密に言えば、奥の院のジェロアン［jeroan］がプラ・プセ、その手前の中庭ジャバ・テンガー［jaba tengah］がプラ・デサと言えるだろう。一番手前の外庭が、ジャバアン［jabaan］である（Goris 1960: pp.103-111）。ジャバアンの左手（カウ）には、部落の集会所（バレ・バンジャール、Balé Banjar）がある（図2）。中に納められている物や下げられているクルクルからも、それに代表されているグループの重要度が推し量られる。プラ・プセのバレ・ゴンには、プマクサン［pemakusan］と言う寺の「組合」のクルクルがある。プラ・デサのバレ・プガットには、デサ・アダットとデサ・ロバンのクルクルが倉の戸の左と右にそれぞれ下げられている（写真6）。集会所には、三つのクルクルがあり、ガムラン、スバック、そしてバンジャール用である。用途と行事によりクルクルは使い分けられている（三浦二〇〇六：一三・一四頁）。

写真6　デサ・アダットのクルクル（撮影：筆者）

聖域に生理中の女性は入ることができないし、中で行なわれる儀式にも参加できない。規則の厳しさは儀礼の種類にもよるが、通常儀礼の参加者は決められた正装をしなければならず、そのなかでも欲望を抑える象徴とみなされる帯をすることは、参加者全員に義務づけられている。しかし、聖域でも村内の寺院などには祭祀儀礼中でなければ正装せずとも入ることができる（三浦二〇〇六：一四頁）。

村人の生活空間は、このようにして方向、日時、儀礼、音楽、寺院の種類と寺院や屋敷の内部空間、個人の生理的状態まで神聖と不浄に段階的にコード化され、生活と行動を制御している。樹木、水、布、楽器なども神聖なものと世俗的なものが習慣的に使い分けられている。こうした日常、非日常の空間と内在する物質の使い分けは村組織にも表れている（三浦二〇〇六：一四頁）。

村の創始者二十三家の由来や今日の村の社会組織は、ロンタールの葉に記録されている文書によるが、それは、プマンクなど限られた人しか見ることができず、筆者は主に口術の話を記録した（三浦二〇〇六：一四頁）。

十、降臨伝説とプマクサン

村の祭りを司るのは、前述したようにプマンクである。バサンアラス村には二人のプマンクがいてダディア内での世襲である。他村であれば、通常寺ごとに異なるプマンクが任命されるが、ここでは、プマンク・グデが中心的なプマンクで、村の寺の儀礼を司る。スシラ氏の家系がプマンク・プマクサンを世襲していて、プマンク・グデのアシスタントも務める。プマンク・グデがプマンクになったいきさつはロンタール文書には書かれていないが、プマンク・グデのダディアとプマンク・プマクサンのダディアは、親戚関係にある。というのも、過去に前者に後継者がいなく、後者から養子をもらったからである（三浦二〇〇六：一八頁）。

プマンンク・グデによると、村の神は、イダ・バタラ・アユ・マス・ブキット［Ida Batara Ayu Mas Bukit］と言い、ルンプヤン山の南斜面に立つブキット寺［Pura Bukit］（「丘の寺」の意）の神の娘である。この神は、またカランガスムの王アナック・アグン・カラン・アムル［Anak Agung Karang Amlu］である（王の神格化）と言う。ブキット寺の祭りの三日目の日没後に、不気味なほどに真っ暗になった。（火玉のような）光がブキット寺から出て、バサンアラス村のプシンペナンが現在ある所に光が届いていた。そこには一塊の金があった。アナック・アグンは、プシンアラスのプラ・プセの神、イダ・バタに彼の娘が、バサンアラスのプラ・プセの神、イダ・バタラ・バグス・オカ［Ida Batara Bagus Oka］と結婚したと告げた。村人は、新郎から新婦へ贈る結婚用の贈り物をブキット寺の神に献上するように申し付けられた（三浦二〇〇六：一八頁）。

プマクサン長が持っているカウィ語で書いてあるロンタール文書のコピーによると、スシラ氏とムルティカ氏の先祖、ニナクティ［Ninakti］が祈っている時、神の宣託を受けた。ニナクティは、全プラジュル［prajuru］（村の相談役）と村人に神の宣託を伝えた。それによると、村人にブキット寺に行き、寺の神の一人、バタラ・グデ・ムテー［Batara Gde Muter］とアナック・アグンの娘（王女）との間にできた娘イダ・バタラ・ラトゥ・アユ・マス・ブキット［Ida Batara Ratu Ayu Mas Bukit］をバサンアラスの神と結婚させて欲しいというメッセージをバタラ・グデ・ムテーに伝えるようにというのである。彼女の依代は金塊である。全プラジュルと住民は、カランガスムの王イダ・イ・グスティ・ングラー・マデ・カランガスム［Ida I Gusti Ngurah Made Karangasem］に会いに行き、神の宣託を告げた。王は、宣託に同意し、村人たちへ「ブキット寺に一緒に行き、寺の神にこの宣託を伝えよう。」と提案した。その日は、三日間続くブキット寺の祭りの最終日で、寺の全ての神々がまだ寺に留まっていた。一行は、ブキット寺のプマンクと村長にこの宣託を伝えた。その後、寺の神が村長に乗り移り、娘がもしバサンアラスの神を愛するならば、結婚に同意する旨を述べ、娘には、どうしたら良い妻になれるかを語った。次に、バサンアラスの村人に新郎から新婦への結婚の贈り物を用意するようにと述べ、品目と数を細かく指示した。さらに、この供物をアグン山へ持って行き、祈るようにと告げた。娘の世話役としてプマンクを一人選ぶことも命じ、バサンアラスの神は、バタラ・グデ・ムテーの提示した全ての条件に同意した。王は、バサンアラスの村人に三人のプラジュルを含んだ十五人からなるプマクサンを組織するように命じた。結婚後、イダ・バタラ・ラトゥ・アユ・マス・ブキットは、イダ・バタラ・アユ・マス・ブキットと呼ばれている（三浦二〇〇六：一八・一九頁）。

プマクサンの神の依代はプラティマ［pratima］と呼ばれ、プマンク・プマクサンのみ取り扱うことができる。バサンアラス村のプラティマは十一あり、一つずつ箱に収められている。プラティマのなかには金塊以外に丸い石、神をかたどった白檀の木彫、穴のあいた硬貨、金の耳輪などがあると言う。もともとの会員は十二人だったが、プマンク・プマクサンを出せる世帯は今では四十世帯まで増えた（三浦二〇〇六：一九頁）。

プラティマは、過去にはプラ・プシンペナンに保管されていたが、現在は、プマンク・グデの氏族の寺に保管されている。これは、過去にプマンク・グデの家族に村長になったものがおり、村での権威を誇示するために、プラ・プシンプナンから自分の氏族の寺に移したということである。しかし、氏族の寺は、死者を祀るところであるので、プラティマを置くには不適切であるという議論がデサ・アダットにあり、元の寺に戻したいということであった（三浦二〇〇六：一九頁）。

プマクサンの神の降臨祭はプラ・プセで開かれ、プマクサンの会員が神輿や箱に入れたプラティマを運ぶ。プラ・プセにある南西側のガドゥ［gaduh］という建物には、儀式の際にプラティマを置く場所がある。西側のガドゥには、祭り用の神輿が保管してある（**写真7**）。大きな祭りには神輿を使い、小さな祭りでは、箱に入れたまま運ぶ。プラ・ムランティンの祭りには、プラ・プセから、イダ・バタラ・アユ・マス・ムランティン［Ida Batara Ayu Mas Melanting］のプラティマを他の依代と共に別々の箱に入れて運び、所定の神棚に納める。ウサバ・グデでは、海浜の村アメッドやウジュン［Ujung］まで神輿を運ぶ。第二次世界大戦までは、毎年ブキット寺の祭りの日にはそこまで神輿をかついで約一〇キロの行程を歩いて行ったそうである。その後祭は、二年に一度になった。（三浦二〇〇六：一九・二〇頁）

ブキット寺と関係している村のプマクサンの祭りは、カランガスムの王家が組織する義務があり、供物やその他にかかる費用も王家が出資しなければならない。しかし、調査時の二年前から祭りが行なわれなくなった。これは、王家が義務の遂行を怠っているからであると言う。また、調査時の一年前に起こった地震により寺が被害を受けて修理中だった。この祭祀儀礼の不履行が村人の中での王家に対する信頼感と王家のカリスマの喪失につながり、評判を落としていると言う。ブキット村の前村長は、「来年には必ず祭りが開かれなければならない」と主張していた（三浦二〇〇六：二〇頁）。

写真7　プラ・プセに保存してある神輿の一部
（撮影：筆者）

ブキット村は、以前デサ・アダットの三役とプマンクが無給の代りにデサ・アダット所有の土地ラバ・プラ［laba pura］を多く持っていたが、一九一七年以降王家がその多くを売却してしまった。ラバ・プラは、本来売ってはいけない村の土地である（Vickers1918: pp.138-139、三浦二〇〇六：二〇、二三頁）(3)。このことから、村と王家の信頼関係は、徐々に悪化していったようである（三浦二〇〇六：一六・二〇頁）。

ここで紹介した伝説のそれぞれの伝承の食い違いと共通点が興味深い。カランガスムの王の神格化がブキット寺の神と王女の結婚による所が、父系社会のモデルになっているのがわかる。王の神格化自体は、伝統的な社会では一般的であるが、それも王が村人達の期待を裏切らずにいる（カリスマを持っている）間は、現実味を帯びて語られる。しかし、バリでは最大重要事項である共同体の規則を守る、ひいては、神との約束を守ることを怠った時、その神格化もただの昔話になって、王と言えども聖域から世俗な世界まで引き落とされ、人々の批判に晒され、態度の更正を迫られる。それは、神格化されていないが、名誉職の村長についても同じである。ほぼ聖なる慣習法も時代の変化と共に再定義や再考が迫られている（三浦二〇〇六：二〇頁）。

おわりに

本稿では、これまであまり研究されてこなかったカランガスム県のバサンアラス村の人々がどのように神聖と不浄の生活空間を作り上げて、日々の生活や儀礼を行っているのかを様々な観点から検討した。その過程で、これまでバリ島の一般的事実や現実として描かれていることの中に修正を入れるべき点や新たな視点を付け加えることができた。バサンアラス村は、スードラのみで構成されており、スバックもこの村の成員だけで成り立っているという点と劇的なトランスを呼ぶ儀礼がほとんどないといった点で、マジャパイト系の文化の影響が強いバリ島南部や中央部の村々との差異が浮き上がった。民俗方位も、一般化されたアグン山中心のものとは違う地域があることも判明した（三浦二〇〇六：二一頁）。

バサンアラス村とその周辺の村々から見たバリ社会は、あらゆる物質、空間、存在が階層化され、それが、多くの場合「神聖と不浄」にコード化されている。その階層化や序列の背後にある歴史、概念や価値観を守ることを社会の秩序と考えていると言えるだろう。しかし、その階層や序列は、過程の段階であり、常に固定したものでも絶対的なものでもなく、ピラミッド型の階級とも違う。この社会の秩序は、おりおり挑戦を受ける（三浦二〇〇六：二一頁）。

伝承の主役、神や王は、バリの村社会（物理的環境）の権威であり、本稿の初めに引用したピタナの言及する超自然界と人間の世界を代表する。しかし、この二つの世界の境界は必ずしも明確ではない。王は、神格化され、死者は、浄化儀礼を経て、祖霊神となる。祖霊神は、同じ家系の新生児となり、一定期間を経てから儀礼を通して、神の世界から人間の世界へと回帰する。儀礼は、物理的環境のなかで超自然界―人間の存在とステータスの変化、移譲、回帰の過程を確認する作業だったり、三界間のコミュニケーションの手段だったりする。慣習法も王家と村々の関係も変わり行く社会情勢や概念と共に変化を余儀なくされている。バリ人の宇宙観の三要素のバランスが長期的な平和と幸福をもたらすとしたら、関係者が時間をかけて古い秩序を吟味し、取捨選択をしていく過程を儀礼のコードを使って確認し、人々の承認を得る必要がある。そういった過程を経て新しい秩序を成立させる時、それは多くの人々にとって受け入れられるものになるだろう（三浦二〇〇六：二一頁）。

注

（1）パンデについては、ホリス（Goris 1960: pp.287-299）を参照のこと。

（2）コヴァルビアス（Covarrubias 1937: p.71）によると、ムランティンは、種や植物をつかさどる土着の女神であり、おそらくヒンドゥー教の到来で、デヴィ・スリの下に置かれ、娘として庭、畑や市場の女神として残っている。デヴィ・スリは、ヴィスヌ神（豊穣の神）の妻であり、農業、繁栄と成功をつかさどり、あらゆる美と善を代表するバリで最も人気のある女神である。ムランティンは、半年を地上で過ごし、後の半年を地下で過ごすと言われている。

（3）これは、オランダの植民地政策と関連している。バリ島の支配者たちは、オランダ統治のエリート官僚となり、植民地政策を自分たちの利益になるように操作する余地があり、特に土地の支配に関して伝統的な土地の権利移譲の基礎を無視することもできた（Vickers 1989: pp.138-139）。

引用・参考文献

倉田勇「『民族方位』の一考察」（『天理大学学報』八二号、一九七二年）

高橋明「死の儀礼」（河野亮仙、中村潔編『神々の島バリ：バリ＝ヒンドゥーの儀礼と芸能』春秋社、一九九四年）

河野亮仙、中村潔「用語解説・索引」（河野亮仙、中村潔編『神々の島バリ――バリ＝ヒンドゥーの儀礼と芸能』春秋社、一九九四年）

中村潔「儀礼の精緻化―バリ島スラット村における寺の祭礼の二つの型」（安部年晴、伊藤亜人、萩原眞子編『民族文化の世界（上）』小学館、一九九〇年）

中村潔「バリの儀礼と共同体」（河野亮仙、中村潔編『神々の島バリ：バリ＝ヒンドゥーの儀礼と芸能』春秋社、一九九四年）

バサンアラス・スバック「バサンアラスの水系制御システム［スバック］に関する報告書」ウィリアム・ブラッドレイ・ホートン・八木玲子訳（original: *Monografi Subak Basangalas*, 1984）（海老澤衷編『バリ島の水稲文化と儀礼――カランガスム県バサンアラス村を中心として』早稲田大学水稲文化研究所、二〇〇六年）

三浦恵子「神聖と不浄の生活空間――バサンアラス村の調査から」（海老澤衷編『バリ島の水稲文化と儀礼――カランガスム県バサンアラス村を中心として』早稲田大学水稲文化研究所、二〇〇六年）

嘉原優子「儀礼としてのサンギャン」（河野亮仙、中村潔編『神々の島バリ――バリ＝ヒンドゥーの儀礼と芸能』春秋社、一九九四年）

Percy C. Cohen, "Palpable Nonsense in the Conflict of Life and Death," *Man (N. S.)*, 10.4, 1975.

Miguel Covarrubias, *Island of Bali*, Singapore: Periplus,1937.

R. Goris, 1960, "The Position of the Blacksmiths," *Bali: Studies in Life, Thought, and Ritual*, edited by Royal Tropical Institute, The Hague and Bandung: W. Van Hoeve,1960.

Mark Hobart, "The Path of the Soul: The Legitimacy of Nature in Balinese Conceptions of Space," edited by G. B. Milner, *Natural Symbols in South East Asia*, London: School of Oriental and African Studies, 1978.

I. Gde. Pitana, "Sociology of the Temple. Issues Related to Rivalry in Status and Power." edited by Urs Ramseyer and I Gusti Raka Panji Tisna, *Bali Living in Two Worlds*, Basel: Museum der Kulturen and

Verlag Schwabe, 2001.
I Gde. Pitana, “The Cultural Values of the Lakes in the Rice-based Society of Bali, Indonesia”, prepared for the Asian Wetland Symposium: Innovative Approaches to Sustainable Livelihood, held at Bhubaneswar, India, 6-9 February, 2005.
J. L. Swellengrebel, “Introduction, Royal Tropical Institute,” *Bali. Studies in Life, Thought, and Ritual*, edited by J. L. Swellengrebel, The Hague and Bandung: W. Van Hoeve, 1960.
Adrian Vickers, *Bali. A Paradise Created*. Hong Kong: Periplus, 1989.

付記　バサンアラス村とその周辺地域の調査にあたっては、次の方々に心から感謝申し上げます。当村の出身者で、日本語ガイドのイ・マデ・スシラ氏といとこの英語の通訳ガイド、イ・ニョマン・ムルティカ氏。ウダヤナ大学の文化・観光研究所の社会人類学者で、元バリ観光局長であったイ・グデ・ピタナ教授。

バサンアラス村の奉納舞踊ルジャン

河合徳枝

神聖性の高い奉納舞踊として、ルジャンは広く一般的にバリ島の儀礼で見られるものの、ルジャン儀礼の本来のあり方は必ずしも知られていない。観光などによる現代化の影響の比較的少ない村落共同体においてルジャン儀礼を調査し、バリ島水稲文化圏における儀礼の本質を探った。村落共同体におけるルジャンの格別の位置付けや奉納手続きの厳格さは、観光化が進んだ地域のそれと異なり、村落共同体の結束ならびに社会制御に関わる本来の姿が見出された。

一、儀礼ングルジャンガン

バサンアラス村のルジャン奉納儀礼

インドネシア共和国バリ州カラガスム県アバン群ティスタ村字バサンアラスにおいて大変古くから伝わるングルジャンガン［Ngerejangang］という儀礼がある。バリ州の伝統暦の一つであるウク暦（二一〇日／年）において、毎年先祖の霊が戻ってくるといわれる、日本でいえば盆の行事に当たるガルンガン［Galungan: 盆の初日］、クニンガン［Keningan: ガルンガンの一〇日後の盆最終日］という儀礼があり、儀礼ングルジャンガンは、クニンガンの翌日とその翌日の二日間にわたって、プラ・デサ（村の守護神を祀る寺院）兼プラ・プセ（村の先祖を祀る寺院）で必ず執行される。その起源は不明であるが、きわめて古い可能性が高い。

バリ島村落共同体には、九世紀〜十一世紀にかけてジャワ島から体系的なヒンズー教が伝えられ整備された。それは、

かわい・のりえ——公益財団法人国際科学振興財団上級研究員、早稲田大学研究院上級研究員、放送大学客員教授。専門は精神生理学、情報環境学。主な著書・論文に『音楽・脳・情報』（共著、放送大学教育振興会、二〇一七年）、Kawai N, et al. Catecholamines and opioid peptides increase in plasma in humans during possession trances. Neuroreport 12: 3419-3423, 2001. Kawai N, et al. Electroencephalogram characteristics during possession trances in healthy individuals. Neuroreport 28: 949-955, 2017 などがある。

現在のバリ島村落共同体に一般的に見られるヒンズー・バリという独特の信仰体系の基礎となっている。しかし、この儀礼ングルジャンガンの原型は、それ以前の祖霊信仰の時代から受け継がれてきた可能性もある。そして、この儀礼の核となるのがルジャン［Rejang］というバリ島に伝わる奉納芸能のなかでもきわめて神聖性の高い舞踊である。その儀礼は、バリ島東部のカラガスム県やバングリ県の村落では格別重要な位置付けとなっている。それは、ルジャンだけが奉納されるシンプルな設定ではあるが、だからこそ奉納されるルジャンに関わる手続き・内容は、当該地域特有の他の地域には見られない格式の高さを持っている。

二、奉納舞踊ルジャン

(1)ルジャンの多様性

前項で述べたとおり、バリ島東部カラガスム県やバングリ県の村では、ルジャンを奉納する特別な儀礼が数多く存在する。それらの儀礼は、時期、場所、踊り手の資格条件、その選考方法、衣装、冠の素材・型式、舞踊の様式・振付、伴奏楽器の種類、儀式全体のプロトコールなどにおいて村ごとに実に多様性があり、一つとして同じものはない。また、東部地域には、先に述べた中世以降に整備されたヒンズー・バリ信仰とは異なる、それ以前の祖霊信仰に基づく独特の慣習・文化を現在でも継承する村々がある。それらは、バリ・アガと言われ、例えば、トゥンガナン村、アサック村などがよく知られ、とりわけそれらの村にユニークなルジャン儀礼が伝承されていることが興味深い。ルジャンがヒンズー・バリ信仰以前からのルーツを持つことがうかがわれる。現在はバリ島東部だけでなく、中部、西部にわたる全地域において、様々な儀礼の際にルジャンが奉納されることが多い。しかし、それらはルジャンだけを奉納するための儀礼ではなく、ルジャンが複数の奉納芸能の一つとして奉納されるに過ぎない。それに対して、バリ島東部で執行されているルジャン儀礼は、ルジャンだけを奉納する儀礼であり、他の芸能が奉納されることはない。そして儀礼のプロトコールやルジャンの内容について、村ごとにきわめて厳格な様式や規律が設けられており、ルジャンとその儀礼のあり方が本質的に異なる。

(2)ルジャンの神聖性

バリ島では、奉納される多様な芸能がその神聖性によって大きく三つのカテゴリーに分けられている。それらは、神聖度の高い順に、ワリ［Wali］、ブバリ［Bebali］、バリバリアン［Balibalihan］という。ワリは、神聖度がもっとも高く、儀礼の日にのみ厳格な手続きによって奉納され、奉納される場所は、寺院の最奥の神座のあるエリアである。高僧に導かれて進行する神事の中で奉納されるものである。ブバリは、寺院最奥で行われる神事が終わった後、儀礼参加者が神々とともに余興として楽しむために奉納される芸能である。ブバリが奉納される場所は、寺院の中庭あるいは外庭である。そして、バリバリアンは、前記二種類のカテゴリーの制約を一切解除して、儀礼とは関係なくいつでも寺院以外のどこでも演じることが許され、観光用のショーとして経済的な対価を得る事も許されている。さらに伝統芸能だけでなく、それを元にして開発した新しい創作芸能もバリバリアンに含まれ、可能な限り自由度が与えられている。

芸能の神聖度のこうした階層化は、バリ島の伝統文化の継承と発展にきわめて有効な戦略である。これによって、ワリというもっとも神聖度の高い芸能は、内外のさまざまな状況の変化に対する抵抗力が強化され、その本質を持続的に堅持することを容易にしている。ワリの中で、ルジャンは、もっとも神聖度の高いもののひとつである。高僧による声明や特別に神聖度の高い楽器を使って奉納される。また神座にむかって、あるいは神座を周廻するような演出が多く、まさに神々に捧げる舞踊の原点というべき様式を持つ。踊り手の資格、選択方法、装束、化粧法、振り付けなどにわたって、村ごとに独特で緻密な規定が古くから定められ厳格に守られている。

三、バサンアラス村のルジャン

バサンアラス村に現存するルジャンは、いつからそのスタイルが確立していたのか不明である。聞き取り調査において、三十代の村人が子供の頃祖父から聞いた話であるが、その祖父のまた父の代にも同じような様式であったという。すなわち五世代ぐらいは遡ることが可能で、最低二〇〇年ぐらいは同じ形式で存在していた可能性が高い。

(1)儀礼の目的

バサンアラス村のルジャン儀礼の最大の目的は、疫病の回避であるという。広い意味では、村の安全と平和を守るために年(ウク暦二一〇日)に一度、神々へルジャンを捧げて祈ることが目的といえる。

(2)踊り手の資格と規律

バサンアラス村では、踊り手の資格は、十二歳以上の未婚の女性で、寺院のある場所の高さに手が届くようになることも資格の条件とされる。バリ島の村落共同体では各家の土地は、元来村の土地であり、その使用を村落ないし神々に許されて人間が借りていると考えられている。もちろん、インドネシア共和国独立後の近代統治システムでは、土地の私有が許されている。しかし、バリ島村落共同体では村ごとの慣習法（アウィッグ・アウィッグ）が実質的に優先している。バサンアラス村では、古くから村の正員として二十三戸の家が認められ、カランと言われる土地と屋敷を構えることが許されている。その二十三戸の家は、必ずルジャンの踊り手を一人出さなければならない。娘がいない場合、どこからか娘を借りてきて、必ず責任を果たさなければならない。出せない場合懲罰があるという。なお、数年前から家を構えることを認められた一戸が新しく加わり、二十四人の踊り手によってルジャンが奉納されている。

ルジャンの舞踊は、簡素でありながら大変格調が高い演出になっている。また、ルジャンの踊り手の装束には、大変厳格な規定があり、たとえば腰や胸にまく布や腰飾りの素材と色・文様が決められており、冠はそれを作る材料となる植物とその造形的形式が詳細に決められている（**写真1、2**）。また、貝殻とウコンからできた粉をある様式で装飾的に体につけなければならない。さらに、踊り手が必ず使用する腕輪は、二十

写真1　祭壇を廻って奉納されるルジャン（撮影：筆者）

写真2　決められた様式で造られた豪華な冠（撮影：筆者）

三戸の家に代々伝えられているものに限るとされ、他のものを身につけてはならない。こうした規定や様式を勝手に変えることは決して許されない。それに反する場合やうっかり間違ってしまった場合でも、罰金が課せられる。なお、この懲罰は、実質的には神々に対する罪悪感や共同体における信用の失墜といった、当事者一族の精神的苦痛が大きいことに注目すべきである。

(3)ガムラン・ガンバン

ルジャンで演奏される楽器は、一般にガムランという打楽器アンサンブルである。ガムランは、主として鍵盤型や銅鑼型の複数の打楽器が巧みに構成されたアンサンブルで、インドネシアではジャワ島とバリ島のガムランがよく知られる。バリ島のガムランは、小規模なものから大規模なものまで、楽器の構成、音階、素材や用途など極めて多様で、約三十種類のガムランの形式が伝わっている。そしてそれらは、儀式の種類や用途によって使い分けられている。現在最もポピュラーで儀礼によく使われるガムランは、楽器の素材としては青銅製のものが圧倒的に多い。一方、ガムラン・スロンディンという鉄製ガムランとガムラン・ガンバンという木製ガムランは、現在バリ島全般に見られる青銅製ガムランに比べて稀少性が高く、神聖性も格別に高い。

ガムラン・スロンディンとガムラン・ガンバンは、その神聖性ゆえに人間のための儀礼、たとえば成人式、結婚式、葬祭などには使われず、神々のための儀礼にのみ使われる。そして、それらの多くは東部地域の共同体に伝えられており、ルジャンのためだけに演奏されることが特筆される。

バサンアラス村のルジャン儀礼では、村に古くから伝わるガムラン・ガンバンが使われる（**写真3**）。前述のように神聖性が高いため、楽器には簡単に触ることさえ禁じられ、普段はガムラン・ガンバンの稽古もすることがないという。演奏者は、バサンアラス村の十軒ほどの家の世襲によって継承されており、その家でも特別な浄化儀礼を行なった人間しか楽器を演奏することが許されていない。また、楽器は、保管するときも使用するときも人間の背より高い位置に特別な座が設けられ、楽器自体が神々として扱われているといってもよい。

(4)現代バリ島社会におけるルジャンの意義

国際的な観光地としてのバリ島において、先述の芸能の神聖度の階層化によって、伝統の継承を確固として実現するとともにきわめて現代的な芸能開発も盛んであることは注目すべき事実である。国際的ホテルが集中し観光客の往来も盛んな中部地域とは違って、バサンアラス村は、バリ島の最東部

写真3　ガムラン・ガンバン（撮影：筆者）

に位置し、観光客が訪れるような村ではない。そこでは、ルジャン儀礼が厳格な様式によって粛々と継承されている姿がある。水稲文化社会の伝統儀礼が、社会集団の組織化と持続性を担っている一つの典型的姿といえる。

一方、中部の国際的な観光地一帯では、近年奉納舞踊の一つとしてルジャンが頻繁に奉納されている。これは、先述したとおり東部地域のルジャン儀礼とは、性格が異なるといってよい。様々な儀礼において複数の奉納芸能の一つとして、ワリであるルジャンを意識的に加えることにより儀礼全体の神聖性や格式を高め共同体の結束を強化しようとしているのである。海外からの大量の観光客の来訪の影響を直接受ける中部地域の村落共同体においては、そもそもルジャンの奉納だけの儀礼ではない場合に、あえてそれを取り入れることによって、伝統と現代のバランスを取り民族的アイデンティティーを堅持しようとする戦略が見て取れる。

バリ島村落共同体におけるルジャンの位置づけのこれら二つの対照的姿は、バリ島水稲文化儀礼の伝統と現代を浮き彫りにする注目すべき現象といえよう。

バリ州の文化的景観

――世界遺産登録の過程と地元農民の期待と課題

三浦恵子
イ・マデ・サルジャナ

みうら・けいこ――本書第一部掲載の三浦論文参照
I Made Sarjana――Lecturer of agri-tourism, Agribusiness Department, Faculty of Agriculture, Udayana University, Bali, Indonesia

本稿は、バリ島初の世界遺産登録を受けた「バリ州の文化的景観――トリ・ヒタ・カラナの哲学を表現したスバック・システム」に含まれているスバックが織りなす文化的景観がどのようなものであるかを探ると同時に、世界遺産登録に至るまでの論争や登録後の変化と地元農民の期待と課題について考察する。

はじめに

「バリ州の文化的景観：トリ・ヒタ・カラナの哲学を表現したスバック・システム」が、二〇一二年に世界遺産に登録された（**図1**）。スバック・システムは、灌漑農業と宗教の双方に関連し、活動範囲は、灌漑組織などの維持管理から資源の動員、問題解決から宗教儀礼まで幅が広い（Pitana 2005: p.2）。スバックは、バリ島の田園の文化的景観を形成し、それを維持する重要な役割を担っている。その文化的景観は、山、森林、湖、川、泉、水田と地域共同体（コミュニティ）を含む広大な生態系から成り立っている。バリ州からユネスコに提出された世界遺産登録書類には、「スバックは、単に一つの共同体によって維持管理されている（農業用）水の使用者から構成されているのではなく、水寺のネットワークを介して全分水嶺から個々の水田に至るまで様々な規模の景観を維持する機能的なヒエラルキーを繋いでいる」ことが強調されている（MCT・GBP 2011: p. II-8, Miura and Sarjana 2016: p.274）。

バリ・ヒンドゥー教のトリ・ヒタ・カラナ［Tri Hita Karana］

（幸せや繁栄の三要素）は、筆者のほかの論文でも触れているように、スバック組織を効果的に運営するための概念的基盤である。関連する共同体は、この概念を用いて、超自然界、物理環境（自然や寺院など）と人間界との間の調和とバランスを追求している。言い換えると、自然、宗教と社会の調和は、人々の幸福や繁栄に必要不可欠であり、持続可能な開発の概念とも重なるものである（MCT・BGP 2011: pp. II-8-II-9, pp. II-18, Pitana 2005: p.13, Miura and Sarjana 2016: p.274, 275）。

しかし、世界遺産登録は、いくつもの障害を乗り越えなければならなかった。障害の一つは、利害関係者の優先順位が異なることに起因する。保全と開発のどちらを優先すべきか、また世界遺産の構成資産を誰が管理すべきかについての議論や交渉が展開されたのである。それに加えて、最初の世界遺産候補になったバリ・ヒンドゥー教の総本山ブサキ寺院（**写真1**）に関して、世界遺産登録の是非をめぐって関

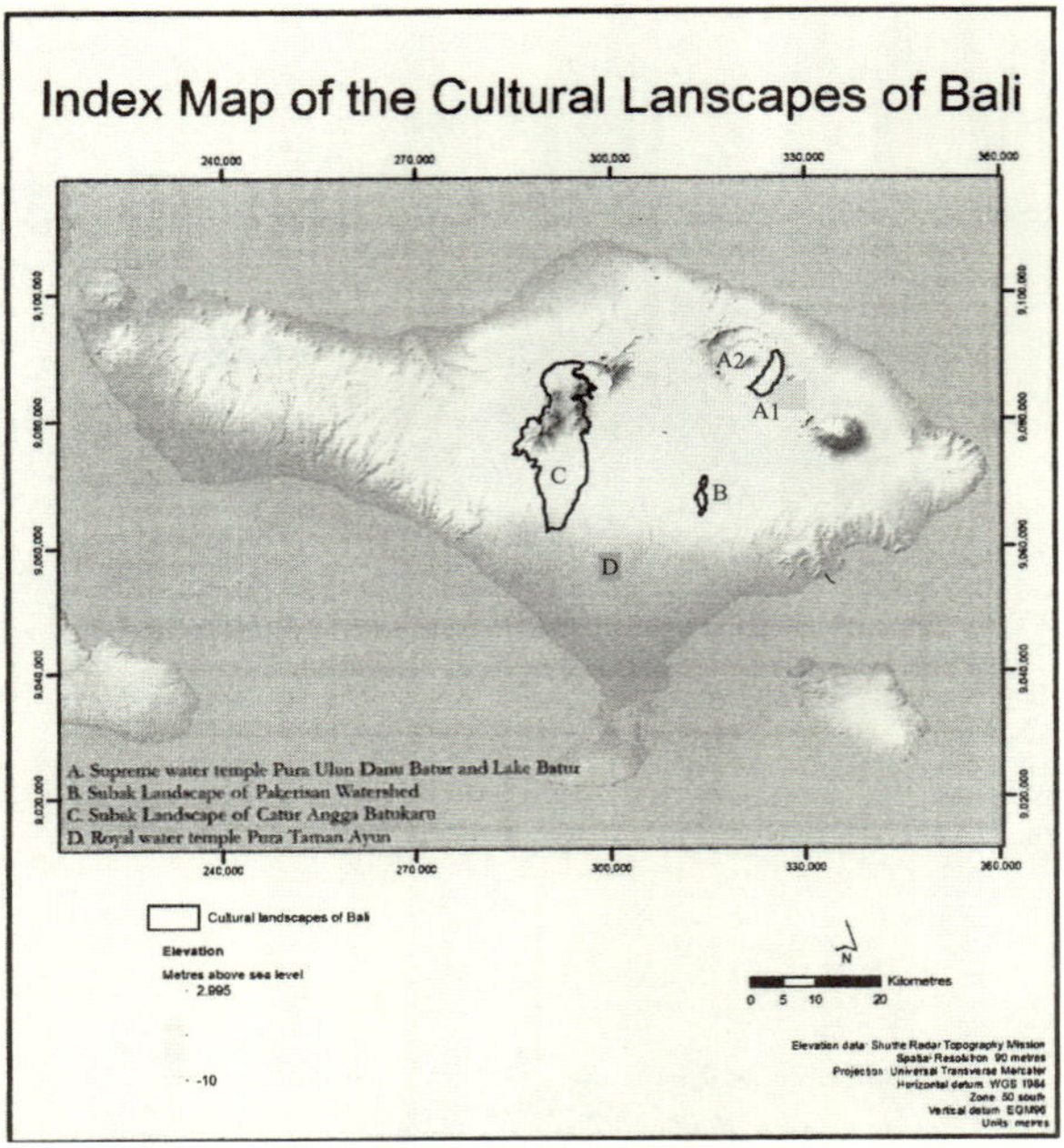

図1　「バリ州の文化的景観」地図（MCT・GBP　2011：I-6）
A 最高位の水寺プラ・ウルン・バトゥール（A2）とバトゥール湖（A1）
B パクリサン分水嶺のスバック景観
C チャトゥール・アンガッ・バトゥカルのスバック景観
D 王家の水寺プラ・タマン・アユン

写真1　ブサキ寺院とアグン山（撮影：三浦恵子）

係者の間で大論争が巻き起こった。また、先に世界遺産登録を果たしたフィリピン、ルソン島の山岳地帯にあるイフガオ族の棚田の保全が様々な理由で困難になったことが、バリ島の棚田景観を中心とする世界遺産登録のハードルを上げることになってしまったのである（Miura and Sarjana 2016: p.275）。

二〇一二年にようやく登録されたバリ島の世界遺産は四つの資産より構成されている。それは、㈠バリ島で最高位の水寺、プラ・ウルン・ダヌ・バトゥール［Pura Ulun Danu Batur］とバトゥール湖［Lake Batur］、㈡パクリサン［Pakerisan］分水嶺のスバック景観、㈢チャトゥール・アンガッ・バトゥカル［Catur Angga Batukaru］（「バトゥカルの四つの構成要素」の意）のスバック景観（**写真2**）、㈣メングイ［Mengwi］王家の水寺、プラ・タマン・アユン［Pura Taman Ayun］（以降、タマン・アユン寺院、**写真3**）である。(1)

本稿では、主にチャトゥール・アンガッ・バトゥカルのスバック景観に焦点を当てて論ずる。この地域は、構成資産の中で最大規模であり、おそらく最も顕著な景観を呈していると言えるだろう。景観は、山々、森林、下流のスバッ

写真2　チャトゥール・アンガッ・バトゥカル：ジャティルイのスバック景観（撮影：三浦恵子）

写真3　タマン・アユン寺院（撮影：三浦恵子）

写真4　バトゥカル寺院（撮影：三浦恵子）

クに水を供給している二つの湖（タンブリンガン［Tamblingan］湖とブーヤン［Buyan］湖）、十五のスバックと十二の村と五つの主な水寺のネットワークから構成されている（Miura and Sarjana 2016: p.275）。

この棚田地帯はタバナン県に属し、火山灰が堆積したために肥沃な土壌をもつ州の穀倉（ルンブン［lumbung］）地帯を形成している。この地域では、伝統的な赤米、黒米などの有機農法が継続して行われているが、一九七〇年代以降、緑の革命（Miura and Sarjana 2016: p.275, 276, Pitana 2006: p.91, Lansing 2007: pp. xviii-xx, pp. 3-5）の影響で農薬を使った高収量品種の白米も栽培している。前述の五つの寺院の中で最高位の寺院は、プラ・ルフール・バトゥカル［Pura Luhur Batukal］（以降、バトゥカル寺院、**写真4**）であり、ほかの四つの寺院は、プラ・ルフール・プチャック・プタリ［Pura Luhur Pucak Petali］（以降、プタリ寺院、**写真5**）、プラ・ルフール・タンバ・ワラッ［Pura Luhur Tamba Warah］（以降、タンバ・ワラッ寺院、**写真6**）、プラ・ルフール・ブシカルン［Pura Luhur Becikalung］（以降、ブシカルン寺院、**写真7**）、プラ・ムンチャック・サリ［Pura Muncak

写真5　プタリ寺院（撮影：三浦恵子）

写真6　タンバ・ワラッ寺院（撮影：三浦恵子）

写真7　ブシカルン寺院（撮影：三浦恵子）

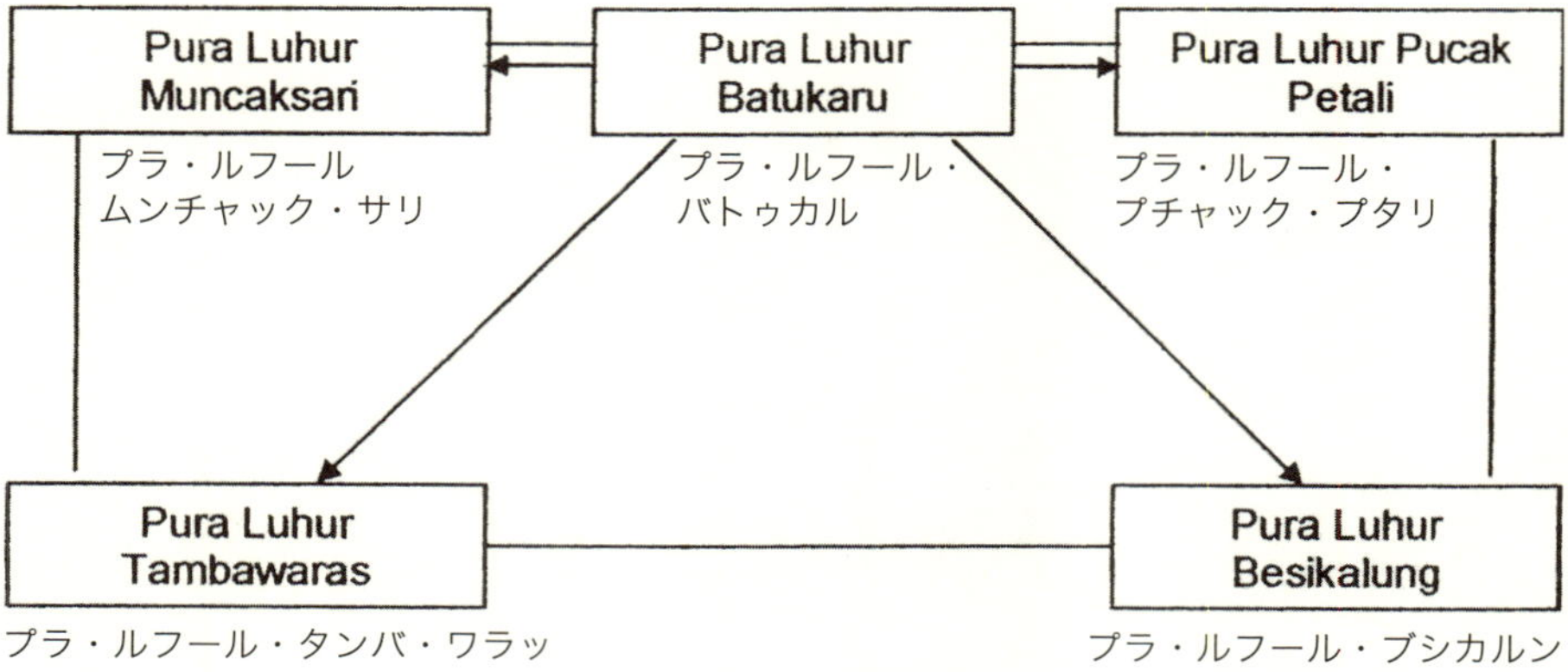

図2　チャトゥール・アンガッ・バトゥカルの聖域を定義する五つの寺院（MCT・GBP　2011：II-16）

写真8　ムンチャック・サリ寺院（撮影：三浦恵子）

Sari］（以降、ムンチャック・サリ寺院、**写真8**）である（**図2**）。これら五つの寺院は、タバナン県の最高の曼荼羅、つまり神聖な景観として聖域の境界線を表している（Lansing 2006: p.7, MCT・GBP 2011: pp. II-10-16, pp. II-37-48, Pitana 2006: p.91, Miura and Sarjana 2016: p.276）。プタリ寺院の僧侶によれば、バトゥカル山の神は山頂に住み、妻は、バトゥカル寺院に、彼らの四人の子供たちは、それぞれが前述の四つの寺院に祀られているという。土地の浄化が必要な時、寺院の神々の象徴、または依代であるプラテイマ［Pratima］は、地域のすべてのスバックと村の代表に伴われて海の寺であるプラ・タナ・ロット［PuraTanah Lot］へ行幸する。

　チャトゥール・アンガッ・バトゥカルのスバック景観は、ギアニャール県のプカリサン分水嶺同様、美しさが保たれているが、これは、何の危機もなかったというわけではない。「伝統的な農業を放棄させようという圧力に抵抗してきたが、現在商業開発の危険があり、世界遺産登録の緊急性を呈している」（MCT・GBP 2011: p. II-16, Miura and Sarjana 2016: p.276）。

一、世界遺産登録をめぐる論争と遺産管理

バリ社会は、権力に対抗する農民の集団的意思決定能力の高さが特徴的である。世界遺産登録の過程にもその社会政治的特徴が表れている。一九九〇年代以降中央政府によってブサキ寺院を世界遺産に登録することが三度提案されたが、三度とも寺院の社会経済管理を行ってきたブサキ慣習村とヒンドゥー協議会の断固とした抵抗に合って失敗に終わったのである。論争の原因の一つに、世界遺産登録後に誰が寺院の管理を行い、寺院はどのように機能するのかについての情報が欠けていたことにある。論争をもっと複雑にしたのは、ブサキ寺院は、氏族のような集団にとって「儀礼、開発プログラム、中央政府から州政府への権限移譲」に関連した、中央政府との権力闘争を表す政治的媒体なのである。ブサキ寺院の内部には多くの集団の寺院があり、所有権の問題が絡んでくる。世界遺産登録への最後の試みがなされた二〇〇一年には、ほかの寺院、すなわちメングイ王家所有のタマン・アユン寺院が年配の後見人のリーダーシップの下にスムースに世界遺産候補として準備が進められていたのである（Darma 2005: pp. 225-237、Miura and Sarjana 2016: p.277, 278）。

二〇〇二年以降バリ島最古の棚田地帯（パクリサン川盆地）と島の西部で最古の棚田地域で景観が素晴らしい地域（チャトゥール・アンガッ・バトゥカル）、特にその中核のジャティルイ［Jatiluwih］（**図1・写真2**）とタマン・アユン寺院の三ヵ所が世界遺産の構成資産として提案されてきた。しかし、登録条件すべてを満たすまでの道のりは長かった。おまけにタイミングも悪かった。というのも、フィリピンの山岳地帯のイフガオ族の棚田地域で、世界遺産登録後に観光客が増加し、不適切な観光開発が行われていたのである。加えて、多くの若い世代が都市部に移住したことで、土地の維持管理も十分になされなくなった。そのことが、森林伐採や灌漑水利の放棄に繋がり、壊れた棚田の修理がなされず、棚田の保全状態が急速に悪化したのである。この状態が、それまで地域住民と景観の相互作用によって維持されていた生態系のバランスを崩すことに繋がり、周辺の環境をも危険に陥れたのである（Villalón 2012、Miura and Sarjana 2016: p.278）。[2] このような経緯で、イフガオ族の棚田は、二〇〇一年に世界危機遺産に認定されてしまった[3]（Miura and Sarjana 2016: p.278）。

バリ島の世界遺産登録に向けての手続きを開始する前に、ジャティルイ村では大変複雑な政治的問題が展開していた。村観光を推進するにあたって、慣習村（慣習と人間に関する業

務を扱う伝統的な村）と行政村（オランダの植民地時代に創られた、土地や統計などを扱う行政単位）の間で論争が起こっていたのである（Miura and Sarjana 2016: p.278）。この問題が解決していなかったら、この地域が世界遺産に登録されることはなかっただろう。

ピタナ［Pitana］によると、一九九一年、ジャティルイは、バリ島の村観光開発のパイロットプロジェクトに選ばれた三つの村の一つだった。村観光推進の目的は、「利益の漏出を排除し」、「地元のコミュニティが直接、または、より高い相乗効果や派生的活動を通して観光利益を享受すること」だった。村観光の概念に基づいて、慣習村がすべての観光の魅力を管理することになっていた。しかし、この村では、行政村が支配権を握っていたのだ。政府の資金で建設されたモデルハウスは、行政村の村長の屋敷内に建てられたのである。慣習村の村長と行政村の村長によれば、タバナン県と行政村が慣習村を巻き込むことなしに、観光施設を建設するために投資家たちを呼んでいた。投資家たちは、村人からかなりの広さの土地を購入しようと試みた。それを聞いた慣習村の面々は、土地の売却を拒否した。しかし、村人の中には土地を投資家に売るために森を拓いたりした者がおり、それを拒否した村人たちとの間に亀裂が生じた。トリ・ヒタ・カラナの概念が危機に晒されたのである。結局、投資家たちは土地の売買計画を諦めざるをえなかった（Pitana 2001: pp.5-9, 三浦二〇〇八：五一頁、Miura and Sarjana 2016: p.278, 279）。

村観光推進にあたって起こったもう一つの問題は、村の地理的環境と観光資源の種類に関する。ジャティルイは、バトゥカル山麓に横たわり、狭い道路が傾斜に沿って蛇行している。観光客は、ここで棚田、山々や谷間から構成されている美しい景観と清涼な空気を楽しむことができる。道路が狭いことから、観光客や旅行業者は、視界が悪い高い場所にある駐車場よりも、景観が美しい場所に近い道路に車を止めて景色を眺めることを好むので（**写真9**）、村の収入に繋がらなかった（Pitana 2001: pp.7-8, Miura adrivend Sarjana 2016: p.280）。

一九九〇年代の終わりに、慣習村は村観光を活発に推進し始めた。一九九八年景観が美しい丘に県からの資金でジャティルイ・カフェ（後にビリーズ・テラス・カフェ［Billy's Terrace Café］に改名）（**写真9**）を建設した。カフェは、外部の人に貸し出され、月毎に村に貸借料が支払われる。そのうちの一五パーセントは、郡に支払われる。一九九九年頃幹線道路が舗装され、村人の何人かは、道路沿いに民宿、食堂、店などを建てた。二〇〇一年にはオートバイを含む観光客の車両に入村料を課すための料金徴収所を村外れに設置し、収

写真9　Billy's Terrace Cafe下の駐車スペース（撮影：I. Made Sarjana）

益は、県と慣習村で折半している。村には、数件ヴィラ（別荘）が建ち、その所有者からは、村への寄付金が提供されている（三浦二〇〇八：五一—五四頁、Miura and Sarjana 2016: p.280）。

慣習村の村長によると、二〇〇二年に政府は世界遺産登録書類をユネスコに提出し、その二年後にユネスコの使節が村を訪れた。その際に、使節は、棚田と山々が織りなす景観と今日まで継続している伝統的な農耕組織や自然環境と文化遺産の保全状態に大変感心したようだったと言う。その後、慣習村の村長は、土地利用を制限するためのゾーニング地図を作成し、聖地の保護を合法化するためにイニシャチブを取り、郡や県に掛け合った（図3・4）。興味深いことに、ユネスコの使節は、行政村の村長には会わず、慣習村の村長にだけ会っている。行政村の村長は、筆者たちが二〇〇六年に会った時に、ユネスコがバリ島の世界遺産登録の構成資産の一つとして、ジャティルイに関心を持っていたことについて何も知らなかった（Miura and Sarjana 2016: p.280）。

当時慣習村の村長は、伝統的な影絵芝居のダラン［dalang］（演者）で、伝統擁護派であり、神聖な寺院や森林地帯の保全主義者だった。この村長のイニシャチブは、森林、寺院周辺の聖域と棚田を含む地域の境界線を明らかにするゾーニングに成功した。このことは、かつて投資家たちが観光開発を画策していた村の中心的な寺院であるプタリ寺院（**写真5**）周辺とその南方五〇〇メートルと北側二キロ、東西に二キロずつ半円状の地域の保護を合法化することに繋がったのである（三浦二〇〇八：五一—五三頁、Miura and Sarjana 2016: p.280, 281）。この慣習村の村長は、インドネシアの大統領でさえ聖域にホテルを建設したり、土地を他の目的のために使ったりできないと誇り高く断言した。村長の努力は、大規模な観光開発に抗して棚田を保護するためのタバナン県の二〇〇五年

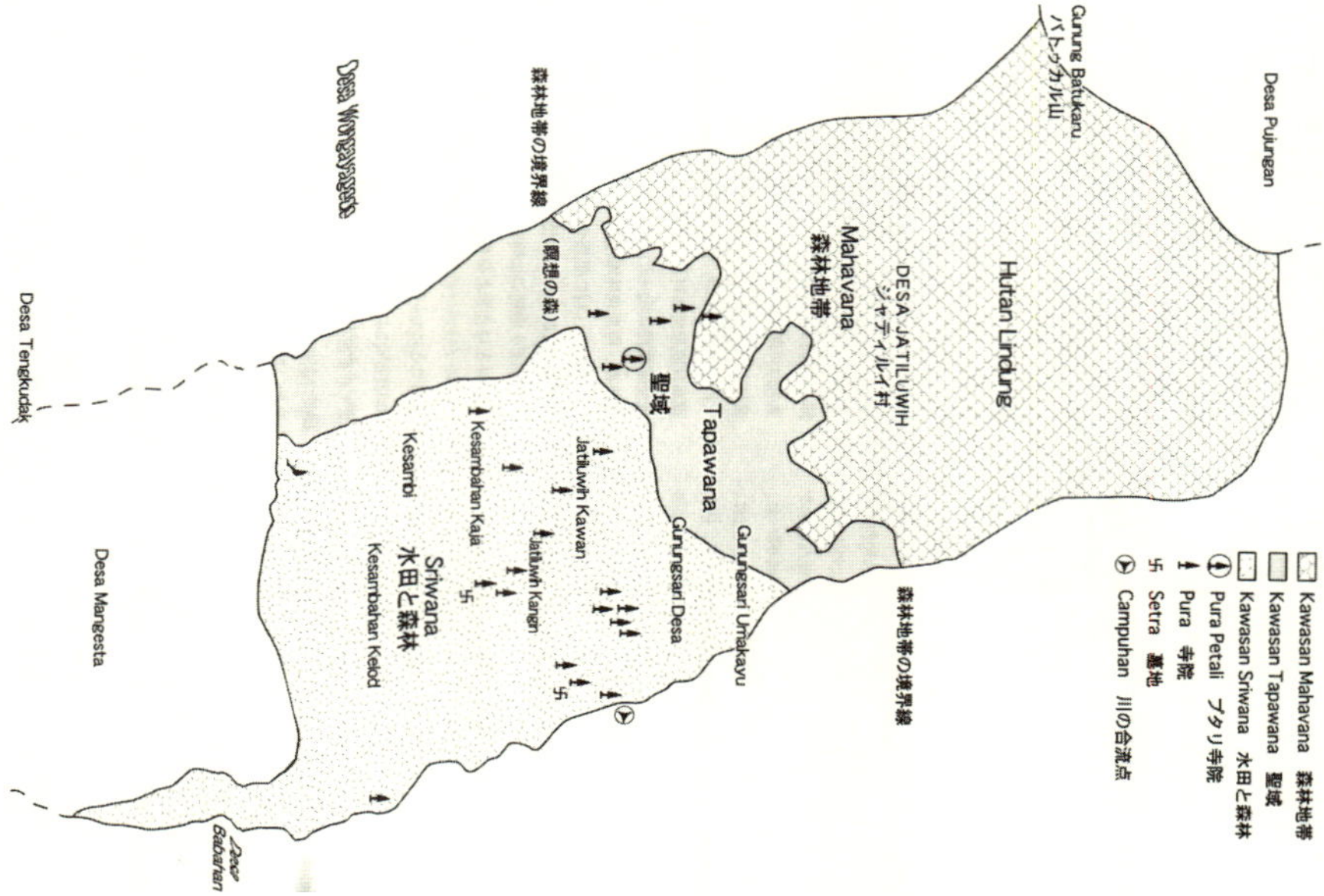

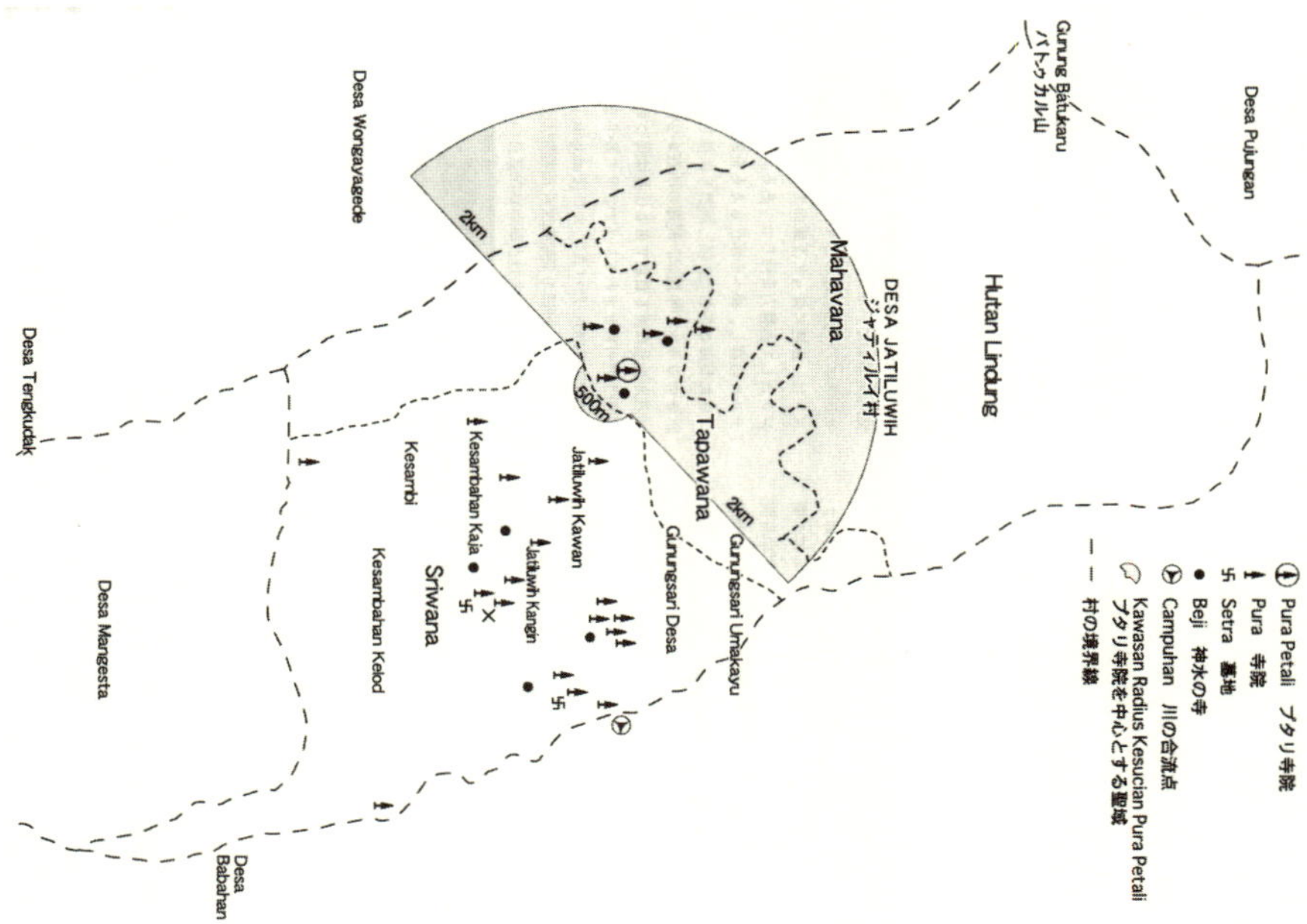

図3・4　ジャティルイのゾーニング地図

の法令九番と慣習法アウィッグ・アウィッグ［awig awig］に基づいて、寺院のような保護対象の聖地をゾーニングで明確にする二〇〇五年のバリ州の法規一九項五番に盛り込まれた(4)(Miura and Sarjana 2016: p.281)。

二〇〇七年ユネスコの使節がジャティルイ村を再訪した時に、慣習村の村長は、トリ・ヒタ・カラナの哲学がユネスコが推奨している遺産の保全と持続可能な開発の調和に沿っていると確信した。行政村の村長でさえ、自然環境と聖域の保全を推奨するようになり、森林地帯を七五ヘクタールまで増加させたいとして、多くの種類の樹木を植林し始めたのである。彼はまた、プタリ寺院の北側のもっと高いところにあるルフール・ランバット・スダナ寺院［Pura Luhur Rambut Sedana］周辺に瞑想と精神鍛錬センターを設置することと、アクセス道路の修復と駐車場建設を望んでさえいたが、しかしそれは、土地利用に関する法規に反する。二人の村長の間には、このようにまだどの文化財とどの自然を守り、どこまで開発の推進が可能かについての見解の違いがみられた（三浦二〇〇八：五一頁、Miura and Sarjana 2016: p.281)。

二〇〇八年カナダのケベックで開かれた三二回世界遺産委員会で、「インドネシア、バリ州の文化的景観」の登録の是非が審査されたが、インドネシア政府代表団は「登録延期」を突き付けられて落胆する結果になってしまった。この際に、（世界遺産条約）締約国は次の推薦事項を考慮に入れるようにとの要請があった。

一、バリ島の文化的景観を登録するためには、少なくとも千年以上にわたって実施されてきた土地管理の政治社会制度、農業組織と文化的景観に深い効果をもたらしたスバック組織の水利管理の展望と規模を反映している地域の選択を再考すること。

二、伝統的なスバック組織がいまだに完全に機能し、地域社会によって管理されている地域と棚田、水寺、村落と森林の集水地域の間に密接な繋がりがあることを示すことができるような地域を再考補地として考察すること。

三、伝統的な実践を維持し、不適切な開発や開発のインパクトを避けることを目的とした管理制度を設けること。

世界遺産委員会はまた、インドネシア政府に、境界線の変更を伴った改訂登録は、使節の現地での再調査が必要であることを受け入れるように要請した(5)(Miura and Sarjana 2016: p.281, 282)。

世界遺産委員会の評価を考慮して、州政府は、国の専門家と国際的な専門家の両方を含む技術審議会を設置した。翌年、改訂された書類がユネスコへ提出されたが、まだ不十分で不完全だった（MCT・GBP 2011: p. 1, Miura and Sarjana 2016: p.282）。二〇一〇年バリ州政府の法規一七番に基づいて、バリの文化遺産に関する運営委員会を設置したことで、やっとユネスコの要求を満たした。この民主的な運営委員会を通して、管理体制は複数の組織レベルで個人、機関や団体を繋げながら、スバックの伝統的な維持管理を継続し、不適切な開発を阻止することを追求することになった。関係者のこれらすべてにおける努力と忍耐によって、二〇一二年にとうとう登録申請した資産が世界遺産のステータスを授与されたのである。おそらく偶然ではあろうけれども、同年フィリピンの山岳地帯の棚田が危機遺産の状態から解除された（Miura and Sarjana 2016: p.282）。

二、スバック組織の持続性に関する農民の期待と課題

二〇一二年九月に話を聞いたチャトゥール・アンガッ・バトゥカルのスバック長の一人によると、世界遺産登録前に、政府は世界遺産登録の過程について関連するコミュニティで三回説明会を開いた。説明会で彼は、「もし登録が実現したら、この地域は、バリ島の文化遺産の構成要素に含まれて、国際的に（その価値が）認められたことになる」と語った。ほとんどの農民は、自分たちの土地を売却したり、水田をそれ以外の機能に変更したりできないが、家の建設や改修は許可されることを理解した。世界遺産登録後も政府の役人との会合が二回開かれた。しかし、スバック長も農民たちもその時すでに彼らの地域が世界遺産登録されたことを知らなかった。それでも、ほとんどのスバック長は、文化と環境の保全の概念を受け入れたが、世界遺産登録がまだ何の利益ももたらしていないと思った。多くの参加者は、世界遺産登録が農民たちを助け、政府がスバックの寺院や灌漑水利組織、特に小さい伝統的なダムや水路の補修や水寺の祭りの費用の高騰に対して一部負担してくれることを期待した。農民はみな自分たちの活動や義務の資金不足を強調した。政府への提案は、ほかには税金の免除、米の販売や市場作物の効果的な戦略の導入などの支援である。スバックのいくつか、とりわけ南部や高度が低い方のスバックでは、川の上流からもたらされた土砂が川の低い部分に溜り、乾季に水不足になりやすく、時には、法的介入を必要とする事態に発展することもある。水不足は、水路の故障や漏れを引き起こし、スバック会員は、政府が水路の補修や新しい水路を造ったりするた

めの費用を負担してくれるよう望んでいる。世界遺産登録前に、ほとんどの要求が各スバックから既に政府に提出されたが、調査を行った時点では、政府からの返答はまだなかった(Miura and Sarjana 2016: p.282, 283)。

緑の革命の文脈で化学肥料や殺虫剤を使って育てる米の高収量品種が導入され、多くの農民は短期間で成長できる米の品種の栽培を試してきた。しかし、この農耕制度の変換は、かつて持続可能だった伝統的な農耕のサイクルにかなりの混乱をもたらした。この混乱は、「哲学、概念、水の配分制度、作付けパターン、儀礼活動と地元米の品種の消失」(Miura and Sarjana 2016: p.283, Pitana 2006: p.91)と「害獣、害虫と病気の爆発的発生」(Lansing2007: p.5, Miura and Sarjana 2016: p.283)などに現れている。ジャティルイ村の南に位置するスバックの代表の一人によると、高収量品種は、継続して耕作すると収穫が減少したので、農民たちは、二〇一一年に有機農法を再開した。赤米のようなバリ米の古い品種は新しい米より成長に時間がかかるが、もっとおいしく、しかももっと高値で売れる。赤米の栽培は、高収量品種よりももっと複雑な儀礼を伴うし、有機農法、穂積ナイフであるアンガパン[angapan]の使用、収穫米を束にして乾燥する方法、ルンブンに保管する伝統的な農法を維持できる(**写真10**)。赤米を脱穀するために倉から取り出す時でも儀礼が必要である。この地域の農民たちは、伝統的な赤米を耕すことに熱意を示し、政府が有機農法の研修を実施してくれることを望んでいる。また、近代的な農業機械の使い方の研修を希望する農民も複数いた(Miura and Sarjana 2016: p.283, 284、三浦二〇〇八：四八頁)。

サンケタン・スバック[Sangketan Subak]は、チャトゥー

写真10　ルンブンと乾燥させている赤米(撮影：三浦恵子)

写真11　雨乞い式を終えたサンケタン・スバックの会員たち（撮影：三浦恵子）

ル・アンガッ・バトゥカルの中で高度が最も低い地域にあるスバックの一つである。このスバックでは、二〇一二年に水不足が大変深刻で、農民たちは稲作ができなかった。二〇一二年の段階で、既に五年間水不足に悩まされていたので、トウモロコシ、カカオやほかの作物を栽培して凌いだ。農民たちは、六キロにわたる灌漑組織の修理が必要であると強調していた。スバック長は、政府に修理の必要性を定期的に主張したが、何も対策が取られなかった。筆者たちの訪問の日にスバックの会員たちは、スバックの寺院で小さな雨乞い式を行っていた（**写真11**）。この日の午前中スバック長は、バトゥカル寺院で神に降雨を祈っていた。スバック長はそれでも楽観的で、この地域が世界遺産登録されたのだから灌漑組織は直に修理されるだろうと語っていた（Miura and Sarjana 2016: p.284）。

バリ島の世界遺産認定により、チャトゥール・アンガッ・バトゥカル地域の農民たちは、政府の支援がもたらされることを期待していた。とりわけ灌漑水利とスバック寺の修復はどちらも経費が高騰しているので、各々のスバックのみでその経費を負担するのは不可能であることから、政府の経済支援は必須であると考えられていた。灌漑組織やスバック寺の修理は、かつて王やスダハン・アグン［Sedahang Agung］（王の役人で水田管理業務の責任者）の役割で、それは、オランダの植民地行政に引き継がれた。インドネシアが独立を果たしてからは、インドネシア政府が植民地行政の役割を引き継いだのである（Geertz 1980: pp.67-68, Grader 1984: pp. 270-272, Liefrinck 1969: pp. 6-12, Pitana 2006: p.91, Miura and Sarjana 2016: p.284, 285）。おまけに、ピタナが指摘しているように、水不足は急速な都市開発にも関係している。スバックへの水の供給は、増加している都市人口に提供する水の供給とのせめぎ合いの中にある。更に、スバックによる伝統的な水管理組織は、市の水道局に割り当てられている。このことに関する論争が、タバナン県を含むいくつかの県で報告されている（Pitana 2006: p.91, Miura and Sarjana 2016: p.285）。

問題は、水不足だけではなく、フィリピンのイフガオ族の例のように、地元住民が農業をしたがらないことにもある。ピタナが述べているように、州の継続的な開発政策によって生み出された問題は、セクター間のバランスを欠いた開発で、農業部門の成長は、第二セクターや第三セクターより常に下位にある（Pitana 2006: p.91, Miura and Sarjana 2016: p.285）。このことが、若者を農業部門から引き離し、主に観光業へ移動する要因になった。また、スタワン［Sutawan］が指摘しているように、農地は一年に一〇〇〇ヘクタールの割合でほかの土地利用に変換されてきた（Sutawan 2010, Miura and Sarjana 2016: p.285）。このような現象は、若者をより一層農業から引き離し、今日多くの農民は六十歳以上である。スバック組織の持続可能性の問題は、このようにかなり危機的な状況にある。結局、バリ州政府は、単に世界遺産の構成資産の価値を守るというよりも、州の包括的な開発政策に注目すべきであろう（Miura and Sarjana 2016: p.285）。

州政府の時期を得た適切な政策決定と農民のニーズに応えることが、スバック会員の信頼を繋ぎ留め、トリ・ヒタ・カラナの原理にも忠実であるために重要であると言えるだろう。世界遺産センターの文書には、「生きている景観を維持することは、伝統的な制度を持続し、農民たちが土地に留まれるような利益を提供するために、もっと支援を施す必要があるだろう。景観の環境を保全することはまた、スバック組織を支えている水源を守るために必要不可欠である」と明記されている[(6)]（Miura and Sarjana 2016: p. 285, 286）。

三、政府の応答と世界遺産登録後の変化

これまで述べたように、バリ島の農民や専門家は、スバック組織を持続させられるようにするために政府が適切な決断を下すように議論を展開してきた。それに応えて、中央政府からタバナン県までの政府組織が、世界遺産管理の重責を担う必要がある。当局は、スバック組織、特にジャティルイ・スバックを観光活動の否定的な影響から保護する方法についての同意を取り付ける調整網を設置した。インドネシアの教育・文化省の副大臣ウェンドゥ・ヌリヤンティ［Wiendu Nuryanti］は、中央政府がインドネシアの世界遺産を支援するために五つの決定をしたと述べている。五つの決定とは、

一、世界遺産の維持に関して、インドネシア国民の関心と

役割を増加させること。

二、世界遺産管理のために、高い精度で、良好な仕組みの国家登録組織を造ること。

三、世界遺産を維持するためのあらゆる努力を支援し、適切な規定によって導くこと。

四、歴史と世界遺産を紹介し、継続させる規範的な良好な運用方法を良く計画し、導き、統合して作成すること。

五、インドネシアの文化データベースを高度な正確性をもって提供すること。

二〇一三年九月二四―二五日にかけてバリ・ビーチ・ホテルで開催された第二回バリ文化会議で、ウェンドゥ副大臣は、「これらの決定事項を実現するために、農民と村人たちが、水田を保護し、土地を他の目的のために売却しないように我慢してもらうことが必要です」と述べた。

インドネシアの最も新しい世界遺産として、国家の注目は、ジャティルイ地域とこの地域がいかに観光の目的地として発展するのかに注がれている。州政府は、ジャティルイに多くの投資家たちがやって来て、地元住民が彼らに土地を売却するのではないかと心配している。バリ文化会議で文化局長のケトゥ・スアスティカ［Ketut Suastika］は、ジャティルイの村人たちに自分たちの将来に関して懸命な判断を下すことを、州政府には、世界遺産管理の規定を作るために地元代表たちと調整する仕組みを構築するように依頼した。文化局長はまた、世界遺産地域の一七のスバックに活動を支援するための資金として二〇一四年にそれぞれ一億ルピアずつ提供すると語った。バリ州政府は、バリ島全土の二七〇六スバックに一年にそれぞれ三〇〇〇万ルピアの資金を提供しているので、世界遺産に登録されている地域のスバックは、二〇一四年合計で一億三〇〇〇万ルピア受け取ることになる[7]（Miura and Sarjana 2016: p.285, 286）。

この会議でギジェン［Gijzen］は、世界遺産委員会の推薦事項を説明した。

> （世界遺産条約の）締約国は、次のことを考慮に入れること。㈠景観の特徴、特に分水嶺に緩衝地帯の境界線を付けること、㈡入念な防災計画、㈢詳細にわたるモニタリングの指標を熟考すること、㈣スバック組織に関する意識を上げること、㈤村の家屋に伝統的な建築様式を奨励すること。（Gijzen 2013, Miura and Sarjana 2016: p.287）

会議で語られたこれらの事柄は、現場で確実に実施されたかを調べてみる必要がある。明らかなことは、政府が、ジャティルイ・カフェの近くに巨大な石造りの世界遺産の記念碑（**写真12**）を建設したことである（Miura and Sarjana 2016: p.287）。

世界遺産登録後、ジャティルイでは、訪問する車の数が増え、観光客も二倍を超えている。ジャティルイでは、いまだに指定された駐車場がないため、緊急に対策をとる必要がある。ジャティルイ・スバックの秘書によると、政府は世界遺産登録後村にもっと注目するようになった。例えば、灌漑組織や農道を復興し、灌漑用水の供給は以前よりも安定しており、棚田へのアクセスも物資の運搬もよりスムースに行うことができるようになった。約七五パーセントの水路は修理され、農道一〇キロのうち八キロは、かつてより良い状態にあるという。他の変化は、二〇一三年にレストランとヴィラが増加したことである。これらのレストランは、村人が経営するもので、ヴィラはジャティルイ・カフェの経営者である投資家が建てたものだ（Miura and Sarjana 2016: p.287, 288）。二〇一七年には、村が経営するゴン・ジャティルイ［Gong Jatiluwih］という新しいレストラン・カフェも建設された（**写真13**）。

タバナン県も二〇一一年に世界遺産の中の十四のスバック

写真12　ジャティルイの世界遺産記念碑（撮影：I. Made Sarjana）

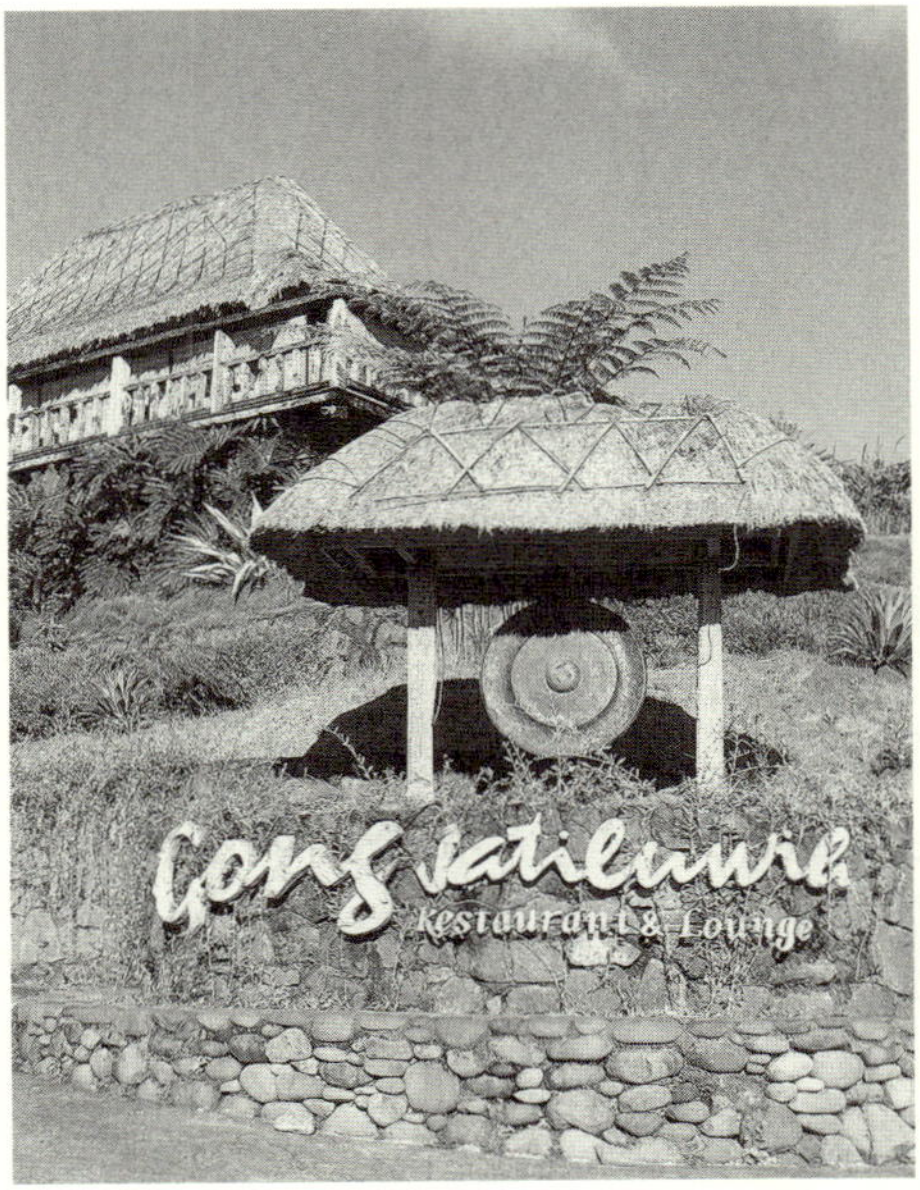

写真13　ゴン・ジャティルイ（撮影：三浦恵子）

の水田を守るための規定を設定した。スバックの持続可能性を確実にするために、県は、灌漑水利の修理、農道の改善、土地の認定に関する農民の支援など様々なプログラムに支援金を割り当てている。二〇一三年、県は、ジャティルイ・スバックとルジャサ・スバック［Rejasa Subak］の水路を修理する資金も提供している。しかし、深刻な水不足に悩まされていたサンケタン・スバックは、水路の補修や改善のための資金を提供されていない。県の農業部門の役人によると、資金は、スバック長から提案されたプログラムによって割り当てられるという。にもかかわらず、その判断は、観光開発の可能性に基づいたり、政府への口利きが容易な有力者による要請が優先されたりしていると想定され、そのため、スバックごとに政府の対応が異なり、支援や注目のバランスを欠いているようである（Miura and Sarjana 2016: p.288）。

二〇一三年ウダヤナ大学のスバック研究センターは、先に述べた十四のスバックのうち、ヴォンガヤ・ブタン・スバック［Wangaya Betan Subak］で有機農法のプログラムを開始した。ワヤン・ウィンディア［Wayan Windia］教授によると、世界遺産登録後、センターは、観光活動を支援するために公衆トイレを設置した。また、橋の建設や人材開発の増加のための研修プログラムなども提供する予定である。スバックも二〇〇九年十一月ＮＧＯのルンバガ・サーティフィカシ・オーガニック・スロリマン［Lembaga Sertifikasi Organik Seloliman (LeSoS)］から有機栽培認可を得ている（Miura and Sarjana 2016: p.288）。

世界遺産登録後の他の変化は、ジャティルイ村への入村料が一人一万ルピアから一万五〇〇〇ルピアに増加し、駐車料金の五〇〇〇ルピアが導入されたことである。棚田周辺を歩き回りたい観光客は、一人五〇〇〇ルピアの追加料金も支払わなければいけない。徴収した入村料の四〇パーセントは郡に、ジャティルイ慣習村に四〇パーセント、残りの二〇パーセントは、慣習村の伝統的な警備員ペチャラン［pecalang］に支払われる。慣習村が受け取る四〇パーセントは、運営費として、更に、近くのグヌン・サリ［Gunung Sari］慣習村とジャティルイ行政村にも分割される（Miura and Sarjana 2016: p.288, 289）。入村料、駐車料金、ビデオ撮影などを含む全観光収入は、五五パーセントがタバナン県へ、四五パーセントがジャティルイ慣習村へ分割される。後者の収入から、ジャティルイ行政村へは二五パーセント、ジャティルイ・スバックへは二一パーセント、ジャティルイ畑地スバックとグヌン・サリの畑地スバックにはそれぞれ二パーセントずつ分割される。入村料は、海外からの大人の観光客は、三万ルピア、海外からの子供の観光客は、一五〇〇〇ルピアを徴収される。二〇一八年には、車での入村料が一人当たり四万ルピアに増額されていた。

ジャティルィ慣習村の新しい村長は、プタリ寺院にもっと観光客をひきつけたいと願っているので、その対策に関して世界遺産登録後に観光客の増加が著しいブシカルン寺院の管理人に相談したいと語っていた。ジャティルイの農民たちは観光収入があり、水不足の心配もなく、政府の注目や支援があり、南やもっと低地のスバックに比べると遥かに好ましい状態にある（Miura and Sarjana 2016: p.289）。多くの若者たちが農業に携わりつつも、観光ガイド、宿やレストランの経営、および何らかの観光サービス業に携わっている。

二〇一四年にジョコ・ウィドド［Joko Widodo］が大統領に就任して以来、これまでのどの大統領よりもボトムアップの手法を用いている。今後地元住民たちが自分たちのニーズに基づいてプログラムを活発に推進するような方向に向かうことが期待されている。もし、スバック会員が、農道や水路の補修を必要とするのであれば、彼らはまずそのことを村長に話し、行政は、地域開発計画の議題に農民たちが切望する事柄を取り上げる必要があるだろう。

おわりに

バリ島の世界遺産登録は、「何をどこまで保護し、何を推進するのか」という問題や、「どの組織が遺産管理を行うのか」という問いに対して地域の中に存在する異なる見解に左右されてきた。このことは、バリ・ヒンドゥー教徒にとって最も神聖なブサキ寺院をバリ島初の世界遺産登録に向けて三回あった動きが、管理を司っているブサキ慣習村とヒンドゥー協議会を中心にしたグループによってすべて却下されたことからも伺える。インドネシアの中央政府が、バリ州政府を通してバリ島で二番目に世界遺産登録に向けて準備した「バリ州の文化的景観」は、申請から登録までに長い時間がかかった。それは、同じように棚田を中心とするフィリピンの世界遺産が、認定後管理の不備により環境の劣化が起こって長い間危機遺産に登録されてしまったことで、ユネスコが慎重になったことが背景にあると考えられる（Miura and Sarjana 2016: p.289）。

登録に至るまでの期間、ユネスコの専門家は、超自然界、自然界と人間社会を調和させながら生きるためのトリ・ヒタ・カラナ哲学に基づいて伝統的な灌漑水利組織スバックが運営されていることを確認するために登録候補地を訪れている。選ばれた候補地は、世界遺産の現場でユネスコが推進している持続可能な開発の理想を体現していると見做されていた地域である。しかし、現実には、「バリ州の文化的景観」の中で最大規模のチャトゥール・アンガッ・バトゥカルの核心地域であるジャティルイで、トリ・ヒタ・カラナの調和を喪失させるような危機があった。世界遺産登録が達成される前に、慣習村を巻き込まずに、開発業者と地域行政がイニシャチブを取って村観光の開発を実施しようとしたのである。しかし、ユネスコ使節の到来で、状況は逆転し、保全を優先したい慣習村の方が優位に立った。ユネスコの専門家は、地域社会がトリ・ヒタ・カラナの哲学を踏襲しながら伝統的な農業をスバックを通して実践して、文化的景観を維持管理していることを称賛した。最初に「バリ州の文化的景観」の世界遺産登録申請書類を提出してから十年以上を経て二〇一二年にユネスコは、地域の農民たちがスバックや水寺のネットワークを通して文化的景観を維持・発展させるように促して世界遺産認定がなされたのである（Miura and Sarjana 2016: p.289, 290）。

その後、農民たちは、政府が寺院や古くなった灌漑組織の修復に経済支援を施してくれることを期待した。登録にあたって、インドネシア政府は、トリ・ヒタ・カラナの哲学に忠実に従って、関連するすべてのスバックに必要な調和のとれた支援を施すことが求められている。これは、世界遺産登録にあたって政府がユネスコに約束した義務の遂行にあたる。このことは、単に世界遺産の資産や地域に関連することだけでなく、州政府が農業関連の政策全般や優先順位を再考するための追加的挑戦でもある。また、三つの産業の開発の調和や都市開発と農村開発のバランスを図り、農民たちとのコミュニケーションを改善し、スバック組織と文化的景観の持続可能性を確実なものにする必要があるということも示唆している（Miura and Sarjana 2016: p.290）。

注

（1） UNESCO. "Cultural Landscape of Bali Province: The *Subak* System as a Manifestation of the *Tri Hita Karana* Philosophy," *World Heritage List*,1992-2013. http://WHS.unesco.org/en/list/1194（閲覧二〇一三年十月四日）。

（2） Villal Bali News Views, *Bali Offers Three Sites as Cultural Heritage*,（18 December 2009） http://bali-news-views.blogshpot.com/2009_12_01_archive.html（閲覧二〇一三年 十月十二日）. Augusto Villalón, "Continuing Living Traditions to Protect the Rice Terraces of the Philippine Cordilleras," edited by Ken Taylor and Jane L. Lennon, *Managing Cultural Landscapes*, London and New York: Routledge, 2012.

（3） 前掲注1 UNESCO。

（4）前掲注1 UNESCO。

（5）UNESCO World Heritage Centre（WHS）, *Decision: 32 COM 8B.22*, 2008.http://WHS.unesco.org/archive/2008/WHS08-32-com-24reve/pdf.（閲覧二〇一三年十月三日）。

（6）前掲注1 UNESCO。

（7）Augusto Villalón, *17 Subak di Kawasan WBD Dapat Hibah 100 Juta*（17 *Subaks* on WHS Receive Funds of 100 Millions）, 2014. http://bali.antaranews.com.（閲覧二〇一四年一月三日）。

引用・参考文献

三浦恵子「バリ島三地域における『水稲文化と儀礼』の比較研究——トリヒタカラナの理念と実践」（海老澤衷編『バリ島研究の新たな展開』早稲田大学、水稲文化研究所、二〇〇八年）

I Nyoman Darma Putra and Michael Hitchcock, "Pura Besakih: A World Heritage Site Contested," *Indonesia and Malay World*, 2005.

Clifford Geertz, *The Negara: The Theater State in Nineteenth-Century Bali*, Princeton: Princeton University Press, 1980.

Hubert Gijzen, "Managing World Heritage for Sustainable Development," presented at the 2nd Bali Culture Conference, 24-25 September 2013.

C. J. Grader, "The Irrigation System in the Region of Jĕmbrana," edited by J. L. Swellengrebel, *Bali: Studies in Life, Thought and Ritual*, Dordrecht-Holland; Cinnaminson-U.S.A.: Foris, 1984.

J. Stephen Lansing, *Perfect Order: Recognizing Complexity in Bali*, Princeton and Oxford: Princeton University Press, 2006.

J. Stephen Lansing, *Priests and Programmers: Technologies of Power in the Engineered Landscape of Bali*, Princeton, New Jersey: Princeton University Press, 2007.

F. A. Liefrinck, "Rice Cultivation in Northern Bali," edited by J. L. Swellengrebel, *Bali:Further Studies in Life, Thought and Ritual*, The Hague: W. van Hoeve, 1969.

Miura Keiko and I Made Sarjana, "The World Heritage Nomination of a Balinese Cultural Landscape: Local Struggles and Expectations," edited by Victor T. King, *UNESCO in Southeast Asia: World Heritage Sites in Comparative Perspective*, Copenhagen: Nias, 2016.

Ministry of Culture and Tourism（MCT）of the Republic of Indonesia and the Government of Bali Province（GBP）*Cultural Landscape of Bali Province*, Nomination for Inscription on the UNESCO World Heritage List（Nomination File）, 2011.

I. Gdé Pitana, "Tourism-based Community Development and Community-based Tourism Development," paper presented at the International Seminar on Tourism-based Community Development, organised by WTO, Osaka, Japan, 27-29 June 2001.

I. Gde. Pitana, "The Cultural Values of the Lakes in the Rice-based Society of Bali, Indonesia," prepared for the Asian Wetland Symposium: Innovative Approaches to Sustainable Livelihood, held at Bhubaneswar, India, 6-9 February, 2005.

I. Gde. Pitana, "The Deserted Wealth: The Present Situation of Balinese Rice Terrace and Irrigation System,"（海老澤衷編『バリ島の水稲文化と儀礼——カランガスム県バサンアラス村を中心として』早稲田大学、水稲文化研究所、二〇〇六年）

I Nyoman Sutawan, *Organisasi dan Manajemen Subak di Bali* (Organization and Management of the Subak in Bali), Bali, Indonesia: Percetakan Bali Post, 2010.

付記　バリ島での四～五年にわたる調査を財政面で可能にしてくださった早稲田大学文学学術院の海老澤衷教授にこの場を借り

て心から感謝申し上げます。現地調査にあたっては、次の方々に大変お世話になりました。ウダヤナ大学の副学長であるI・G・P・ウィラワン教授、I・G・ピタナ教授、N・ウィジャトマジャ先生。フリーランスガイド兼運転手のニョマン・ムルティカ氏。ジャティルイ慣習村と行政村の村長、スバック・ジャティルイの元スバック長と秘書、およびチャトゥール・アンガッ・バトゥカルのスバック長たちとプタリ寺院の僧侶ほか、多くの人々に貴重な時間と知識を分けていただきました。大変ありがとうございました。

〔III　バリ島の世界遺産と農業〕

コメと倉――バリ島稲作社会の民族考古学調査

細谷　葵

ほそや・あおい――お茶の水女子大学グローバルリーダーシップ研究所・特任准教授、早稲田大学文学学術院・非常勤講師、立教大学全学カリキュラム・非常勤講師。専門は民族考古学・植物考古学。主な論文に「先史時代の堅果類加工再考――世界的な比較研究をともなう民族考古学をめざして」（『古代』一三八号、二〇一六年）、「稲作をめぐる万葉集の景観」（『万葉古代学研究所研究年報』一〇、二〇一二年）などがある。

水田稲作を生業の基盤とするバリ島には、「ルンブン」と呼ばれる伝統的な高床式コメ倉がある。ルンブンは、バリ島の多くの地域で廃れつつあるが、一部地域では現在も盛んに使われている。二〇〇六年～二〇〇八年の現地調査でその違いの要因を調べた。結果、ルンブンはバリ島で伝統的に栽培されてきたコメと強く結びついており、一九七〇年代に新しい高収量米が導入されるとともに廃れ始めたが、伝統米栽培が維持される地域では、現役使用が続けられていることがわかった。

はじめに――バリ島民族誌調査の目的

倉をはじめとした貯蔵施設は、人の住居用ではない建造物のうち、もっとも日常的に人の生活にかかわりをもつもののひとつである。さらに、農耕の起源と同じかそれ以前からという、人間の歴史の長い期間にわたって存続してきたものでもある。ある集団がとる貯蔵形態は、その集団の生業戦略のあり方を反映すると考えられるので、かれらの生活サイクルの形を知る効果的な手がかりになる。また、日常生活に深いかかわりをもつ施設であるがゆえに、神聖性や権力の表象といった、社会的属性を与えられる可能性が高い存在でもある。

筆者はかつて考古学の立場から、日本の初期農耕社会、弥生社会中期初頭における高床式倉庫の導入は、よりコメの栽培に特化した農耕へという生業サイクルの変化を反映している可能性があると論じた（Hosoya 2001）。そして、この変化を基盤として、大型集落における区画された穀倉エリアや、倉型の大型中枢建物の出現が導かれて集落リーダーの求心力を強める媒介となり、あとの古墳階級制社会につながったとした（細谷二〇〇三）。しかし、このような〝社会考古学〟的議論をさらに発展させていくには、考古資料の分析だけでは十分ではない。伝統的な生業形態を残しているような生きた社会で、実際に貯蔵施設と生業サイクルがどのような有機的関係をもっているかを観察・分析し、そのさまざまなあり方について知識を得る必要がある。それを参照することで、貯蔵施設にかんする社会考古学的な考察も、柔軟かつ幅の広いものにできると考える。筆者はこうした観点に立ち、バリ島における伝統的稲作と貯蔵施設に着目した民族誌調査を実施してきた。

伝統的な貯蔵施設に関わる民族誌調査は、過去にも数多く行われている。胡桃沢（一九八七）は、奄美大島と八丈島の伝統的な高倉の配置パターンを比較し、前者では倉を村ごとに一ヶ所に集める「群倉（ボレグラ）」パターンが顕著だが、後者ではそうではないと指摘した。淺川（一九九一）でも報告されているとおり、なぜ「群倉」にするのかという奄美大島の人々による説明は、火事の延焼を避けるため、穀物貯蔵に向いた環境に貯蔵するため、脱穀の便、穀物運搬の便（淺川一九九一：一九三―一九四頁）というように、実利的なものである。しかし胡桃沢は、奄美大島と八丈島では環境は似かよっているのに高倉の配置パターンが異なる事実を見ると、実利的なもの以外の理由を考える必要があるとした。そして、奄美大島では稲作儀礼が存在するが八丈島ではそれがないという、社会的背景に帰せられる可能性を提示した。すなわち、稲作儀礼を通してコメ倉である高倉にも神聖性が付加され、神聖なものを空間的に隔離する意味で「群倉」の形が取られるのではないかという考察である。高倉とその周辺空間に与えられる神聖性については、酒井（一九七四）も沖縄の民俗例にもとづいて、高倉は儀礼空間としても重要視されていると述べている。また、倉の神聖性についてより深く考察したものとして、村武（一九八四：九四―一一四頁）の研究がある。村武は、奄美大島およびフィリピンのボントック［Bontoc］族の民族例から、倉と死者の魂を関連づける観念が存在することを指摘した。そして、現世と来世の合間という不確定な位置にいる死者の魂と、水田という「自然」と集落という「文化」との不確定な合間にいる倉とが、相似するものとして結びつけられたのではないかと分析した。

集落内での政治的な力関係と倉との関連を分析した民族誌調査もある。前出の酒井（一九七四）は、高倉が儀礼空間でもあるという事実に関係して、儀礼をつかさどる家族が倉も管理していることを報告している。神聖性という形而上の属性と、現実的な倉の管理という形而下の属性が、倉を媒介として結びついている例といえる。また、ウィルソン（Wilson 一九八八）の研究では、自分がもつ力を誇示する媒介として倉が機能する民族例が挙げられている。トロブリアンド諸島でもっとも重要な食糧であるヤムイモの、豊かな収穫を見せつける〝ギャラリー〟としての意味合いをもつヤムハウスや、住居よりも倉を飾り立てて目立たせる一九世紀マオリの例などがそれである。野村（一九六二）も、奄美大島の高倉は住居よりも金をかけて大きく作られていることを指摘する。前出の淺川（一九九二）、胡桃沢（一九八七）も、奄美大島や沖縄の倉は、住居よりも目立つ場所に建てられると述べている。さらに、ウィルソン（一九八八）、淺川（一九九二）は、倉そのものの存在よりも実際に大事なのは、倉に穀物を入れる行為だと考察する。いずれもトロブリアンド諸島のヤムハウスを例に挙げるが、ウィルソン（一九八八）は、集落リーダーが食糧を倉に集めてから集落の人々に再分配するという手順を経ることで、食糧に〝価値〟が与えられるという観念があることを述べ、この手順を通してリーダーの超越性が誇示される、すなわち倉の空間において「日常的な活動が政治的な活動に変換される」（Wilson 1988: p.92、筆者訳）と言う。淺川（一九九二）も、ヤムハウスにヤムイモを入れるという行為こそが、富の〝誇示〟の役割をもつのだとしている。

このように、過去の民族誌調査では、倉とは、食糧の保存という経済的かつ日常的な行為を、神聖性や政治性と結びつける媒介となりうることが指摘されてきた。しかしこれらの調査例では、貯蔵施設そのものと貯蔵行為のみに視点がかぎられがちで、生業サイクル全体のあり方と貯蔵施設の関係についてはあまり言及されていない。筆者のバリ島民族誌調査は、従来の調査で見落とされがちだったこうした側面に重点を置き、〝社会考古学〟研究に効果的に参照できる成果を得ること目的としている。

本稿では、筆者がこれまでに実施した四回のバリ島調査（二〇〇六年三月、同八〜九月、二〇〇七年六〜七月、二〇〇八年一月）[1]の成果にもとづいて、稲作を基盤としたバリ島の生業サイクルと、そこで伝統的に使用されてきた高床式のコメ倉との有機的関係を考えていく。バリ島の伝統的な倉は、かつては形態や規模などによる異なった名称があったようだが（コバルビアス 一九九一［一九三六］、石川 一九六八、二章（1）に詳述）、倉の数が減少してきた現在ではそのような区分はほとんど見られない。筆者の調査の対象となった地域では、バリ上位語の倉の名称である〝ルンブン［*Lumbung*］〟の語で共通した理解が得られていたので、本稿もそれに準じ、バリ島の伝統的な高床倉庫に対しては〝ルンブン〟を統一した名称とする。

文中で言及するインフォマントの名前は、プライバシー保護のため、**表1**・**表2**に示すようなアルファベット表記とした。特定のインフォマントから得た情報については、〔 〕内にインフォマント名を示すという形をとる。また、インフォマントが過去の話をする場合、具体的な年号が出ることはきわめて稀で、「〜年前」という表現がほとんどであったので、情報を歪めないよう文中にもそのとおりに記し、起点となる調査時期をあわせて示した。地名の表記については、『Bali Street Atlas 2005/2006 edition』（Periplus Editions）を参照した。

本稿で使用した写真資料のうち、**写真1〜3**、**6**、**7**、**9**、**10（b）**、**11**、**12**、**14**については、二〇〇七年六〜七月に共同調査を行った菊地有希子氏（㈱パレオ・ラボ）撮影のものを、本人の承諾を得て使用させていただいた。

なお、本稿で論じる四回のバリ島調査は、二〇〇五年度文科省科学研究費（奨励研究）「日本植物考古学の基礎づくり――縄文・弥生文化の考古植物データ集成と民族調査を中心に」（研究代表者：細谷葵）［二〇〇六年三月調査］、二〇〇四―二〇〇七年度文科省科学研究費（基盤A）「東アジア村落における水稲文化の儀礼と景観」（研究代表者：海老澤衷）［二〇〇六年八〜九月、二〇〇七年六月調査］、二〇〇七―二〇〇八年度文科省科学研究費（若手スタートアップ）「日本列島先史社会の生業形態再考――民族誌調査による植物考古学研究の基盤形成に向けて」（研究代表者：細谷葵）［二〇〇八年一月調査］の一環として行われたものである。

一、バリ島の稲作

（1）バリ島稲作概要

バリ島はインドネシアに属し、ジャワ島の東に位置する人口約三一二万人（二〇〇六年現在）、面積五六三三平方キロメートルの島である。赤道のやや南にあり、州都デンパサール［*Denpasar*］での気温は年間を通して二十三〜三十度、年間降水量は二〇〇〇ミリメートル前後の熱帯湿潤気候で、四月から一一月が乾期、一二月から三月が雨期となる（木嶋二〇〇六、嘉原一九九四、吉田一九九二）。島内は八つの県（カブパテン *Kabupaten*）に分割されるが、これはＡＤ十七〜十八世紀に存在したクルンクン［*Klungkung*］王朝と七つの小王国の地域的分割を引き継ぐもので（吉田一九九二：二八頁）、現在もそれぞれの生活習慣などに独自性が見られる。全人口の九三・一八パーセントはバリ・ヒンドゥ文化をもつヒンドゥ教徒であり（吉田一九九二：一四頁）、その他少数の「山岳バリ人」バリ・アガ［*Bali aga*］と「原バリ人」バリ・ムラ［*Bali mula*］がいる（吉田一九九二：五六頁）。筆者の民族誌調査は、バリ・ヒンドゥ文化の人々を対象としている。

バリ島には、BC五〜二世紀頃東南アジア一帯に広まったドンソン文化の一環として、水田稲作が伝えられた（木嶋二〇〇六：三九頁）。水稲は島民の主食となり、一九六〇年代には島の面積の一七パーセントが水田だったという報告がある（藤岡一九六八：一〇八頁）。現在も、〝食事〟とみなされるのはコメのご飯をともなうものだけであり、多くの熱帯地域で主食とされているイモ類や、欧米文化とともに入ってきたパンは、あくまでスナックとして扱われている。また、コメはすべての作物のなかで一番上位にあるという観念もあり（吉田一九九二：四七頁）、人間が食べるべきものはコメで、イモはブタの食べ物、といった言葉も聞いた。本来なら畑作に適するような山の急斜面に隙間なく水田が作られた「棚田」の景観は、こうしたコメ至上主義的意識のもとに形成されたと考えられる。

島であるバリ島では、稲作に使う水源もかぎられており、農業用水の管理をつかさどる水利組合スバック［SUBAK］が早くから発達した。碑文の発見によって、AD九世紀にはすでにスバックが存在していたことがわかっている（木嶋二〇〇六：四〇頁）。バリ島の農業用水の分配などにおける平等性は、信仰の力によって維持・制御されていることが特徴的である（大橋力：本人の教示による）。スバックはそれぞれの寺院を祀る一種の信徒集団で、祭儀への参加という形での組合への投資・奉仕が義務づけられ、霊的存在の名の下に厳しい規律が定められている（吉田一九九二：七五頁）。

次の（2）で詳述するように、バリ島の稲作には一九六〇〜八〇年代頃に大きな変革があり、それまで栽培されてきた伝統的なコメとは異なる、収穫周期の早い高収量米が導入され、栽培が奨励された。その結果、稲作の周期や貯蔵のあり方、それに関わる儀礼などの形まで、変動していくことになった。そうして新しい高収量米の栽培が急速に広まっていく一方で、現在でも伝統的なコメを栽培し続けている人々もいる。このような、変動を経て複雑な様相を見せている現代バリ島の稲作現状は、さまざまな事例の聞き取り、視察調査を通して生業サイクルと貯蔵施設の有機的関係を考えていくのに、まさに適したケースであると考える。

以前からコメの収量が豊かであったタバナン県北部は、変

栽培するコメ	倉（*Lumbung*）	調査時期
赤ローカル1回/年、ノーマル1回/年、カタン	あり（1軒）	2008年1月
赤ローカル1-2回/年、ノーマル1回/年、カタン	あり（14軒）	2006年3月、8-9月
赤ローカル1-2回/年、ノーマル1回/年、インジン、カタン	あり（1軒）	2006年8-9月
赤ローカル1回/年、ノーマル1回/年、インジン、カタン	あり（3軒）	2007年6-7月、2008年1月
赤ローカル1回/年、ノーマル1回/年、インジン、カタン	あり（2軒）	2006年3月、8-9月
赤ローカル1回/年、ノーマル1回/年	あり（5軒）	2006年8-9月、2008年1月
赤ローカル1回/年、ノーマル1回/年	あり（4軒）	2006年8-9月
赤ローカル2回/年、ノーマル1回/年	あり（1軒）	2008年1月
赤ローカル1回/年、ノーマル1回/年	あり（1軒）	2006年3月、2008年1月
赤ローカル1回/年、ノーマル1回/年	あり（1軒）	2007年6-7月
赤ローカル1回/年、ノーマル2回/年、カタン	あり（3軒）	2007年6-7月
赤ローカル1回/年、白ローカル1回/年、インジン2回/年	あり（1軒）	2008年1月
白ローカル、インジン	あり（2軒）	2008年1月
ノーマル3回/年	あり（2軒）	2006年3月、8-9月
ノーマル2回/年	あり（1軒）	2006年8-9月
ノーマル2回/年	あり（2軒）	2006年8-9月
白ローカル2回/年、インジン、カタン	あり（3軒）	2008年1月
白ローカル、ノーマル、カタン	なし	2007年6-7月
白ローカル1回/年、ノーマル2回/年、カタン、インジン	なし	2008年1月
ノーマル2-3回/年	あり（1軒）	2007年6-7月
ノーマル3回/年	なし	2006年8-9月
ノーマル	なし	2006年8-9月
ノーマル	なし	2006年3月
白ローカル1回/年、ノーマル2回/年、インジン、カタン	なし	2008年1月
赤ローカル、ノーマル、インジン、カタン	なし(Tukubあり)	2008年1月
ノーマル2回/年、カタン	あり（1軒）	2008年1月

表1　主なインフォマント

県（*Kabupaten*）	KEC	村（*Desa*）	インフォマント		
タバナン　*Tabanan*	*Penebel*	ババハン *Babahan*	BB1	男、75歳：男、40歳	地主
		グヌンサリデサ *Gunungsaridesa*	GN1	男、62歳：女、53歳	地主
			GN2	男、86歳	地主
		ジャテルイ Jati Luwih	JT1	女、1969年生	地主
			JT2	女、30歳代？	地主
			JT3	女、60歳（2006年）	地主
			JT4	男、27歳	地主
		ケサンビ *Kesambi*	KS1	女、55歳	地主
		ペネベル *Penebel*	PN1	女、75歳：男、46歳	地主（非農）
		センガナン村	SG1	男、80歳	地主
			SG2	男、1964年生：男、36歳	地主
		ウォンガヤグデ *Wongayagede*	WG1	男、45歳	地主
			WG2	女、60歳代？	地主
	Tabanan	グブグ *Gubug*	GB1	女、80歳	地主
			GB2	女、60歳？	地主
		スディマラ *Sudimara*	SD1	男、55歳	地主

ギアニャール *Gianyar*	*Ubud*	サバト *Sebatu*	SB1	男、45歳	地主

カランガスム *Karangasem*	*Abang*	アバビ *Ababi*	AB1	男、40歳	小作人
			AB2	男、45歳	小作人
			AB3	女、65歳	地主（非農）
	Karangasem	ジャシー *Jasi*	JS1	男、50歳	地主
			JS2	女、	小作人
			JS3	男、64歳	小作人
	Selat	セラ *Selat*	SL1	男、60歳	小作人
			SL2	女、70歳	地主
			SL3	女、1965年生	地主

表2　その他のインフォマント

バドゥン　Badung	Mengwi	グリンガン　Gulingan	GL1	女：20歳代？	アルバイト
ギアニャール Gianyar	Ubud	カティランタン Katiklantang	KL1	男・女　6-7名	小作人
カランガスム Karangasem	Karangasem	ジュークマニス Juwukmanis	JM1	女：30歳代？	小作人

写真1　倒れてしまった収穫期の白ローカル（提供：菊池有希子）

革を経ても伝統的なコメの栽培を維持している地域として知られている。筆者も以前の報告（細谷二〇〇七）では、タバナン県にとくに視点を据えた議論を展開した。しかしその後の調査により、伝統的なコメ栽培を続けている村はタバナン県北部以外にも散在しており、バリ島稲作の状況は予想以上に複雑であることがわかってきた。本稿では、それら二〇〇七年以降に得た調査成果もふまえ、より視野を広げた議論をしていきたい。

（2）栽培されているコメについて

現在のバリ島で栽培されているコメは、大きく三つのグループに分けることができる。伝統的に主食とされてきた〝ローカル・ライス〟[2]、それに替わるものとして一九六〇年代に政府主導で導入された〝ノーマル・ライス〟、そして、儀礼用の菓子に用いるコメである。多くの村ではこれらを組み合わせて栽培しているが、組み合わせ方は村または個人によって異なる［**表1**参照］。

ローカル・ライスはジャポニカ系に近いブル［*bulu*］系（藤岡一九六八：一一一頁）で、通称〝バリ米〟と呼ばれる。ノーマル・ライスはチェレ［*tjereh*］系（藤岡一九六八：一一〇—一一一頁）の長粒米である。前者の草丈は一七〇～一九〇センチメートル程度と高く、倒れやすい傾向もある［**写真1**］。後者の草丈は九〇～一一〇センチメートル程度で、日本で通常見るコメに近い。これらのコメ以外に、パディ・マンスール［*Padi Mangsur*］という、ローカル・ライスとノーマル・ライスをかけあわせた白米が[3]、十二年ほど前（二〇〇七年六月現在）に普及しかけて消えたという情報をタバナン県ジャテルイ村で得た〔ＪＴ1〕が、ほかの調査地では知られていなかった。

①ローカル・ライスとノーマル・ライス

ローカル・ライス［*Padi Bali*］には赤米［*Beras Merah*］と白米［*Beras Bali*］の二種類があり、本稿では前者を赤ローカル、後者を白ローカルと呼ぶ。聞き取り調査を行ったかぎりでは、赤と白のどちらがより古いといったことはなく、主に地域差と考えられる。タバナン県のジャテルイ村以東の調査地、すなわちジャテルイ村、グヌンサリ村、センガナン村、ババハン村、ペネベル村ではローカル・ライスと言えば赤ローカルのみだが、ジャテルイ以西のウォンガヤグデ村[4]ＷＧ1では、「交互に植えないとイネの育ちが悪い」という理由から、赤ローカルと白ローカルを交互に栽培していた。同村ＷＧ2宅では、以前は赤ローカルを作っていたが、二十年前（二〇〇八年一月現在）から白ローカルに変えてしまったと言う。また、タバナン県でも南端に近く、現在は完全にノーマル・ライス栽培に移行してしまったというスディマラ村のＳＤ1宅では、かつて栽培していたローカル・ライスが少量保存されていたが、これは白ローカルだった。

タバナン県以外でローカル・ライスが栽培されている場所では、白ローカルが多い。ギアニャール県サバト村では伝統的に白ローカルのみを栽培している〔ＳＢ1〕。カランガスム県セラ村も同様だが、ＳＬ2宅では例外的に赤ローカルのみを作っていた。昔からセラ村のなかでもこの家だけは白ローカルと同時に赤ローカルを栽培しており、それが三十年前（二〇〇八年一月現在）にノーマル・ライスを導入した際、白ローカルはやめて赤ローカルにしぼったと言う。カランガスム県アバビ村でも、伝統的に白ローカルが栽培されている〔ＡＢ2〕。アバビ村で、これまで農業に従事していなかった者が新たに白ローカル栽培を始めたい場合〔ＡＢ1〕や、種籾が足りなくなったような場合〔ＡＢ2〕は、セラ村より籾を入手するようだ。

ノーマル・ライス［*Beras*］は、一九六〇年代後半からスハルト大統領のもとで進められた、コメ増産計画「ビマス・インマス計画」によって入ってきたコメである（村井・佐伯一九九八）。一九五〇～六〇年代までは、水の豊かな地域でのみコメの二期作が可能で、七〇パーセント以上の地域では水稲とイモ、ピーナッツなどの畑作物との輪作が行われていた（藤岡一九六八：一二七頁）。しかし、高収量米であるノーマル・ライスの導入により、どの地域でもコメの二期作、三期作が行えるようになった。現在では、カランガスム県ジャシー村をはじめ、バリ島内の多くの地域でローカル・ライスは消え、ノーマル・ライスだけが作られるようになっている。増産計画以前から収量の高かったタバナン県北部では、ノーマル・ライス栽培の導入は部分的なものにとどまり、ローカル・ライスも作り続けられていることで知られているが、グブグ村、スディマラ村など同県の南部では、ノーマル・ライス栽培への完全な移行が見られる。また、ギアニャール県サバト村やカランガスム県セラ村、アバビ村のように、タバナン県北部以外でもローカル・ライス栽培が続いている例もある。

これらの事例が示すように、ノーマル・ライスの導入は必ずしもバリ島全土に一様に行われたというわけではないようだ。導入の時期も調査例によってまちまちで、近くは三年前（二〇〇八年一月現在）〔KS1〕、遠くは四十年前（二〇〇六年八月現在）〔GB2〕と幅がある。ただ比較的多いのは、二十〜三十年前という情報であった。導入の事情についても、「スバック／慣習村［*Adat*］の指示による」〔AB3、JT3〕、「個人の判断で決めた」〔SL1〕、「日本人が持ち込んだ」〔SL2〕など違いが見られる。逆に、完全にノーマル・ライスに移行せずローカル・ライスを作り続ける理由としては、「栄養があるので自分たちはローカル・ライスを食べ続けたい」〔BB1、JT1、JT3、SG2など〕という、タバナン県北部の村々で多い理由のほか、「ローカル・ライスの種籾を失いたくないから」〔SL1〕、「高く売れるから」〔AB1〕、「スバックからローカル・ライスをなくさないように指示があった」〔AB2〕などがあった。とくにAB2とAB3のケースは、同じアバビ村であるのに「スバックの指示」として対照的なことを言っており、興味深い。「指示」が出た時期としては、前者は「三十年前」（二〇〇七年六月現在）、後者は「二五年前」（二〇〇八年一月現在）と近い時期をあげているので、「ノーマル・ライスとローカル・ライスの両方を栽培するように」といった、一連の指示として出たものなのかもしれない。また、サバト村のSB1、ウォンガヤグデ村のWG1、WG2は、まったくノーマル・ライスを導入せずにローカル・ライスを作り続けている例だが、どちらの村でもその理由は、「土地がノーマル・ライス栽培に向かない」〔SB1、WG1〕というものだった。SB1では本人が九年前（二〇〇八年一月現在）に、WG1では友人が一五年前（二〇〇八年一月現在）にノーマル・ライス栽培を試みたことはあったが、コメに実が入らなかったと言う。「ビマス・インマス計画」のなかで、実際に政府やスバックといった組織がどのようにノーマル・ライス導入を試みたのかは今後調査する予定だが、少なくとも農業従事者側の受け取り方はまちまちであり、また導入の是非にも自由がきいてきたことがうかがわれる。

では、この二種のコメについて、人々が抱いているイメージ、嗜好はどうなのかを聞き取り調査によって調べてみると、ローカル・ライスとノーマル・ライスはまったく違った感覚をもってとらえられていることがわかる。ローカル・ライスについては、「味が好き」〔JT1、JT3、SG1〕「ビタミンがある」〔SG2、SB1、KS1〕「お腹にたまる」〔JT3〕など、自分たちが食べるものとしての目から利点が述べられることがほとんどである。また、栽培する立場から、「害虫の被害を受けにくい」〔AB1、JT3〕「肥料が少なくてすむ」〔AB1〕などの意見もあった。一方ノーマル・ライスについては、一様に「早く収穫できる」〔BB1、JT1など〕という利点が挙げられるのみで、味や栄養分について好意的な意見が述べられることはなかった。ローカル・ライスのうちの赤ローカルと白ローカルについては、味についてもどちらが好きかは意見が分かれ、また「赤ローカルは料理に手間がかかるので、白ローカルの方がよい」〔AB1〕、「白ローカルは収穫まで五ヶ月だが、赤ローカルは四ヶ月で収穫できるのでよい」〔BB1〕などさまざまな考え方が提示された。すなわち、人々のコメに対する感覚の顕著な差は、ローカル・ライスとノーマル・ライスの間にこそあることがわかる。そして、食べ物としても栽培対象としても、あきらかに〝好まれて〟いるのはローカル・ライスであるにもかかわらず、利点といえば収穫の効率しか挙げられないノーマル・ライスの栽培が急速に広まっているというのが、バリ島稲作の現状といえる。

②菓子用のコメ

菓子用のコメには、インジン［*Injin*］とカタン［*Ketan*］（**写真2**）がある。インジンは黒米で、カタンはローカル・ライスと同様、赤米と白米がある。赤米のカタンはジャテルイ村のJT1宅で栽培しているのを見せてもらったが、非常に珍しいもので、一般に普及しているカタンは白米のみだと言う。これらのコメは、主に儀礼用の菓子作りに使われる。ドドル・インジン［*Dodol Injin*］、ジャジャ・ウリ［*Jaja Uli*］／ジャジャ・トゥンベッ［*Jaja Tumbeg*］は、前者はインジン、後者はカタンで作る餅菓子である。ドドル・インジンとジャジャ・トゥンベッは各々のコメを粉末にし、ジャックフルーツ、ココナッツシュガー、ココナッツミルクを混ぜて鍋で煮詰め、餅状にする。ジャジャ・ウリはカタンを蒸したものに刻んだココナッツを混ぜて、臼［*Lesung*］で搗く。どの餅菓

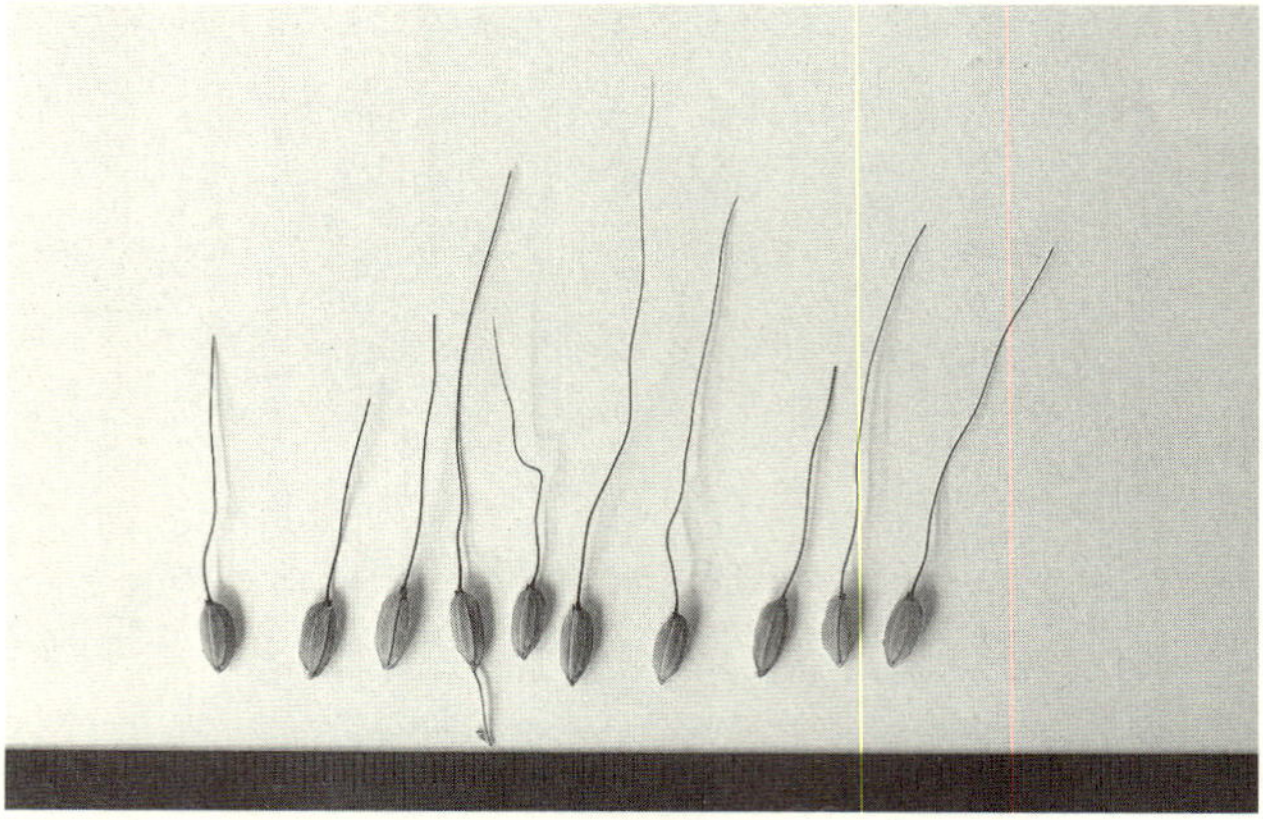

写真2　長い芒が特徴的なカタン（提供：菊池有希子）

写真3　仕上げにかかった餅菓子（提供：菊池有希子）

子も、ある程度冷めて固まったものを適当な大きさにちぎり、トウモロコシの皮で巻く（**写真3**）。巻いたものを再度蒸して、天日で干して仕上げる。ほかには、普段の食事用と同じようにコメを蒸し、ラギ［*Ragi*］という調味料を使って軽く発酵させて、カユマニス［*Kayumanis*］の木の葉の汁で着色したタペ［*Tape*］、同様に蒸したコメにココナッツシュガーと刻みココナッツを混ぜたクスクス［*Kuskus*］が、インジン、カタンそれぞれにある。またカタンには、蒸したコメを平たい円などに整形して天日で干し、使用する三日ほど前に油で揚げて用いるジャジャ・ギネ［*Jaja Gine*］、炒ったコメの粉とココナッツシュガーを押し固めて落雁のようにしたサトゥ［*Satuh*］もある。上記の菓子はすべて儀礼の供え物として使われる。バリ暦の半年（二一〇日）ごとに行われるヒンドゥの祭りガルンガン［*Galungan*］では、祭りの二日前がパニャジャアン［*Penyajaan*］と呼ばれ、菓子を準備する日に定められている。祭りの一日前はプナンパアン［*Punampaan*］で、ブタを殺して料理を準備する日である。

日常的なスナック用の菓子にも、これらのコメで作られたものがあるが、数は少ない。ブブル・インジン［*Bubur Injin*］は、インジンを粥状にしたものにココナッツミルクとココナッツシュガーを混ぜたライス・プディングである。ジャジャ・アペン［*Jaja Apem*］、ジャジャ・サブン［*Jaja Sabun*］はカタンまたは普通のコメを粉にしてココナッツシュガー、ココナッツミルクを加え、前者はアイスクリームコーンのような形にして蒸し、後者は平たい四角にして乾燥させたものである。この二つは結婚式などの儀礼にも使えるが（**写真4**）、スナックとしても食べる。

写真4　儀礼用に整えたタペ・カタンとジャジャ・アペン（撮影：筆者）

以上のように、バリ島ではコメで作る菓子は、「菓子」といっても嗜好品というより、儀礼道具という意味合いの方が強い。すなわち、「菓子用のコメ」の栽培も、食事用のコメと比べれば頻度、量は少ないにせよ、〝必需品〟として稲作サイクルの一環をなすものと考えられる。

③商品としてのコメ

伝統的なバリ島の稲作は、主食であるローカル・ライスを栽培する脇で、儀礼用のインジンやカタンを少量栽培するという、完全な自家消費型だったと思われる。現在でも、自家消費はすべて自ら栽培するコメでまかなっている家庭のうち、自宅の儀礼用に間に合う量だけのインジン、カタンも栽培している例〔AB2、SL1、SL2、SB1〕が散見される。しかし、農業に携わらない人口の増加（Pitana 2006）もあってか、現在では商品としてのコメの位置も確立している。二〇〇七年六月現在のコメの値段は、ノーマル・ライス：四五〇〇ルピア／キログラム、ローカル・ライス：六〇〇〇～七〇〇〇ルピア／キログラム、インジン：一万ルピア／キログラム、カタン：九〇〇〇ルピア／キログラムである。ノーマル・ライスは最も安価であるため、持っている田が小さすぎて自分が栽培するコメだけでは食べるに足りない、などの理由で購入もする場合、自分はローカル・ライスを作っているのに買うのはノーマル・ライスという例もあった〔KS1〕。また、タバナン県ペネベル村のPN1は、自らは農業をやらない地主で、商売をしていて現金が必要なため、自分の田でできるローカル・ライスをすべて売り、食用にはノーマル・ライスを買って、差額を利益にしていると言う。

ローカル・ライスとノーマル・ライスを併行して栽培している事例のなかでは、ローカル・ライスは自分たちの食用、ノーマル・ライスは販売用とはっきり分けているケースが多かった〔JT1、JT3、BB1、SL2、GN2〕。「味もよくビタミンがある」ローカル・ライスは自分たちの食用にまわし、ノーマル・ライスは現金収入の手段にしようという考え方によるようだ。その一方で、カランガスム県アバビ村のAB1のように、販売目的でローカル・ライス栽培を始めた例もある。AB1は四年前（二〇〇八年一月現在）に土木作業員から小作農に転業し、三年ほどはノーマル・ライスだけを作っていたが、ローカル・ライスの方が高く売れて商売になると考え、白ローカルの栽培に転向した。二〇〇七年六月時点では、完全に売り物として一年中ローカル・ライスを作るつもりだと言っていた〔AB1〕。しかしそれが、〝抜け駆け〟とされて集落内での確執があり〔AB2〕、二〇〇八年一月時点では、ほかの小作農と同じように白ローカルとノーマル・ライスの併行栽培に落ち着いていたようである。

コメの販売に関する興味深い例として、インジンを組織的に販売するタバナン県ウォンガヤグデ村の事例がある。この村がインジン作りで知られているという情報をSG2から聞いて調査におもむいたが、村の住民WG1は、実際にローカル・ライスとインジンを半々の面積で植えていた。ほかの調査地では、インジンやカタンは主食用のコメの添え物的に脇で栽培されるのが一般的なので、稀有なパターンといえる。ローカル・ライスの赤と白を年各一回ずつ収穫するのと併行して、インジンも年二回ずつ収穫すると言う。ローカル・ライスは食用、インジンは販売用とはじめから用途が分かれており、これは「昔から」村じゅうで行っているとのことだった〔WG1、WG2〕。インジンはコメのなかでもっとも高価ではあるが、「量が売れないので商売になりにくい」〔AB1〕という意見もある。にもかかわらず、この村では安定した販売ができているとすれば、それには何らかの理由があることが考えられる。永渕（一九八八、二〇〇七）は、ウォンガヤグデ村について、村のすぐ北側にあるバトゥ・カウ山麓のルフール寺院を管理、儀礼運営をする村として宗教的に高い地位にあると述べている。〝儀礼道具〟であるインジンの販売という行為にそのことが関係しているのか、村が宗教的に高い地位を得ていることが、そこで生産されるインジンにブランド商品のような付加価値を与えているのかなどの問題は、今後調査すべき課題である。

④バリ島民の稲作サイクル

以上述べてきたように、バリ島民にとってコメは、代替えのきかない主食であるとともに、日常生活の大事な節目をなす儀礼の必需品でもある。すなわちバリ島民にとって稲作作業のサイクルは、生活サイクルの基盤ともいえる。しかし現在では、「コメの高収穫率品種は生命の周期が短く、稲作の伝統的な周期を破壊するものである」(Pitana 2006: p.91, 三浦恵子・訳)というように、ノーマル・ライスの導入によって伝統的な稲作サイクルに変化が生じ、これが儀礼なども含めた稲作関連の多方面に影響を与えていることが指摘されてきている。したがって以下の項では、とくにノーマル・ライスの導入による変化に着目しながら、バリ島民の稲作サイクルについて考えていきたい。

(3)稲作作業について

①稲作作業のながれ

ここではまず、バリ島稲作作業のながれの概観と現状をまとめてみたい。

稲作作業は、田作りから始まる。田作りは、土を起こす作業ナンガル[*Nangale*]と、土を平らにする作業ガウ[*Ngau*]が基本である。これらの作業は、伝統的には二頭のウシまたは水牛に犂を牽かせて行う方法がとられている(**写真5**)が、現在では機械も導入されている。しかし調査地をざっと見てまわったかぎりでは、伝統的な方法の方が機械よりもまだやや多く利用されているようで[5]、とくにタバナン県北部ではほとんど伝統的な方法が使われているようである。そのほか田作りにかかわる作業としては、いずれも手作業の畦作りニチティン[*Nyitsitin*]、雑草除去キスキス[*kgiskis*]、細かい部分の田起こしナブギン[*Nebegin*]などがあり、これらをひっくるめて約一ヶ月で田作りが終わる(AB2)。同時進行でイネの苗を育てておく。

苗は風で倒れないよう先端を切り、二一～二五センチメートルの草丈のものを水田に植える(**写真6**)。田の広さにもよるが、だいたい数日内で植え終わるようである。その後イネに肥料を与える作業がある。伝統的に使われていた肥料はフムス[*Humus*]と呼ばれ、動物の糞や刈ったあとのイネの根・茎などの有機肥料であったが、最近はほとんど化学肥料に取って代わられている。肥料の時期は人によってさまざまだが、田植え後一～二ヶ月の間に、二十～三十日の期間を空けて二回、水田の水を抜いたうえで粉末状の化学肥料を撒くという基本行程は、コメの種類によらず共通している〔JS3、AB2など〕。

田植えから収穫までの期間の長さは、ローカル・ライスとノーマル・ライスの違いをもっとも特徴づけるものである。すなわち、ローカル・ライスは収穫まで四～五ヶ月かかるのに対し、ノーマル・ライスは三ヶ月で収穫される。収穫の方法、収穫後の処理作業についても、この二つの間には顕著な違いが見られる。ローカル・ライスは穂刈りされ、適当な量の束にされる（**写真7**）。穂の長さは三〇～三四センチメートル程度である。束ねたものはそのまま家の庭などで天日干しにしてから（**写真8**）、倉庫におさめる。一方ノーマル・ライスについては、まず収穫の方法がローカル・ライスと異なり、鎌を使った根刈りである（**写真9**）。長い茎をつけて刈り取られた穂は、その場ですぐに脱穀される。脱穀は、穂を何かに叩きつけるやり方で行われる（**写真10**）。脱穀された籾は、うちわで扇ぐ、箕でふるう（**写真11**）などの風選作業によって、混入した葉・茎や実の入っていない籾が取り除かれたのち、住居の近くに運ばれて天日干しにされる（**写真12**）。脱穀がひととおりす

写真5　ウシを使う伝統的な田起こし法（撮影：筆者）

写真6　田植え（提供：菊池有希子）

んだ茎は、茎に残った籾を手作業で落とす、ムヌー［*Munuh*］と呼ばれる作業にまわされる。(6) この作業もすんだ茎は、ウシの餌として使われる。一方、乾燥後の籾は袋に詰めて貯蔵される。一袋がだいたい一八キログラム程度の重さになる。

インジン、カタンについては、上記のウォンガヤグデ村を除いて、栽培される場合はノーマル・ライスないしローカル・ライスと同じ水田の脇に植えられていた例が多かった。ジャテルイ村JT1は、ノーマル・ライスとインジン、ローカル・ライスとカタンが、それぞれ収穫までの期間が同じなので組み合わせて植えるということだった。しかしウォンガヤグデ村では、インジンとローカル・ライスを同じ期間で収穫するという話であり〔WG1〕、インジンの収穫までの期間についてはさらなる調査が必要である。インジンとカタンの収穫法は、これらを栽培しているすべての調査例で穂刈だと

写真7　ローカル・ライスの穂刈（提供：菊池有希子）

写真8　ローカル・ライス穂束の天日干し（撮影：筆者）

写真9　ノーマル・ライスの根刈（提供：菊池有希子）

いうことだった。穂刈したものは、ローカル・ライスのように束にされることもあるが、束にされないバラけた状態で天日干しされている例も、調査地ではよく目にした。害虫除けなどのため、インジンの穂をノーマル・ライスのように袋に入れて貯蔵するケースもある〔JT1〕。インジン、カタンの貯蔵場所については、二〇〇八年一月に調査した事例では、カタンはローカル・ライスとともにルンブンに入れるが、インジンはノーマル・ライスと共に家屋の一部などに入れるというケースばかりだった〔JT1、SL1、SL2、SB1、WG1〕。インジンをルンブンに入れない理由は、「少ししかないから」〔SL2〕、「少量なので収穫してすぐに全部籾摺りしてしまうから」〔SB1〕、などである。しかし一方で、二〇〇六年三月に調査したJT2、GN2からは、ルンブンにインジンを入れる際には他のコメと混ぜないようにすべし、

写真10　ノーマル・ライスの脱穀（a）：上（撮影：筆者）、（b）下（提供：菊池有希子）

写真11　ノーマル・ライス脱穀後の風選（提供：菊池有希子）

という古くからの決まりについて情報を得ているので、伝統的にインジンをルンブンに入れなかったわけではないと考えられる。GN2は、現在でもインジン、カタンをルンブンに入れているようだった。なお、カタンについては、ルンブンのなかでも屋根裏に入れるという区別をしている事例があった〔SB1〕。また、ローカル・ライス栽培をやめるとともにルンブンの使用もやめたSL3のケースでは、カタンの栽培は続けているが、カタン単独でルンブンに入れることはないという。

写真12　ノーマル・ライス籾の天日干し（提供：菊池有希子）

写真13　伝統的な籾摺り法（撮影：筆者）

貯蔵されたコメは、適量ずつ取り出して籾摺りされ、キッチンに移される。そして、竈を利用して蒸され、毎日の食事に供される（細谷 二〇〇七）。籾摺りの伝統的な方法は、穂を臼に入れて竪杵で搗くやり方だった（**写真13**）。しかし現在ではほぼ完全に、村の精米所での機械による籾摺りに取って代わられている。これまでの調査で、現在も臼を使った籾摺りを続けているというケースはAB2宅の一例だけだった。このケースでは、取れるコメの量が少なく機械を使うまでもないので臼を使い続けているのだと言う。臼から機械に変わった時期は、四十五年前〔JT1〕、四十年前〔SL3〕、三十年前〔PN

1〕、二十五年前〔BB1、KS1、SB1、SL2〕、二十年前〔WG1〕（いずれも二〇〇八年一月現在）とまちまちだが、ほぼノーマル・ライスの導入と機を一にしていることがわかる。実際に、「ノーマル・ライスと機械は一緒に入ってきた」と言っているケースもあった〔SL2、AB3〕。

このようにバリ島における稲作作業のながれを概観すると、ローカル・ライスとノーマル・ライスでは、収穫以降の作業が大きく異なっていることがわかる。すなわち、ノーマル・ライスの導入とともに、一連の新しい作業体系も入ってきていることになる。加えて、籾摺りの機械化という稲作作業における大きな変化も、ノーマル・ライスの導入と機を同じくしている。また、インジンとカタンは基本的にローカル・ライスと同じ作業行程で処理されるが、貯蔵法などの部分に伝統的なやり方からの変化があったことが推定できる。そしてこの変化もまた、ノーマル・ライス導入にともなう貯蔵法の変化の影響を受けたものである。すなわちノーマル・ライスの導入は、単に新しい種類のコメが入ってきたということではなく、稲作作業全体のながれ自体に変化を及ぼすような事象だったと言える。この問題をさらに考えるために、稲作作業のスケジュールや規模、ジェンダーの問題についても考察したい。

②稲作作業のスケジュール、規模、ジェンダー

まず、稲作作業の年間スケジュールについて、聞き取り調査の結果を概観する。年間スケジュールのあり方には、栽培するコメの種類やその組み合わせ方によって、いくつかのパターンが見られる。

(1)ローカル・ライスとノーマル・ライスを栽培

JT1：十二月（ノーマル・ライス収穫）―五月（赤ローカル収穫）

KS1：一～四月（赤ローカル栽培期間）―五～七月（ノーマル・ライス栽培期間）―九～十二月（赤ローカル栽培期間）

SL1：一～三月（ノーマル・ライス栽培期間）―五～九月（白ローカル栽培期間）―十～十二月（ノーマル・ライス栽培期間）

AB2：二～七月（白ローカル栽培期間）―九～十二月（ノーマル・ライス栽培期間）―二～五月（ノーマル・ライス栽培期間）―七～十二月（白ローカル栽培期間）…

(2)ローカル・ライスのみ栽培

WG1：一～六月（白ローカル、インジン栽培期間）―七～十二月（赤ローカル、インジン栽培期間）

(3)ノーマル・ライスのみ栽培

JS3：一月―五月―九月（ノーマル・ライス収穫）

KL1：年に二回ノーマル・ライス、一回野菜栽培（時期は任意）

JM1：年に三回ノーマル・ライス、一回トウモロコシ栽培（時期は任意）

このなかでとくに対照的なのが、(2)ローカル・ライスのみ栽培のケースと(3)ノーマル・ライスのみ栽培のケースである。すなわち、後者の方がずっとスケジュールの任意度が高く、一年の同じ時期に定期的にコメを収穫する確率が低い。[7]では(1)ローカル・ライスとノーマル・ライスの両方を栽培するケースを見てみると、JT1、KS1、SL1は年間スケジュールの定期性が高いが、AB2には多少のずれが見られる。「ノーマル・ライスはいつでも作れる」〔AB2〕という言及もあった。これらの状況を考えると、栽培対象にノーマル・ライスが入るほどに、稲作作業の定期性がなくなっていくことが認められる。

次に、稲作作業の規模について考察する。一連の稲作作業のうち、とくに短期間に集中的に人手が要るのは、田植えと収穫である。ローカル・ライスの田植えについては、タバナン県ジャテルイ村とウォンガヤグデ村で実見した。JT1、WG1だが、前者はインフォマントとその夫、後者はインフォマント一人で行っていた。ローカル・ライスの収穫の方は、ジャテルイ村およびカランガスム県アバビ村、ギアニャール県サバト村で見ることができた。ジャテルイ村JT1ではインフォマント（女）とその家族の女性二名、アバビ村AB1ではインフォマント（男）とその家族の女性四名、サバト村SB1ではインフォマントの姪が一名で作業していた。ローカル・ライスの場合は全体に、田植えも収穫も家族的で小規模な作業といった印象である。

一方、ノーマル・ライスの田植えについては、ギアニャール県グリンガン〔*Gulingang*〕村とカランガスム県ジュークマニス〔*Juuk Manis*〕村で見る機会があった。どちらも二名で作業していたが、前者GL1ではこの作業のためだけに雇われたアルバイト、後者JM1では小作人だという。GL1は一アールの田植えにつき四五〇〇ルピアをもらっている。ノーマル・ライスの収穫については、ギアニャール県カティランタン〔*Katik Lantang*〕村、カランガスム県ジャシー村にて実見した。前者KL1では六〜七人、後者JS1では十人程度の人数で、作業していたのはすべて小作人である。JS1では地主が近くで監督していた。事例が多くないので一般化はできないが、ノーマル・ライスの田植え、収穫では、小作人システムがより顕著に機能しているように感じられる。また、とくに収穫作業については、ノーマル・ライスでは脱穀も一気に行うため、ある程度以上の人数がいなくてはならず、大規模な作業になっている。一人でもできるローカル・ライスの収穫とは大きくちがう点である。これらを考えるとノーマル・ライスの導入は、家族的作業から組織的作業への変化をうながしたとも言える。

ただし、以上のノーマル・ライスの田植え・収穫に関する視察は、いずれもノーマル・ライスのみを栽培している地域のものである。タバナン県ジャテルイ村など、ローカル・ライスとノーマル・ライスの両方を同じ家族が栽培している例では、ローカル・ライスの田植え・収穫のみしか実見していないため、同じ家庭でも上記のように大きく作業規模などが変わるのかどうかはまだ検討できていない。ただ少なくとも、前述のようにノーマル・ライスの収穫には脱穀作業がともなうという実質的条件があるため、ローカル・ライスの収穫よりは大規模にならざるを得ないことは推定できる。一方で、タバナン県北部で聞き取ったかぎりでは小作人をもたない農家が多いため、カティランタン村やジャシー村の例のように小作人システムを利用した大規模作業は難しいと思われる。実見の機会を待たねば決定的なことは言えないが、小作人システムの代替になっている可能性があるのは、SB1、KS1、AB2から情報を得た、ゴトン・ロヨン［*Gotong Royong*］なる伝統的な稲作作業互助システムの存在である。これは田植えや収穫などで人手が要る際、同じ集落や近隣の集落の人間が助け合うもののようだ。助力の報酬としての金銭のやりとりはない。田植えの手伝いの場合は、茶菓や食事が供されるのが報酬になる。収穫の手伝いは、刈ったイネの一部が報酬として渡される。その量は歩合制で、SB1の事例では二十三束刈るごとに三束、KS1では十六束刈るごとに二束、AB2では十束ごとに一束だという。永渕（二〇〇七）にもウォンガヤグデ村における同様の慣習について報告されており、そこでは十三束刈るごとに三束が報酬となるようである。タバナン県北部で、実際にこのシステムが小作人システムの代わりに大規模作業を可能にしているのかどうかは今後検証していかねばならない。(8) ただ、前述の稲作年間スケジュールで、ノーマル・ライスの栽培が入っているにもかかわらずJT1やKS1などタバナン県北部の村では定期性が保たれているのは、ゴトン・ロヨンの互助の便宜のためかもしれないという推定はできる。田植えや収穫の時期が村ごとにほぼ揃っていた方が、助け合いの相互性が成り立ちやすいと考えるからである。

最後に、稲作作業にかんするジェンダーの問題を考えてみたい。バリ島の稲作作業は、全般にあまりジェンダーによる作業内容の区別はされていないが、その中でジェンダー区分について情報が得られたのは、収穫作業と籾摺り作業である。収穫については、「稲刈りは昔から女だけで行うものである。しかしノーマル・ライスの刈り取りの場合は、男でも女でもいい」〔BB1〕という話を聞いた。実際にこれまで見る機会があったローカル・ライスの収穫作業では、JT1は家族のうち女性のみ、SB1は女性一人で作業していたし、AB1もインフォマント本人以外は女性ばかりだった。一方でJS1のノーマル・ライスの収穫は男女が混じって行われていた。この収穫作業のジェンダー区分については情報量も実例もまだ少ないので結論は出せないが、ローカル・ライスに比べてノーマル・ライスの方が、こうした区分意識が薄くなっている傾向はあると言えるかもしれない。ただし、JS1のノーマル・ライス収穫作業でも、残り籾を落とす作業であるムヌーは女性だけで行われており、ジェンダー区分の意識がまったくないとは言えない。

収穫作業よりもはっきりとジェンダー性が現れていたのは、伝統的な臼を使った籾摺り作業である。これについては、調査例すべてで、「女性の仕事だった」という情報を得た。籾摺りが行われていた場所については、やはりすべての例で自宅の庭だったというので、家のなかで行う〝家事〟の一環として女性の仕事になっていたと考えられる。しかしこれは、籾摺りの機械化とともに必然的になくなってしまったジェンダー区分であり、新しい作業システムの導入によって伝統的なジェンダー観念が失われた例のひとつと言える。

こうしてスケジュールや規模、ジェンダーの側面からバリ島稲作作業の現状を見てみると、ノーマル・ライスの導入は、栽培スケジュールの任意性を高めたことによって、稲作作業の定期性の喪失、そして家族単位を超えた大規模グループでの作業への変化に寄与したと考えられる。また部分的ではあるが、稲作作業におけるジェンダー意識の喪失にもかかわりがあるようだ。すなわち、新しいコメの栽培が導入されたことが、社会のあり方にも影響していると言えるのである。

③集落全体としての稲作サイクル

現在のバリ島では、収穫が行われている水田の隣に田植え中の水田があるといった光景がよく見られ、四季がなく年に二〜三回もコメが収穫できるバリ島の象徴のように考えられている。しかし、前述のゴトン・ヨロンのような伝統的な互助システムの存在を考えると、バリ島稲作のかつてのやり方では、田植えや収穫の時期がもっと集落ごとに揃っていたことが想定できる。

実際に、ローカル・ライスの栽培が存続し、稲作の伝統性もより多く残っていると思われるタバナン県北部では、ローカル・ライスの田植え期（一～二月）と収穫期（五～六月）のそれぞれに調査に行く機会があったが（二〇〇七年六～七月、二〇〇八年一月）、集落員のほとんどが同じ頃に田植えないし収穫を行っているのを見ることができた。とくに二〇〇八年一月の田植え期の調査では、グヌンサリデサ村の水田が一望できるバリ・ネイチャー・ランド・ホテル（二章（3）参照）よりの俯瞰観察を、午前中だけだが二日間試みた。そこで観察したかぎりでは、田植え前の準備作業である有機肥料の踏み込みやウシを使った田起こし作業を、それぞれ複数の人が同じ日に行っていた。こうした俯瞰観察は村全体としての稲作サイクルをつかむために効果的であることが認識されたので、今後の調査では積極的に取り入れていきたい。

また、本章（5）に詳述するように、同県ウォンガヤグデ村では、個人で行う田植え終了の祭りのほかに、集落全体の田植え終了の祭りが実施されている。こうした祭りが存在することは、本来の稲作作業のスケジュールは集落単位で揃っていたことを示すのではないかと思われる。

集落単位での稲作サイクルについてはまだ調査が十分ではないので結論は出せないが、もし現在見られる「隣り合っていても行う稲作作業はまちまち」という状態が比較的新しい現象、すなわちノーマル・ライスの導入の時期以降のものなら、新しい稲作体系の導入が集落内の人間関係にも影響した可能性が考えられる。前述の俯瞰観察などを調査に取り入れることで、今後この問題についてより考察を深めていきたい。

（4）稲作用具について

稲作の各段階で使用される用具とその選択は、コメの種類ごとに固有の作業の流れと密接に結びついている。

田作りの段階の用具は、コメの種類によらず共通している。ウシ二頭を使った田起こしでは、土起こし作業ナンガルにはシンカル［*Singkal*］と呼ばれる犂が、土を平らにする作業ガウにはガウ［*Gau*］という道具が使われる。手作業のための道具としては、畦作りニチティンにはプニョソアン［*Penyosoan*］という、長い木の柄の先に円い鉄刃がついた道具が、雑草取りキスキスにはキスキス［*Kiskis*］という、木の柄に草をひっかける三角形の輪のようなものがついた道具が、細かい部分の田起こしにはタンバー［*Tambah*］という鍬が使われる。

収穫の段階から、ローカル・ライスとノーマル・ライスの間に大きな用具の違いが見られる。ローカル・ライスの収穫にはアンガパン［*Anggapan*］と呼ばれる、手で握りこんで使う穂刈具（**写真14**）が使用される。アンガパンは各家庭で手作りするため、形や大きさはさまざまだが、木の握り部に鉄の刃をつけるという構造は共通している。一方で、ノーマル・ライスの収穫には、アリッ［*Arit*］という工場製の鉄鎌を使用する。この使い分けは調査した事例すべてで認められ、ジャテルイ村などのようにひとつの家庭でローカル、ノーマルの両方のコメを栽培している場合であっても、使い分けがなされていた〔JT1、KS1、BB2、AB2など〕。用具を使い分ける理由は、ローカル・ライスは「穂刈りして穂束を作りたいので、アンガパンが適している」が、ノーマル・ライスは「その場で脱穀するのに長い茎をつけて刈る必要があるから、アリッを使う」〔KS1〕ということだった。各コメに〝ふさわしい〟作業の観念が存在し、それに沿って用具が選ばれていることがわかる。さらに、なぜローカル・ライスだと穂束を作りたいのかについては、「ルンブンに運び上げるのに楽な形である」〔SG1など〕という理由づけが多く、「穂束の方が見栄えがいい」〔SL2〕、「叩きつける脱穀はできないコメだから」〔GN1〕という意見もあった。セラ村SL2宅では、ルンブンはないが同じように高い位置の倉であるトゥクブ［*Tukub*;二章（1）で詳述］があり、そこへのローカル・ライスの倉入れを見ることができた。男性三人がかりで、一人が台にのり、深編み籠カランジャン［*Keranjang*］に穂束を適当量入れ、頭に乗せて差し上げると、中継ぎの一人がそこから穂束を取っては倉の中に投げ込む。すると倉の中にいるもう一人が、それをきちんと積んでいくというやり方で、確かに穂束でなくては難しい作業だった。菓子用のコメであるカタン、インジンも、穂刈するということでアンガパ

写真14　穂刈具アンガパン（提供：菊池有希子）

写真15　大型籾摺り臼カトゥンガン（撮影：筆者）

ンが使用されている〔SL2、JT1、WG1〕。

収穫して貯蔵するまでの処理作業についても、ローカル・ライスとノーマル・ライスの作業工程の違いを反映して、各々に異なる用具が使用されている。ローカル・ライスは収穫後すぐに乾燥させて貯蔵されるので、目立った用具利用はないが、穂束の持ち運びや倉入れに、深めの編み籠カランジャンが多く使用されるのが特徴的である。ノーマル・ライスでは、収穫に続いて脱穀作業も行われるため、いくつかの独特の用具が使われる。脱穀は基本的に稲の穂を何かにたたきつけて籾を落とす方法で行われるが、たたきつける道具には、三角形の台のような器具（**写真10（a）**）や、籾受けも兼ねた籠のような形の器具（**写真10（b）**）などがある。一通り籾を落としたあとの残り籾をとる作業ムヌーには、ペネステサン［*Penestesan*］という鉄の棒のような道具が使われる。

収穫されたコメは適宜籾摺りをほどこされて毎日の食事に供される。機械精米が導入される前に使われていた籾摺り道具はおもに杵と臼だが、杵は木製の竪杵ルー［*Luu*］が一般的で、臼には、数人が横並びで作業できる大型長方形の木製臼カトゥンガン［*Katungan*］（**写真15**）と、石製あるいは木製の小型臼ラスン［*Lesung*］がある。この二種の臼は、日常的に籾摺りをしていた際には効率重視でカトゥンガンだけを使ったという例〔JT1、WG1〕もあれば、二種の使い分けをしていたという例もある。使い分け方には、多い量のコメをあつかうときはカトゥンガン、少ないときはラスンというもの〔KS1〕や、茎のついた穂を搗く第一段階ではカトゥンガン、茎がはずれた籾だけになって以降はラスンを使うというもの〔BB1、PN1〕があった。また、同じラスンであっても、石製と木製で使用法が区別される場合がある。グヌンサリデサ村で実演してもらった籾摺り作業〔GN1〕では、茎のついた穂を搗く第一段階に輪郭の四角い木製のラスン・ゲンブラン［*Lesung Gemblang*］、それ以降の段階には輪郭の円い石製のラスンが使用されていた。また、籾摺りに使うのはもっぱら石製のラスンであり、木製のものは餅菓子作りにしか使わないという例〔JS2〕もあった。現在でも籾摺りは基本的に手作業で行っているというアバビ村AB2宅では、茎のついた穂を搗く第一段階では、ルーとラスンの代わりに竹製の杵レンダン［*Rendeng*］[9]と編み籠ソクソカン［*Soksokan*］を使い、それ以降の段階ではルーと石製のラスンを使うというやり方だった。レンダンは六ヶ月、ソクソカンは四～六ヶ月程度で傷むので取り替えねばならないが、ラスンは四十年以上前のものを使っていると言う。

籾摺り作業の一環として行う風選作業には、平笊ニウ［*Ngiu*］がおもに使われる。籾摺りがすんだコメは、ゲベッ［*Gebek*］またはプイウ［*Puiu*］と呼ばれる土器壺に入れてキッチンに置かれる。近年ではプラスチック製の入れ物が使われることも多い。

バリ島稲作作業に使われる道具をみると、作業によって細かい使い分けがあり、そこには、特定の道具が特定の作業に〝ふさわしい〟という考え方が反映されていることが認められる。すなわち、似たような作業には同じ道具を使いまわしたり、たとえばノーマル・ライスの収穫に使うアリッのように新しい道具が入ってきたらそれがすべての収穫に使われたりするわけではなく、各作業と道具の間に有機的関係が保たれているのである。人は技術の導入に対して受け身なのではなく、それぞれの文化コンテクストで〝ふさわしい〟と考えられるものが選ばれるということが、ここから読み取れる。

(5) 稲作儀礼について

バリ島は〝神々の島〟とも呼ばれ、バリ暦の吉日を選んではさまざまな儀礼が行われている。[10] 人々の生活の基盤をなす稲作の節目ごとにも、無事の収穫を祈る多くの儀礼があるが、ここにもローカル・ライスとノーマル・ライスに対する対応の違いが見受けられる。

二〇〇六年八～九月の調査では、ジャシー村〔JS2〕にてイネの収穫を始める際の儀礼ビウククン［*Biukukung*］、スディマラ村〔SD1〕にてコメを倉に入れたあとの儀礼マンテニン［*Mantenin*］を視察することができた（細谷二〇〇七：三〇）。後者のマンテニンの際には、田の神に感謝をささげ、新米の籾殻少量を田に〝返す〟行為を含む儀礼ヌサベ［*Ngusabe*］や、キッチンを祀る儀礼マチュラン［*Maturan*］

も併せて行われていた。二〇〇八年一月に実施した聞き取り調査では、そのほか、田植え始めの儀礼チャウ［*Cau*］〔SB1〕、田植え始め／終了の儀礼ネワセン［*Newasen*］〔KS1、WG1、BB1〕、コメの種子が実り始める時期の儀礼メククン［*Mekukung*］〔SB1〕／メビウククン［*Mebiukukung*］〔JS3〕、イネの収穫始めの儀礼メサベ［*Mesabe*］〔KS1〕／ニャンケッ［*Nyangket*］〔BB1〕／メデワサ［*Medewasa*］〔JS3〕が、通常行われる稲作儀礼だという情報を得ることができた。

スバック博物館（＝水利博物館）の展示資料によれば、ほかにも、田の耕し初めの儀礼ネンダッ・アマクル［*Ngendag Amacul*］、苗の分けつを祈る儀礼ペウグリ・アカ［*Pewgrip Akah*］などがあるようだが、聞き取り調査では浮かび上がってこなかった。また、永渕（一九八八）では、ウォンガヤグデ村にて行われたマンタニン・パディという、コメを倉に入れる前の儀礼が報告されているが、これについてもやはり情報を得ることはできなかった。名称が類似するマンテニンは、筆者の聞き取り・視察調査のかぎりではすべて倉入れ「後」の儀礼である。時とともに儀礼の内容が変化していることも考えられる。

スバック博物館では、水利組合であるスバック単位で行う儀礼の資料もあったが、筆者の調査はまだそうしたグループ儀礼にまでは至っていない。ひとつだけ、ウォンガヤグデ村において、田植え終わりの儀礼ネワセンを個々人で行うほかに、村全体の田植えが終わった際の儀礼ベドゥグル［*Bedugul*］を行うという情報を得た〔WG1〕。稲作作業の項で述べたように、ローカル・ライスを対象とする伝統的な稲作では、田植えや収穫など作業の節目の時期が現在よりも集落ごとに揃っていた可能性がある。そこから考えると、儀礼に関しても、かつてはこのウォンガヤグデ村のベドゥグルのような村単位の儀礼も一般的だったものが、ノーマル・ライスの導入にともなう稲作サイクルの変化と共に、しだいに個々人で行う儀礼のみへと変貌してきているということが想定できる。

コメを倉入れしたあとの吉日を選んで行う倉の儀礼マンテニンについては、聞き取り調査によれば調査対象のうち伝統的な倉ルンブンを所有する家庭のほとんどで行われていた。高床式の倉はないがキッチンの屋根倉を所有するセラ村SL2宅（二章（1）参照）でも、小規模なマンテニンは行うということだった。しかし一方で、セラ村SL3宅では、高床式の倉の現物は残っているが、十年前に完全にローカル・ライス栽培をやめてノーマル・ライス栽培に移行してから倉にはコメを入れなくなり、マンテニンもやめてしまったと言う。

また、まだ視察にはいたっていないが、ジャテルイ村、グヌンサリ村などローカル・ライスとノーマル・ライスを交互に栽培している地域では、前者のマンテニンに対して後者のマンテニンは規模が小さくなると言う〔JT1、GN1〕。マンテニン儀礼を視察したスディマラ村SD1宅の場合は、栽培対象はノーマル・ライスに移行しながら、高床式の倉と新しいコメ用の貯蔵施設を併行して利用し続けており、マンテニンも双方に対して行われる。しかし、供物の量やマントラの唱え方など、明らかに新しい貯蔵施設では簡略化されていた（細谷二〇〇七：三〇頁）。同じようにノーマル・ライスのみの栽培に移行しながらルンブンの使用を続けているグブグ村GB1では、倉に収穫物は入れているが倉入れの儀礼は行わず、代わりに収穫時期とは関係なく年二回、倉に宿る稲の女神デウィ・スリの祭りを行うということである。

バリ島の稲作儀礼の現状からは、ふたつのことが読み取れる。ひとつは、スバック博物館の資料と比べると、実際に行われている儀礼の数は全般に減っている傾向にあるようだが、とりわけ各稲作作業の時期が集落ごとに揃っていることを条件とする集落単位の儀礼については、ほとんど実施されていない様子だということである。これは、ノーマル・ライス栽培の導入によって稲作スケジュールの任意度が高まったことと、不可分に結びついていると思われる。ふたつめは、収穫物をルンブンに入れる倉入れの儀礼について、ローカル・ライスとルンブンの双方が存在する場合はマンテニン儀礼がもっとも念入りに行われるが、どちらかが欠けると儀礼は簡略化の方向に向かうということである。ノーマル・ライス栽培に完全に移行した結果、ルンブンはあっても儀礼はやめてしまったSL3のケースや、コメの収穫じたいは無視されてルンブンの儀礼だけが行われているGB1のケースなどが、その顕著な例である。吉田（一九九二）によれば、同じ作物でも換金作物に対しては儀礼が行われないとのことだが、ノーマル・ライスについても日常食のコメとはいえ、換金作物に近い感覚がもたれているのではないかと考えられる。

(6) バリ島稲作についての考察

以上バリ島稲作の現状をさまざまな側面から考察した。現在のバリ島稲作においてもっとも注目されるのは、伝統的なコメであるローカル・ライスと、政策的に導入されたノーマル・ライスの間に、稲作作業の方法から規模、使用される道具にいたるまで、大きなちがいが存在することである。ノーマル・ライス栽培は稲作作業のスケジュールなど生活のリズムにも変化をおよぼしており、その結果稲作作業や儀礼が集落よりも個人を主体としたものに移行していっていることが認められる。また、倉入れなどの儀礼についても、ノーマル・ライス栽培の導入によって廃止、簡略化といった方向に進んでいる。

このようなバリ島稲作の現状を踏まえたうえで、伝統的な貯蔵施設ルンブンの現状と、その社会的な意味について考えていきたい。

二、バリ島の倉（ルンブン）

（1）バリ島の伝統的な倉について

①歴史的概観

バリ島の伝統文化は古くから人々の興味をひき、儀礼や習慣についての記録や研究が多くなされてきた。コバルビアス（一九九一［一九三六］）、ベイトソン・ミード（二〇〇一［一九四二］）、ギアツ（一九九〇［一九八〇］）などよく知られた著作も多い。しかし、伝統的な倉ルンブンについては、そうした著作のなかでバリ島文化のひとつとして言及されることはあるが、とくにそれに着目して詳しく述べたものは数少ない。ここではまず、少ないながらもルンブンが言及されている例をまとめ、バリ島の過去のルンブンの姿を概観したい。

コバルビアス（一九九一［一九三六］：一〇七頁）は、一九三〇年代前半におけるバリ島のコメ倉の様相を知ることができる資料である。それによると、倉は大きさと形により呼び方が異なり、重要な順からいえばルンブン、グレベグ、ジナン、クルンプ、クリンキンという名称で、「倉を見れば一家の経済的地位がわかる」という。倉の構造は「メラネシアのヤムイモ小屋に似」た尖った草葺き屋根で、ネズミ返しのついた四本柱をもつ。また、コメを取り出すときは口をきいてはならない、昼間のうちに出さなくてはならない、倉に上る人は身も心も健康で、ビンロウを噛んでいてはならない、というタブーがあるとしている。

第二次世界大戦後の状況を示す資料としては、宮本（編）（一九六八）がある。これは、日本民族学協会の主催による「東南アジア稲作民族文化総合調査」の一環として一九六〇年に実施されたバリ島調査の報告であり、倉についても詳細な記述がある稀有な研究例である。同書に収められた石川（一九六八）では、バリ島の首都デンパサールの南郊にあるセセタン村［*Desa Sesetan*］と、バリ島の東に位置するロンボク島ササック族の村パンチュール［*Desa Pantjur*］における穀倉について報告されている。これによると、セセタン村の穀倉は、一束一〇〜一一キログラムの稲束を八〇〇束以上収納するものをクリン［*Keling*］、二〇〇束以上をジナン［*Djineng*］、一〇〇束以上をクルンプ［*Kelumpu*］という、倉の規模による名称の区分があるという。倉の構造は、アラン・アラン［*Alang-alang*＝チガヤ］で葺いた切妻屋根をもつスタイルで、高床の下の空間にもうひとつ床を作って作業場をしつらえたり、その作業場の周囲に竹網代の壁を設けて小屋のようにしたものもあるという。穀倉はキッチンとともに、屋敷地のうち屋敷寺の建てられる聖なる方角とは対角にあたる方角に建てられる。セセタン村の場合は南側である。また、同じ敷地に複数世帯が居住する例では一世帯に一軒ずつ穀倉をもつこと、妻が二人いる世帯の場合は、キッチンは二人の妻それぞれにもつが、穀倉は共有であることも記録されている。ロンボク島パンチュール村の穀倉は、バリ島と同じく規模による名称の区分があり、大きいものがルンブン［*Lumbung*］、小さいものがサンビ［*Sambi*］である。ルンブンの場合は、やはり高床の下にもうひとつ床を作る。また、大小の穀倉を長い屋根でつなげて、倉の間の空間はウシ小屋として使っている例もあったという。写真記録を主とした同書の宮本（一九六八）では、場所は明記されていないが、石川（一九六八）が記述するような穀倉のほか、板壁の「一階建」の穀倉の写真が提示されている。床の下に多少空間はあるが、「高床」とは言えない建造物である。また、「東部バリ」での撮影として、水田の中に建つ草葺きの高床の小屋（?）を遠景からみた写真が「水田の中に設けられた穀物倉」というキャプションをつけて提示されている。しかしこれは、現在のバリ島で見られる鳥追い小屋に酷似しており、本当に穀物倉なのか、水田の中にも倉を作る習慣が当時あったのかどうかは判然としない。

さらに新しい時代の状況としては、鏡味（一九八七）に、「稲は収穫の場で脱穀して出荷してしまうことが多くなり、穀倉があっても使わない家庭が増えた」という記述がある。一方で、ほぼ同じ時期の永渕（一九八八）では、タバナン県ウォンガヤグデ村でコメ倉の儀礼が行われている様が報告されており、バリ島の中でも一部では伝統的な倉が形骸化していき、ほかの一部では活発に使用されているという状況になっていることがわかる。

以上の過去のバリ島のコメ倉についての記録を見ると、少なくとも一九六〇年代前半くらいまでは伝統的な高床式のコメ倉が一般的に使用されており、倉の大きさなどを区分する複数の名称もあった。しかしその後、一九六〇年代後半から一九八〇年代までの間に、多くの地域では伝統的な倉の形骸化が進んだ。一方で、タバナン県北部などでは活発な倉の使用が続いていたという流れが見てとれる。この一九六〇年代後半から一九八〇年代という時期は、ちょうどノーマル・ライスの導入および籾摺りの機械化が進んだ時代であり、伝統的なコメ倉の形骸化とこうした動きに、関連があったことが考えられる。筆者の調査にもとづいたバリ島コメ倉の現状から、この問題について考察したい。

②倉(ルンブン)の現状

筆者の調査地のうち、伝統的な高床式のコメ倉ルンブンの存在が認められたのは、タバナン県の諸村およびギアニャール県サバト村、カランガスム県アバビ村、セラ村である(**表1参照**)。このうちセラ村のSL3宅では、ルンブン自体は存在するがもう三年ほども使用されておらず、鏡味(一九八七)の言う「穀倉があっても使わない家庭」といえる。これ以外の事例では、すべてルンブンを現役のコメ倉として使用していた。このルンブンを使用している事例については、タバナン県南部のグブグ村、スディマラ村、およびカランガスム県アバビ村AB3を除いて、ローカル・ライスを栽培している家庭であることが特徴的である。

〝ルンブン〟という名称はバリ上位語およびインドネシア語で言うコメ倉のことであり、バリ普通語ではグルベグまたはジナンであるという説明を受けた〔GB1〕が、ほとんどの調査地では〝ルンブン〟で話が通じていた。ただセラ村SL2だけは、〝ルンブン〟といってもピンとこないようで、〝ジナン〟という名称の方が自然に感じるようだった。このSL2は、ローカル・ライスは栽培しているがルンブンは三十年前(二〇〇八年一月現在)に廃棄してしまい、キッチンの屋根倉トゥクブを使用している事例である。また、スディマラ村SD1は、実際に自宅に建っている倉を指してではないが、日本の弥生時代高床式倉庫を復元したものの写真(八本柱)を見て、「このように柱が多い倉は〝クリンキン〟と呼ぶが、一九六七年頃になくなってしまった」と述べた。

ルンブンはいずれも切妻屋根で、観察できたかぎりでは、柱は四本ないし六本である。広い田を持っていて大量のコメの収穫が見込まれる場合は、六本柱にするという〔GN1〕。コメ倉全体の大きさとしては、多少小型なものがある程度で、調査した事例の間にあまり大きな違いは見られなかった。ルンブン全体の数の減少から極端な大小の差がなくなってしまったという可能性もあるが、上記のSD1による名称の説明などからみると、ルンブンの「規模」を決める要素としてより重要なのは、全体のサイズよりも柱の数であるとも考えられる。屋根については、コバルビアス(一九九一〔一九三六〕)や石川(一九六八)に記述されるようなチガヤ葺きのものも一部残っているが(**写真16(a)**)、多くはトタン葺きの屋根に替えられている(**写真16(b)**)。トタンに替える理由はまず安価であることで、チガヤ葺きの屋根替えには三〇〇万〜五〇〇万ルピアかかるのに対し、トタンなら八〇〇万ルピアですむと言う〔GB1、SD1〕。チガヤの入手が難しくなっている事情などもあるようだ。その他トタン葺きの屋根の利点としては、長持ちするので屋根替えの頻度が少なくてすむ〔JT3、GN1〕、ネズミが来ない〔JT3、SB1〕、中が暑くなるのでコメがより良く乾燥する〔SB1〕、などが挙げられていた。チガヤ葺きの場合の屋根替えは十五〜二十年ごとに行う〔GB1、GN2〕。トタン葺きの場合は、一九四八年から屋根替えしていないなどという例もあった〔GN2〕。床下部分には、石川（一九六八）の報告にあるようにもうひとつ床を作って、部屋のような空間として使っている例も多かった。その空間の用途は、「儀礼の準備」〔PN1、GB1、SD1、SL3、GN1など〕が一番多く、「休憩場所として」〔SD1、BB1〕などもある。BB1は小さなテーブル、灯りなどをセットし、食事もできるようにしてあった。また、客間としての用途もあるようで、筆者が聞き取り調査をした際にも、床下スペースに座るようすすめられたり〔GN2〕、マ

写真16（a）　JT2宅のルンブン（リフォーム前）（撮影：筆者）

写真16（b）　JT2宅のルンブン（リフォーム後）（撮影：筆者）

ンテニン儀礼の後の食事を供されたり〔ＳＤ１〕した。しかし、石川（一九六八）の報告にある、床下部分を壁で囲って小屋のようにした例は、目にしなかった。

タバナン県ウォンガヤグデ村の場合〔ＷＧ２〕はルンブンの形状が独特で、釣鐘型の屋根に赤色の瓦を葺いてあった（**写真17**）。車中からざっと見たかぎりでは、この村全体、および近隣のテンクダク〔*Tengkudak*〕村、ペナタハン〔*Penatahan*〕村でも同様のスタイルのルンブンが目立った。テンクダク村には、トタン葺きだが同じ釣鐘型の形状をしているものもあった。ＷＧ２によると、ギアニャールから呼んだ職人にルンブンを作ってもらったということで、この近隣には同じ職人が入っているために独特のスタイルになっているという可能性もある。しかし一方、赤色瓦葺きの釣鐘型建物というのは寺院などによく見られるスタイルなので、上記（一章（１））に述べたウォンガヤグデ村の宗教的な特別性に関係する可能性もあり、今後調査していく必要がある。

写真17　ウォンガヤグデ村のルンブン［WG2］
（撮影：筆者）

ウォンガヤグデ村の事例のように基本的な構造が異なるのではないが、デザイン的に凝ったものについても、ところどころに見ることができる。タバナン県では、壁をチェック模様にしているＰＮ１の例や、派手に金箔を貼ったり彩色を施したＧＮ２の例、やはり彩色されたＢＢ１の例などがあった。いずれも比較的新しいルンブンで、ＰＮ１は十六年前（二〇〇八年一月現在）、ＧＮ２は三か月前（二〇〇六年九月現在）、ＢＢ１は二年前（二〇〇八年一月現在）に建てられている。デザインについては、「センガナン村の職人が考えた」というＢＢ１の例のほかはインフォマント本人かその家族が考えており、ＰＮ１ではインフォマント本人（ルンブンの所有者）、ＧＮ２は本人（ルンブンの所有者）の孫である。ＧＮ２は建築の心得があるので自らルンブンの建造を行い、装飾の彫刻だけほかの人に依頼したと言う。派手なデザインを施した理由については、ＧＮ２は「人に見せるため」と言っていた。また、ギアニャール県サバト村SB1でも、三軒のルンブンのうち一番新しい十五年前（二〇〇八年一月現在）に建てたルンブンは、コンクリート製でバルコニーが付き、彩色を施されるなど目立つ形状をしていた。インフォマント本人（ルンブンの所有者）が、「長持ちする頑丈なものを作りたい」ということでデザインし、職人一名と助手三名を雇って建ててもらったと言う。釣鐘型のウォンガヤグデの例、および一般的な形状のルンブンを所有している事例では、「ルンブンの形は職人が決めた」（WG2など）というものばかりだったが、変わったデザインのものは大部分が、所有者本人や家族が何かの意思をもってデザインしているのが特徴的である。ルンブンを一種の装飾としても考えて自由にデザインし、人にも見せて自慢しようというような考え方が広がりつつあり、新しく建てられるルンブンにはそれが反映されているとも考えられる。

　ルンブン以外の伝統的なコメ倉についても、二件の情報を得ることができた。いずれもカランガスム県である。セラ村SL2では、ルンブンはなく、キッチンの屋根裏部分を倉とする〝トゥクブ〟を使用していた。高い部分にコメを貯蔵するという基本構造は、ルンブンと同じである。トゥクブは六五年以上前（二〇〇八年一月現在）から使っていると言う。屋根は割り竹で葺いてあり、十五年ごとに葺き直しをする。竹葺きの屋根はこの地域の伝統だそうだ。この家ではかつてルンブンも所有していたが、三十年前（二〇〇八年一月現在）にローカル・ライスと併行してノーマル・ライスも作り始めた際、「袋詰めのノーマル・ライスはルンブンに入れにくいので」壊してしまった。もう一件は、現在では伝統的な貯蔵施設は見られないジャシー村のJS2の情報で、この地域には昔からルンブンはなく、代わりにサンビ［*Sambi*］と呼ばれる屋根倉を利用していたと言う。倉の下の小屋部分は、寝室などとして使っていた。〝サンビ〟は、石川（一九六八）が報告するロンボク島の小型穀倉と同じ名称である。バリ島でももっとも東側に位置し、ロンボク島に近いカランガスム県は、一七二五年にカランガスム王がロンボク島を征服した経緯（石川 一九六八：一四四頁）などもあり、ロンボク島と共有の文化要素が多いことが考えられる。県のなかでも東寄りにあるジャシー村では、その要素がとくに顕著だったのだろうか。ジャシー村より西側にあるセラ村では、バリ島中央系の文化とロンボク島系の文化が融合していた可能性がある。SL2は、村のほかの人々は栽培しない赤ローカルを栽培するなど（一章（2）①参照）、セラ村一般とは異質な文化系統が感じられる家庭である。その異質性とはロンボク島文化の影響であり、その一環として屋根倉トゥクブも利用されてきたのかもしれない。

バリ島ルンブンの現状を見ると、コバルビアス(一九九一［一九三六］)や石川(一九六八)に報告されるような、倉の容量による種類分けの慣習など、明らかに失われた要素もある。しかしルンブン自体については、タバナン県北部をはじめそれが残っている地域では、現在でも〝生きた文化〟として活発に利用され続けていることが認められる。過去の文化遺産をただ保存しているというのではなく、屋根をトタン葺きに替えるなどの実用的な工夫が積極的に行われている事実がそれを示している。また、デザインに凝ってみるなど、ルンブンに対する新しい観念も現れてきている。そして、ルンブンのバリエーションが減ってきているようだとは言っても、ウォンガヤグデ村周辺の釣鐘型の屋根をもつルンブンや、セラ村のトゥクブなど、複数の文化系統の片鱗は現在でも見ることができる。

次に、所有のあり方やタブーなど、ルンブンにまつわる社会的要素の現状について見ていくことにしたい。

③ルンブンの所有

ルンブンの所有については、石川(一九六八)の報告では、数世代同居の屋敷地において、各世帯にひとつずつ穀倉を所有していた。しかし現在見る状況では、一家の息子が結婚するなど新しい世帯ができるたびにルンブンを作ることはなく、むしろ古いルンブンを一家の後継ぎが相続していく形が多いようである。「結婚したらルンブンを建てなくてはならない」と言っていたのは、JT4の一例のみだった。したがって、見られるルンブンのほとんどは、五十年以上前といった古くに建造されたものであり、適宜屋根替えなどを施して使い続けられている(**写真16(a)(b)**参照)。

調査事例のうち、比較的新しく建てられたルンブンについて新築の事情を聞いてみると、三か月前(二〇〇六年九月現在)建造のGN2、二年前(二〇〇八年一月)のBB1、一九九八年建造のGB1では、いずれも「以前に使っていたルンブンが壊れたから」という理由だった。十五年前(二〇〇八年一月)にルンブンを新築したSB1は、「収穫が多く、古いルンブンだけではコメが入りきらないので、数を増やした」と言う。SB1にはほか二軒のルンブンがあり、これらも二十年前(二〇〇八年一月現在)に「以前のルンブンが壊れた」ので建て直されている。このように、現在の大半のルンブンの新築は、新世帯の誕生とはかかわりなく、単なる必要から行われているようである。唯一、新世帯の誕生に関係してルンブンが建てられたと言える事例は、十六年前(二〇〇八年一月現在)建造のPN1である。このルンブンは、インフォマントが分家して現在の場所に引っ越した際に建てられている。「ルンブンは、同じ屋敷地内で新しい世帯ができても新築しないが、分家して外へ出る場合はその場所に新しく建てる」という情報も得られており、新世帯と新しいルンブンの関係は限定的な形で現在にも残っていると言えるかもしれない。ただし、全体として新しいルンブンが少ないという事実は、たとえ分家してもルンブンを建てない人が多いことを示しているようにも思われる。

古いルンブンの相続については、父系社会であるバリ島のやり方として、基本的に父から息子へと相続される。「父からルンブンを相続した」〔WG1〕、「ルンブンは父親から息子に譲られた」〔WG2〕、「ルンブンは長男が受け継いでいく」〔SG2〕といった情報が得られている。SB1では、より古いルンブンは長男が相続し、新しく増やしたものを次男であるインフォマントがもらったそうだ。しかし、相続の中途に女性が入る場合もある。JT3では、女性であるインフォマントが父親からルンブンを相続し、のちに息子に譲っている。JT2では、インフォマントとその夫が祖母からルンブンを相続したと言う。AB3はやや例外的で、母親からインフォマントへと女性の相続が続き、「もともと女性が所有していたものである」とのことである。ただし、インフォマント本人は息子に譲っている。

ルンブンの所有のあり方の変遷については、資料の少なさもあって現状では定かではない。しかし少なくとも現在のルンブンは、新しく世帯をもつ際の必需品として建てるものではなく、相続財産としての意味合いが強いように見受けられる。

④ルンブンに関する社会的規則

コバルビアス（一九九一［一九三六］）が報告する、ルンブンにまつわる一九三〇年代当時のタブー（二章（1）①参照）は、現在ではもはや耳にすることがない。筆者の調査で大半のインフォマントが挙げていたタブーは、「生理中の女性はルンブンに上がってはならない」および「特定の日にはコメを出してはいけない」の二点だった。後者の「特定の日」は、儀礼の日／翌日であったり特定の曜日であったり、またはその両方であったりと、事例によって異なる。特定の曜日についてはは日曜や月曜が比較的多いが、やはりばらつきがある。たいていは同じ村であれば共通しているが、たとえば同じジャテルイ村のJT2は「月曜日と儀礼の日」、JT3は「儀礼の日のみ」というように、異なる場合もある。同じ村のJT1は、日曜、月曜のほかに、新月と満月の日もコメを出せない日だとしていた。そのほか挙げられたタブーとしては、「コメを一度出した日には、もう一度出したり、ルンブンのなかを見たりしてはいけない」〔GN2〕、「コメを入れるのは誰であってもいいが、出すのは所有者夫婦のみで、所有者の子供であっても出してはいけない」〔JT2〕などがあった。「タブーについては知識がない」〔PN1〕、「タブーはない」〔AB3〕というインフォマントもいた。

また、ルンブン内のコメの入れ方について、「インジンはほかのコメと区別して置き、上から別のコメを置いたりしないようにしなければ、病気になる」〔JT2〕、「インジンとカタンは混ぜてよいが、普通のコメ（この場合は赤ローカル）と混ぜて置くと病気になる」〔GN2〕という決まりごとが、一部で挙げられていた。

ルンブンのなかには、お供え的な意味合いをもつコメがおさめられていることも多い。SD1では、一九六五年に栽培をやめてしまった白ローカルが一籠、手をつけずにルンブン内に置かれていた。三十年前（二〇〇六年九月現在）に亡くなった父親の遺言で、コメが崩れ去るまで入れておかねばならないと言う。また、SB1では、白ローカルを貯蔵するルンブンの梁の上に、五〜六束のコメが別にして置かれていた。「昔から」置いてあるもので、ルンブンの儀礼をはじめ何か儀礼のたびに、それを出してきて供えるのだということだった。ルンブンに赤ローカルを入れているJT1では、稲の女神デウィ・スリに捧げるコメが一キログラムほどルンブン内に置いてあり、年一回のメサベの儀礼のときに、寺にいったん持って行って供えては持ち帰るそうである。KS1もルンブンの屋根の方にデウィ・スリに捧げるコメを入れている。現在入っているのは三年前のもので、ときどき取り換えると言う。このルンブンは赤ローカルとノーマル・ライスの両方が貯蔵されているが、デウィ・スリのコメは赤ローカルのみである。赤ローカルをルンブンに貯蔵するBB1のケースでは、デウィ・スリに捧げるコメは毎年少しずつ足していくのだと言う。毎年赤ローカルの収穫を始める前に新米を少し取ってきて、足すということだ。置ききれないほどいっぱいになったら、家の近くのどこかで燃やし、その灰を田に撒く。この際には少し供え物をしたりはするが、とくに儀礼の時期に合わせて行うなどの必要はない。白ローカル、赤ローカルを混ぜてルンブンに入れているWG1は、ルンブン内のデウィ・スリに捧げるコメは六か月ごとに取り換えている。収穫のたびに新米を供えるということのようだ。

屋敷地のどの方位にルンブンを建てるのかについては、まず「場所があればどこでもいい」〔GB1、SD1、JT4、SG1、SG2、AB3〕と言うケースが多かった。それ以外はすべて南か西である。「ルンブンは南に、屋敷寺は東に建てる」〔PN1〕、「キッチンもルンブンも南に建てる」〔JT2〕、「ルンブンは南か西に建てる、違反すると病気になる」〔KS1〕などである。「かつては南に決まっていたが、今はどこでもいい」〔BB1〕という言及もあった。また、「建てるのはどこでもいい」というケースでも、「ルンブンの扉は南側にする」〔JT4〕、「扉は西側か南側にする」〔SG2〕、「扉は南西側」〔AB3〕など、やはり西と南への関連づけがされている事例があった。JT3の場合は、「ルンブンを建てるのも南、扉も南側」ということだった。この方位は、石川（一九六八）に報告される、一九六〇年代に見られたルンブンを建てる方位とほぼ同じであり、伝統が継続されていることがわかる。ルンブンの扉だけ南側、西側というのは、住宅事情の変化などでルンブンを建てる方位じたいは選べなくなったが、扉をつける向きに方位感覚が残っているということだろうか。

このようにルンブンに関する社会的規則の現状を見ていくと、過去の調査では記録されているが現在では失われているものも多い。しかし、ルンブン内にコメを供える慣習などは、現在でも多くのケースで守られている。そして、ルンブンにノーマル・ライスを貯蔵している場合であっても、お供えは常にローカル・ライスである事実は、ルンブンに関する社会的規則へのローカル・ライスの不可分な結びつきを示していると思われるのである。

(2) コメとルンブンの関係

二章（1）でまとめたように、バリ島のルンブン文化は、一九三〇年代や一九六〇年代の状況と比べると、現在ではさまざまな側面でその要素を失いつつある。しかし、その失われ方の度合いには、事例によってちがいが認められる。もっとも極端なルンブン文化の喪失は、ルンブンが完全に存在しなくなった地域がそれであるわけだが、ルンブンが〝生きた文化〟として使用され続けている地域のうちでも、いくつかのパターンが見られる。このさまざまなルンブンの様態を、それぞれの地域で栽培されているコメと関連づけて考察したい。

筆者が調査したルンブン使用地域でのコメの栽培の仕方は、三つの型に分けられる。(1)ローカル・ライスとノーマル・ライスの両方を栽培している、(2)ローカル・ライスだけを栽培している、(3)ノーマル・ライスだけを栽培している、の三つである。ひとつめの型である、ローカル・ライスとノーマル・ライスを併行栽培している事例は、タバナン県北部の村々に多く、筆者の調査例の大半を占めている。この型に当てはまるタバナン県北部の村は、ジャテルイ村、グヌンサリデサ村、ケサンビ村、センガナン村、ババハン村、ペネベル村で、これらの村のインフォマントは全員ルンブンを所有し、日常的に使用していた。対して、ほかの地域で同じ栽培の仕方をしている事例、すなわちカランガスム県セラ村のSL1、SL2と、アバビ村AB2は、ルンブンを所有しない。

ではこれらルンブンを所有するタバナン県北部の事例で、栽培どのようにルンブンを使用しているのかを見てみると、栽培しているのはローカル・ライスとノーマル・ライスの両方だが、ルンブンに入れるのはローカル・ライスのみという事例がほとんどであった〔BB1、SG1、SG2、JT1など〕。ノーマル・ライスについては、家屋の一部や、高床でない物置に貯蔵されている。例外は赤ローカルとノーマル・ライスの両方をルンブンに入れているKS1で、これは所有する田が小さく、取れるコメも少ないので全部ルンブンに入れてしまっているということだった。ローカル・ライスのみをルンブンに入れる理由として一般に挙げられるのは、「ノーマル・ライスは籾袋で貯蔵するので、重たくてルンブンに上げられない」というものである。この理由だけをみると、単純に実用上の事情でコメの種類による貯蔵施設の使い分けがされているように見える。しかし実際には、実用性だけでは説明しきれない事実がいくつか存在する。まずひとつは、ノーマル・ライスがルンブン貯蔵に向かず新しく物置などを準備するなら、ローカル・ライスもそちらにまとめてしまった方が効率的なはずであるのに、ルンブンはルンブンで金をかけてリフォームや建て直しを行い、維持され、使われ続けていることである。ふたつめは、ローカル・ライスを穂刈する理由が、「ルンブンに入れやすいようにするため」とされている（一章（4）参照）ことであり、そこには、ローカル・ライスはルンブンに入れなければならない、という、実用性にはあまり関与しない前提の存在が感じられる。SG1のケースなどでは、ローカル・ライスを入れるために、三十五年前（二〇〇七年六月現在）というすでにノーマル・ライスが導入されている頃にわざわざルンブンを購入している。これらの事実を見ると、ローカル・ライスとルンブンの間には強い観念的なつながりが存在しているように思われる。そして、ノーマル・ライスは実用面でルンブン貯蔵に向かないということ以外に、こうしたルンブンとの観念的つながりがないために、ルンブンに貯蔵されないということも考えられるのである。

では、同じように二種のコメを栽培しているがルンブンを所有しない事例ではどのような状況であるのかを見てみると、まずＳＬ２では、三十年前（二〇〇八年一月現在）にノーマル・ライス栽培を取り入れたのが直接の原因で、ルンブンを廃棄している（二章（１）②参照）。しかし、トゥクブというルンブンに代わるような貯蔵施設があり、そこにはローカル・ライスだけが限定的に入れられているので、ローカル・ライスとルンブンの結びつきがトゥクブとのそれに置き換えられていると考えることができる。ＳＬ１とＡＢ２については、ＳＬ１は二十年前にノーマル・ライス栽培を取り入れ、十年前にルンブンを廃棄した（いずれも二〇〇八年一月現在）。理由は、ぎりぎり食べる分のコメ以外はすべて売るようになったので、ルンブンに入れるほどの量のコメを持たないということだ。ＡＢ２ははじめからルンブンを所有していない。ノーマル・ライス栽培については二十五年前（二〇〇八年一月現在）に取り入れている。この二件はいずれも小作人であり、それがローカル・ライス栽培は続けていてもルンブンとの結びつきが薄い原因になっているのかもしれない。「小作人でルンブンを所有する者は本来少ない」〔ＢＢ１〕という情報も得られている。

ふたつめの型である、ローカル・ライスのみを栽培しているケースとしては、タバナン県ウォンガヤグデ村のＷＧ１、ＷＧ２、ギアニャール県サバト村のＳＢ１がある。これらはすべてルンブンを所有している。ローカル・ライスのみの栽培だがルンブンを所有しないというケースは、筆者の調査のかぎりでは存在しなかった。ルンブンを持たないカランガスム県アバビ村の小作人ＡＢ１が、ローカル・ライスのみの栽培を試みたということはあったが、村の圧力でつぶされている（一章（２）③参照）。上記の事例のうち、実際にルンブンを見せてもらったのはＷＧ２とＳＢ１だが、どちらもルンブンはよくメンテナンスを施されており、前者は瓦葺き、後者の一軒はコンクリート製と、長期的使用を考えたものになっていた。さらにＳＢ１では、比較的多い頻度でルンブンを建て替えたり、数を増やしたりしており、ルンブンの〝生きた文化〟度が非常に高い。

みっつめの型、ノーマル・ライスのみを栽培しているケースを見ると、まったく異なる様相である。ノーマル・ライスのみ栽培している場合は、カランガスム県ジャシー村のようにそのほとんどがルンブンを所有しないわけだが、稀な所有事例となっているのが、タバナン県グブグ村ＧＢ１、ＧＢ２、スディマラ村ＳＤ１、カランガスム県アバビ村ＡＢ３である。また、カランガスム県セラ村ＳＬ３は、ノーマル・ライスのみの栽培でルンブンを所有しているが、まったく使用していないケースである。タバナン県のＧＢ１、ＧＢ２、ＳＤ

1は、それぞれ三十五〜四十年前（二〇〇六年八月現在）、四十年前（二〇〇六年八月現在）、一九六五年、にノーマル・ライス栽培に移行した。そして、ノーマル・ライスの籾袋をルンブンに貯蔵し、使用を続けている。ルンブンを使用し続ける理由は、「大事なものなので、壊れるまで使いたい」〔SD1〕、「コメはルンブンに入れなければ不潔だ。ルンブンがとても大事なことは、この村では誰でも知っている」〔GB1〕といったものである。カランガスム県のAB3は、自らは農業をしない地主であるが、三十年前（二〇〇七年六月現在）にノーマル・ライス栽培に移行した。現在は貯蔵するコメの量も少ないので、袋に入れないバラのままのノーマル・ライスの籾をルンブンに入れている。「母からもらったルンブンなので、維持していきたい」というのが、ルンブン使用を続ける理由である。ルンブンはあるが使用していない同県SL3は、十年前（二〇〇八年一月現在）にノーマル・ライス栽培に完全に移行し、新しくルンブンにコメを入れることもやめた。三年前（二〇〇八年一月）に、ルンブンのなかに残っていた白ローカルのストックもなくなってしまうと、ルンブンの使用はまったく途絶えたと言う。それでもルンブンを廃棄しない理由は、「先祖から受け継いだものなので、壊すのには怖れがある」というものだった。(11) 以上の、ノーマル・ライスのみの栽培でルンブンを所有する事例を見ると、日常的な貯蔵施設としてルンブンを使用しているローカル・ライス栽培地域に比べ、ルンブン自体への強い思い入れがあるゆえに使用を続けているという印象が強い。収穫物の倉入れを祝うマンテニンはやめてしまったのに、ルンブンに宿るデウィ・スリの祭りは続けているGB1のケース（一章（5）参照）などは、コメそのものよりもルンブンが重要視されている状況をよく表わしている。一九九八年に建て直しをしたGB1を除いては、古いルンブンがそのまま使い続けられているのも特徴的であり、もはや使用されないSL3を最極端として、〝生きた文化〟度は低いと言える。すなわちこれらのケースでは、稲作活動の必需品としてルンブンが使われているというよりも、過去の遺産が保護されているという状態に近くなっているように感じられるのである。

こうしてローカル・ライスとノーマル・ライスの栽培パターンの三つの型とルンブンの関係を考察してみると、ルンブンはローカル・ライスと強く結びついていることがわかる。ノーマル・ライスも栽培しているのにルンブンにはローカル・ライスしか入れないタバナン県北部の事例や、ローカル・ライス栽培をやめるとともにルンブン使用もやめてしまったSL3の事例などは、それを顕著に表わすものである。

また、これが単なる実利的便宜のための結びつきでないことは、ローカル・ライスがわざわざ「ルンブンに入れやすいよう」穂刈りされていることなどからもわかるし、ルンブンの〝生きた文化〟度の比較からも読み取れる。すなわち、ローカル・ライスの栽培に重点が置かれているケースほど、ルンブンが日常的貯蔵施設として活発に稲作サイクルにかかわり、〝生きた文化〟度が高いが、ノーマル・ライスのみ栽培されているケースでは、ルンブンが保護すべき過去の遺産といった存在に近くなり、〝生きた文化〟度が低いのである。

このルンブンとローカル・ライスの関係についてまた別の方向から考えてみるために、次に、ルンブンという存在に対して現在バリ島民が抱いていると思われるイメージについて言及したい。

(3)ルンブンが象徴するもの

バリ島ルンブンと同じように、伝統的な貯蔵施設が現在でも見られる地域はいくつか存在する。パプアニューギニアのヤムハウス、奄美大島の高倉などがそれだが、こうした地域では、貯蔵施設のミニチュアが観光客向けの土産物として売られたり、空港や国会議事堂といった公的な場所のディスプレイになる(細谷二〇〇五参照)といったことが一般的である。ところがバリ島ルンブンについては、土産物になることもなく、ガイドブックの表紙になったり、空港などにディスプレイされたりというのも目にしない。すなわち、パプアニューギニアや奄美大島では貯蔵施設が伝統文化の象徴としてアイコン化されているのに対し、バリ島ルンブンについてはそうした考え方が希薄なように感じられるのである。

ただし、バリ島でも一部地域に行けば、ディスプレイされる対象としてのルンブンを目にすることができる。タバナン県では、県名・村名、博物館など公的な表示板は、すべてルンブンをかたどった形状になっている。またギアニャール県では、ウブド市街からサバト村方面に向かう道筋に、各種工芸品を売る店が立ち並ぶ通りがあるが、これらの店の何軒かは実物大のルンブンを看板代りに店頭に置いている。このエリアは、タバナン県ジャテルイ村周辺と同じように、〝棚田見物のスポット〟としてアピールされている場所でもある。

また、タバナン県グヌンサリデサ村には、二〇〇七年一月より、ツアー会社バリ・ネイチャー・ランドによるコテージ・スタイルのホテルがオープンしたが、このコテージはすべてルンブンの形をしている(**写真18**)。こうしたホテルをオープンした動機についてオーナーに聞いてみると、「ルンブンはこの地域に多くある建物なので、その形を使った」とのことだった。

写真18　バリ・ネイチャー・ランド・ホテルのルンブン型コテージ
（撮影：筆者）

こうした状況を見ていくと、バリ島ルンブンは、バリ島全体の伝統文化の象徴としては捉えられていないかわりに、タバナン県やギアニャール県サバト村周辺といった特定地域の文化を象徴するものとしてイメージされているように思われる。そしてこれらの地域は、いずれも棚田の景観が強くアピールされているとともに、ローカル・ライスの栽培が継続している地域でもある。このようなイメージのあり方のなかにも、ルンブンは稲作全般と関わりうるものではなく、ローカル・ライスと限定的に強く結びつくという観念が表れているると考えられるのである。

おわりに

バリ島ルンブンの現状をいくつかの側面から考察した結果、ルンブンはローカル・ライスと強いつながりをもつことがわかった。文献に残る半世紀以上前の状況と比較すると、現在ではルンブンにまつわる慣習のいくつかは失われ、容量などのバリエーションも少なくなっている。また、ルンブンが見られる場所も限られてきている。しかし、だからといってルンブンは過去の遺物になってしまったわけではなく、特定の地域ではあくまで日常的な施設として使い続けられている事実がある。〝昔のままの姿で保護する〟といった文化遺産化をされることはなく、「より使いやすいように」「気に入るように」手を加えられ、変化し続けている〝生きた文化〟なのである。このように、ルンブンという存在が片や消滅し、片や〝生きた文化〟であるという現象の鍵を握っているのは、ローカル・ライス栽培の有無だと考えられる。では、このルンブンとローカル・ライスの関係は、どのように解釈できるだろうか。

貯蔵行為はそれ単独で存在するのではなく、一連の稲作作業のながれのなかにあるものである。したがって、ルンブンとローカル・ライスの関係を考えるためには、稲作サイクル全体のあり方から考えていかねばならない。ローカル・ライスとノーマル・ライスそれぞれにかかわる一連の稲作作業を比較してみると、そのちがいはコメの種類や収穫までの期間といった物理的な相違にとどまらず、作業の行程、使われる道具、作業の規模やジェンダーの役割分担、作業システムといったすべてにおいて異なっていることがわかる。すなわち、二つのコメは、おのおの独立した作業系をともなっているのである（**図1**）。これらの作業系は、実際の作業だけでなく、儀礼のあり方なども含めた一貫性を保っている。ローカル・ライスの作業系は、手製の穂摘み具を使用して穂刈りを行い、作業規模も家族単位で小規模、儀礼は慣習どおり行うというように、「伝統」「家族制」などのキーワードでまとめられる一貫性をもつ。対してノーマル・ライスの作業系が示すのは、工場製の鎌で根刈りしたイネを、小作人グループなどの大人数で一気に脱穀までしてしまい、儀礼は簡略化の方向に向かうといった、「効率」「グループ制」などの言葉でくくれる一貫性である。ただし菓子用のコメのインジン、カタンについては、作業系が変則的になる。どちらも収穫段階まではローカル・ライス作業系と同じだが、貯蔵の段階でズレが生じる。インジンについては現在、多くのケースでノーマル・ライスと同じ貯蔵法がとられる。カタンは、ローカル・ライスとともに貯蔵されることも多いが必ずしもそうとは言えず、またローカル・ライスがない場合に単独でルンブンに貯蔵される

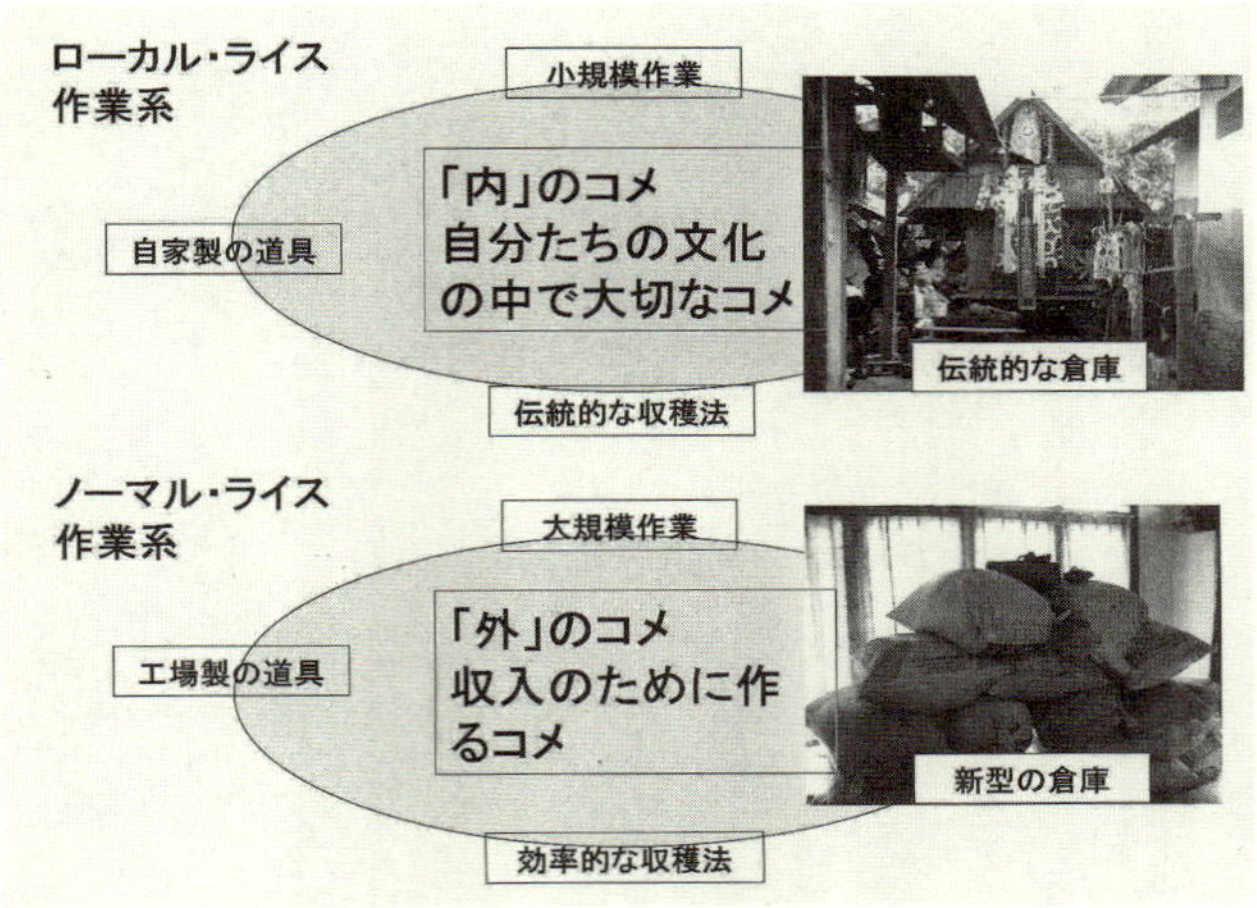

図1　バリ島稲作サイクルと倉の関係モデル

ことはない。これら菓子用のコメも、ローカル・ライスと同じ伝統的なコメであるが、非日常的な儀礼にのみ使用されること、自ら栽培する家庭が減っており、栽培したとしても一般に量が少ないことなどが、作業系が一貫しなくなった原因かと思われる。あくまで基礎になるのは、日常の食卓にのぼるローカル・ライスとノーマル・ライスの作業系と考えていいだろう。

こうして〝作業系〟という視点から考察してみると、伝統的な貯蔵施設であるルンブンは、「伝統」をキーワードとするローカル・ライスの作業系には一貫性を崩さずに入りこむが、「効率」的なノーマル・ライス作業系にはそぐわないものだと認識できる。新しく導入されたノーマル・ライスが単にルンブンでの貯蔵に向かないという事情だけなら、バリ島じゅうでルンブンが廃れていっても不思議はない。にもかかわらず、一部地域ではルンブンが依然として〝生きた文化〟である事実は、作業系の一貫性ということを考えれば説明がつく。ローカル・ライスを栽培し続けるためには、その一貫した作業系が維持されねばならず、ルンブンはそのために不可欠な要素なのだ。穂摘み具アンガパンが手製で作られ続けているのも、ひとつの家庭であるのにローカル・ライスとノーマル・ライスでわざわざ収穫具が変えられるのも、理由は同じだと思われる。ローカル・ライスを「ルンブンに入れやすい」穂束の形に刈らねばならない理由に、実利的な要素は何も考えられないからである。また、ルンブンという存在がかつてはバリ島に広く存在したらしいのにもかかわらず、けしてバリ島全体の伝統文化をシンボライズするものとしては認識されず、タバナン県やギアニャール県サバト村周辺といったローカル・ライス栽培地域のみの文化を象徴するものとして島民に受け取られている現状も、ルンブンがその地における稲作作業系の不可欠な一部であるからだと考えられる。

では、それぞれの作業系の一貫性を支える芯となっているものは、何だろうか。ここで注目したいのは、二つのコメに対してバリ島民が抱いている、明らかに異なる観念である。ローカル・ライスに対しては、積極的に食べたい、売らずに自家消費したいという、愛着とも言える観念が表現される。一方でノーマル・ライスに対しては、収穫が早いという効率面の利点だけが挙げられ、またいくつかの事例では〝売るためのコメ〟と認識されている。言わば、ローカル・ライスはあくまで、自ら栽培している、いないに関わらず、かれら〝本来のコメ〟であるのに対し、ノーマル・ライスはいかに島の大部分で栽培されるようになろうと、〝外から来たコメ〟なのである。この「内」意識と「外」意識が中心となって、前者は伝統的方法、家族単位の作業、古来の儀礼などを含む作業系を形成し、後者は効率第一の作業、簡略化された儀礼などから成る作業系を形成しているのではないかと考えられる（**図1**）。二つのコメについて、それぞれに完結した一貫性をもつ作業系が成り立っているバリ島稲作社会の現状では、個々のコメに適用する技術、作業方法の選択論理として、新しい技術に対する知識の有無や実利性、効率の問題などだけを考えていては説明できない。なぜローカル・ライスに対してはある技術を選び、ノーマル・ライスに対しては別の技術を選ぶのかという、〝筋の通った理由〟を作業系のすべてについて与えうるものは、それぞれのコメに対する観念しかないのである。

　どの社会においても、食べ物に付随する何かしらの観念が、とくに主食的に食べられるものに対して存在しないことは稀であろう。そしてこのバリ島稲作文化の事例は、貯蔵施設の形や農耕の技術の種類が、実利的な理由以上にその穀物に対する観念のあり方によって決定される可能性を、少なくとも無視することはできないと示唆してくれる。

　この民族誌調査の結果から、考古学的な貯蔵施設の研究に対して参照できる点が、いくつかある。ひとつめは、貯蔵施設は単独で存在するものではなく、稲作サイクルの一部をなすものであるという本稿の冒頭で提示したコンセプトが、バリ島稲作社会の現状においても確認された。貯蔵施設の意味を考える際には、全体の農耕作業はどういうものだったのかも常に合わせて復元し、考える必要があるということだ。ふたつめは、貯蔵施設を含むさまざまな農耕技術は、新しいものが入ってくれば単独でそれを取り入れるというわけではなく、一貫した系全体として新しくなる可能性が考えられるということである。すなわち、弥生時代中期の高床式倉庫のように新しい技術の導入が認められる場合には、それはどのような作業系をともなって入ってきたのかを考える必要がある。みっつめは、食べ物が利用される量とその食べ物の社会的な重要度は必ずしも一致しないということである。大量の貯蔵が確認される穀物であっても、その貯蔵がどのような作業系の一環であるのか、つまりは作業系を支えるどのような観念が存在したのかを、さまざまな方向から解釈することなしには、本当の食文化の復元はできない。このように、バリ島稲作社会という生きた社会の民族誌研究によって、〝社会考古学〟のための新たな視点が開発されたと言える。

　ただし民族誌調査は奥が深いものであり、結論は常にその時点での結論である。今後の調査で、また新たな解釈が生まれてくる可能性は十分にある。現在のところ、とくに今後の調査課題と考えられるのは、稲作作業に影響する、集団の規範の問題である。全体から見れば小さいが、ローカル・ライスの作業系には、一部「伝統」ではなく「効率」の要素が入りこんでいる部分がある。籾摺りの機械化と、化学肥料の使用である。これらが導入された経緯についてはまだ十分に調査できていないが、村の機械精米所という集団単位の施設の存在がかかわっていることもあり、村かスバックからの指示でこの部分だけは一斉に変えられたという可能性がある。こうした、集団としての技術変化と、個々が抱いていると思われる作業系の一貫性の観念とがどう折り合っていくものなのかは、これから調査していきたい点である。また、もうひとつ調査の必要があるのは、二〇〇八年一月の調査で情報を得た、ゴトン・ロヨンという伝統的互助システムの存在である。筆者が仮定したように、タバナン県北部などの地域では、小作人システムに代わってこの互助システムがノーマル・ライス収穫の大規模作業の基盤になっているのだとすれば、こちらはノーマル・ライスの「効率」の作業系に「伝統」が入りこんでいることになる。タバナン県北部の事例では、ノーマル・ライス栽培が導入されていても稲作スケジュールの定期性が高いことなども、ゴトン・ロヨンと関連する可能性があり、その実態についてはさらに調査を進めていきたい。タバナン県北部といくつもの共通点があることが二〇〇八年一月調査で明らかになったギアニャール県サバト村などとの比較調査によって、これらの課題について研究を深めていきたいと考えている。

本稿で論じたバリ島稲作文化の民族誌調査では、ローカル・ライスとノーマル・ライスという二種のコメに対する人々のあつかいが異なることがキーポイントとなり、ローカル・ライスと伝統的貯蔵施設ルンブンの結びつきが明らかになった。この結びつきは、近年ノーマル・ライス栽培が導入されたという事実があったからこそ、二種のコメの稲作サイクルを比較検討する形で浮き彫りにできたものである。ノーマル・ライスの存在がなければ、ローカル・ライスの特別な社会的意味も見出しにくかったことだろう。民族誌調査においては、伝統文化の観察が重視されるあまりに、現代世界の動きのなかで伝統文化が変化していくことを嘆くきらいもある。しかし、本来変化していくことこそ文化の自然な姿なのであり、もしいわゆる〝伝統文化〟が変化なしに残っていたとすれば、それは〝死んだ文化〟である可能性が高い。すなわち、何者かがイメージする〝伝統文化の姿〟が不自然な形で〝保護〟されているものにほかならない。むしろ、ある文化がたえず変化していくなかで、何が変わらずに残り、何が変わっていくのかを観察することでこそ、伝統文化の理解が可能になるのではないだろうか。筆者は今後もそのようなスタンスで、変わりゆくバリ島稲作文化を観察していきたい。(12)

注

(1) 本稿の初出(海老澤衷編『講座　水稲文化研究Ⅳ　バリ島の水稲文化と儀礼』早稲田大学水稲文化研究所、二〇〇九年)発表後、二〇一一年および二〇一七年にバリ島農村調査を実施した。そこでは、本稿に書かれている状況からの顕著な変化が、いくつか認められた。それについて、注の形で補足していく。

(2) 〝ローカル・ライス〟と〝ノーマル・ライス〟の呼称は、現地での英語呼称に順ずる。

(3) 二〇一七年二月のバリ島調査で、ギアニャール県サバト村SB1宅を再訪した。二〇〇八年調査の時点では、白ローカルのみを栽培し、ルンブンも盛んに改築しながら三軒所有していたSB1だが、五年前(二〇一七年現在)に政府(SUBAK経由)からノーマル・ライスの導入を指示され、同時に年三回のコメ収穫(ローカル・ライスのみの栽培では達成不可能)を義務づけられたということで、ローカル・ライスとノーマル・ライスの両方を栽培する形に変わっていた。それにともない、かつては水田の一部でインジンとカタンの両方を栽培していたのがカタンのみになったり、ルンブンも一軒は壊れたまま改築せず廃棄、一軒は使用を中止して、現役使用されているものは一軒のみになるなどの変化が起きていた(ちなみに、壊れてしまった一軒は、皮肉なことに、SB1が「長持ちするものを作りたい」とコンクリートで作った(二章(1)②参照)、二〇〇八年時点で一番新しかったものだった。結局は、伝統的な素材で作られたルンブンの方が、長持ちするのかもしれない)。村全体のルンブンの数で言えば、ノーマル・ライス導入前は四十五軒あったが、現在は十五軒まで減少しているという。ノーマル・ライスの導入政策は、全島一斉に適用されてはおらず、地域によって数十年も適用時期が異なることはすでに調べていたが(一章(2)①参照)、近年でもまだ適用が進行中であることがわかった。SB1は二〇〇八年調査時点には、過去に一度ノーマル・ライス栽培を取り入れてみたが、土地に合わなかったのでやめたと言っていた(一章(2)①参照)のであるが、結局取り入れたようだ。政府からの圧力が強まったのだろうか。また、サバト村のルンブン数の減少の話からも、この政策が、ルンブン使用をはじめとする伝統稲作文化の消滅の遠因になっていることが、再確認された。

そして、「パディ・マンスール」については、二〇〇七年にタバナン県ジャテルイ村JT1からは、本稿に書いたような説明を受けたのだが、二〇一七年のサバト村調査では、もともと栽培していた白ローカルを指す名称として聞いた。そこで、二〇一七年にやはり再訪したジャテルイ村JT1に再度尋ねると、「パディ・マンスールは、ノーマル・ライスより前に入ってきたコメ。これは政府の政策ではなく自主的に取り入れて栽培してみたが、味も悪く、収穫まで時間がかかり、もともと栽培していた赤ローカルと両方栽培するのは無理だったので、栽培をやめた」という説明だった。サバト村では伝統的に栽培されていた白ローカルが、ジャテルイ村では後から導入されたという話なのかもしれず、すなわち「パディ・マンスール」はどちらの地域でも白ローカルの名称だという可能性もある。同じく二〇一七年二月調査で訪問したタバナン県ウォンガヤグデ村でも、インフォマント(六十歳女性)から、「自宅では赤ローカルと白ローカル（加えてインジン）を栽培しており、赤ローカルの名称がパディ・バリ、白ローカルがパディ・マンスール」という説明を受けた。これは、二〇〇六年〜二〇〇八年の調査で一般に聞いた、「赤ローカル＝ベラス・メラ、白ローカル＝ベラス・バリ」という名称（一章（2）①参照）と異なっている。

（4）永淵（一九八八、二〇〇七）では「ウォンガユ・グデ」と表記されているが、本稿では他の地名表記と統一させる必要から、〝ウォンガヤグデ〟の表記を用いる。

（5）二〇一七年二月の調査では、本稿に書かれた時点と比較して、急速に稲作作業への機械導入が進んでいることが、各地で認識された。バドゥン県グリンガン村はじめ諸村にては、二〇〇八年までの調査ではめったに見ることがなかった、機械による水田耕起が散見された。タバナン県ジャテルイ村ＪＴ1の説明によれば、耕起機械は所有している人に借料を支払って借りる。自家で飼う水牛を使って耕起すれば無料だが作業には二日かかり、機械なら一日ですむということだった。しかしサバト村ＳＢ1ではまだ、水牛による耕起が通常で、インフォマントの父親が作業し八日間かけて行うという。

　また、収穫後すぐに水田で行う、ノーマル・ライスの脱穀だが、従来の手作業で板などに叩きつける脱穀法（一章（3）①参照）も現存している（ＳＢ1）一方で、ＲＯＮＴＯＫと呼ばれるモーター式脱穀機の導入が、ジャテルイ村のあちこちで確認された。通訳のニョマン・ライ氏の村（カランガスム県ジャシー村）でも導入されているという。ＪＴ1によると、脱穀機は二〇〇九年に導入され、村で五人が機械を所有、ＪＴ1らは借料を支払ってそれを借りるという。借料はコメまたは現金である。

　コメの籾摺り作業の機械化は、二〇〇八年以前の調査時点でもすでに普及していた（一章（3）①参照）が、二〇一七年の調査では、ジャテルイ村各所で、リヤカーで籾を回収して歩く籾摺り業者の姿が見られた。籾摺り後にまた各家に配達してくれるそうだ。機械による籾摺りが、より組織化・営利化されている印象である。

（6）小作人の場合、収穫したコメは一定割合を地主に差し出さなくてはならないが、ムヌー作業によって落とした籾にかぎり、すべて小作人のものになる。一種の役得である。

　しかし、タバナン県ジャテルイ村では、脱穀機の導入にともない、ムヌー作業は消滅した（二〇一七年二月調査、ＪＴ1の情報による）。

（7）バリ暦の一年は四二〇日だが、インフォマントたちによる稲作スケジュールの説明では、太陽暦しか言及されなかった。

（8）二〇一一年一月に、短期の調査であったが、この問題を検証するため、ノーマル・ライスの収穫期をねらってタバナン県ジャテルイ村ＪＴ1を訪ねた。そこでは、収穫したノーマル・ライスを続いて水田脇で板に叩きつけて脱穀するという、ＫＬ1やＪＳ1と同じ方法をとっていたが、夫婦二人だけで小規模に行っていた。少なくともこのＪＴ1の事例では、ローカル・ライスの収穫に見られる家族経営のシステムが、ノーマル・ライスの収穫にも適用されていること、また、ノーマル・ライスの収穫・脱穀法であっても、必ずしも大規模に行う必要はないことがわかった（二〇一七年二月に行ったＪＴ1の聞き取り調査によれば、二〇〇九年からすでに脱穀機が導入されていたはずだが、この二〇一一年の調査では脱穀機が利用されておらず、村で機械を目にすることもなかった。導入されても少数であったか、借料が高価だったかで、使用があまり普及していなかったのかもしれない）。

二〇一七年二月のジャテルイ村調査では、村内での収穫作業の手伝いが、完全に組織的な賃仕事と化していた。筆者らが訪問した時点では、JT1は自宅の水田の収穫は終えていたが、現金を稼ぐための他家の収穫の手伝いで、終日出かけて忙しくしていた。賃金は、ローカル・ライスなら一〇〇束刈るごとに五〇〇〇ルピア、ノーマル・ライスなら、一〇〇キログラム刈って三五〇〇〇ルピア、さらにRONTOKを使用した脱穀作業を一〇〇キログラム分すれば三五〇〇〇ルピア貰えるということだった。また、JT1（女性）本人は、自宅の農作業と他家の農作業の手伝いのみ行っているが、その夫は、通常は建築業で働く、いわゆる兼業農家になっていた。現金収入への必要あるいは傾倒が、ジャテルイ村でも強まっていることが感じられた。

(9) 宮本（一九六八）に同様の竹製の杵の写真がある（撮影場所、名称は記述なし）。ただしこちらは、木製の臼と組み合わされている。

(10) 二〇一一年までのバリ島調査では、島内農村部を車で走っていると、毎日どこかしらで儀礼を行っているのを目にするという状況だった。しかし二〇一七年の調査では、平日にはほとんど儀礼を見ることがないかわり、週末になるとあちこちで儀礼を目にするという、明らかに異なる状況になっていた。まだ推測のみで裏付けはとっていないが、注8のJT1の夫のような兼業農家が増え、平日は勤務があるので、儀礼は週末にのみ行うという、新しいライフスタイルに移行しつつあるのではないかと考えられる。

(11) 二〇一一年一月にSL3を再訪したところ、この使用されなくなったルンブンはすでに壊され、その場所には代わりにワルン（家族経営の小さな売店）が建てられていた。最終的には「先祖への怖れ」よりも現金収入への必要が勝ったようだ。

(12) 二〇一七年二月のバリ島調査では、二〇一一年までの調査時と比しての農村の生活変化をさまざまな側面で感じたが、最も大きな変化は、タバナン県のような稲作の条件に恵まれた穀倉地帯でさえも、農業の次世代への後継について、消極的な意見を聞くことが格段に増えたことだ。

タバナン県グヌンサリデサ村の初老の女性GN1は、「若い世代は、農業はやり方もわからず、汚い仕事でもあるのでやりたがらない。収入も、建築業なら毎日現金がもらえるが、農業は半年に一度、コメを収穫して売るときにだけしか現金を得られない。息子は三人いるが、いずれも販売業や薬剤師などの仕事をもっていて、農業はやりたがらない。現在も農作業は小作人にやらせている状況だが、もし農作業をする人間がいなくなったら、もうルンブンも修理をやめて、朽ちるにまかせる」と言っていた。グヌンサリデサ村は、高台に十軒以上並ぶルンブンが目を引く景観をもつ村だが、その景観が見られる時も、もう長くないかもしれない。ジャテルイ村のJT1からも、「若い人は農業をやらない」という発言が聞かれた。

ギアニャール県サバト村のSB1も、二人の息子はそれぞれ建築業、ホテル業に就いており、彼らの代になったら、自宅の水田は小作人に任せるつもりなのではないかと言っていた。二〇〇八年に、「うちの水田は収穫が豊かで、ルンブンが三軒ないとコメが入れきれない」と誇らしげに言っていたのと比べて、農業への積極性がかなり失われている印象だった。

サバト村では、二〇〇八年以降、前出のように、政府からの要求で、ノーマル・ライス栽培をついに導入するという変化があった。グヌンサリデサ村でも、二〇〇七〜二〇〇八年時点では、自分たちの食用はローカル・ライスで、ノーマル・ライスは販売用、とはっきり区分する傾向（一章(2)③参照）が見られたが、二〇一七年現在では、そのようなこだわりは失われ、二種のコメを適当に混ぜて食べていると聞いた。本稿の執筆時点から二〇一七年までのさらなる変化の中で、ローカル・ライスの存在の希薄化が、農家の人々の農業への積極性の喪失と結びついている事実が、いよいよ浮彫になっているように思われる。

参考文献

浅川滋夫「高倉の民族考古学」（直木・小笠原編『クラと古代王権』ミネルヴァ書房、一九九一年）

石川栄吉「バリ島およびロンボク島の農民家族と居住様式」（宮本延人編『バリ島の研究――第二次東南アジア稲作民族調査報告』東海大学出版、一九六八年）一―五九頁

鏡味治也「宇宙と調査する住まい」（『季刊民族学』一一（四）、一九八七年）六三―七一頁

ギアツ・C（小泉潤二訳）『ヌガラ――一九世紀バリの劇場国家』（みすず書房、一九九〇［一九八〇］年）

木嶋光弘「神々と人々によって守られてきた「バリ島の棚田」」（『Consultant』二三〇、建設コンサルタント協会、二〇〇六年）三八―四一頁

胡桃沢勘司「群倉考」（『物質文化』四八、一九八七年）七三―八三頁

コバルビアス・M（関本紀美子訳）『バリ島』（平凡社、一九九一［一九三六］年）

酒井卯作「高倉と祭場」（『日本民俗学』九三、一九七四年）一四―二七頁

永渕康之「供物の世界――バリ島、ウォンガユ・グデ村、マンタニン・パディ儀礼」（『季刊民族学』四五、一九八八年）三二―四一頁

永渕康之『バリ・宗教・国家――ヒンドゥーの制度化をたどる』（青土社、二〇〇七年）

野村孝文『南西諸島の民家』（相模書房、一九六一年）

藤岡保夫「バリ島の水稲作とその儀礼」（宮本延人編『バリ島の研究――第二次東南アジア稲作民族調査報告』東海大学出版、一九六八年）九五―一五一頁

ベイトソン、G&Mミード（外山昇訳）『バリ島人の性格――写真による分析』（国文社、二〇〇一［一九四二］年）

細谷葵「植物考古学からみた弥生階級制社会の成立と農耕サイクル――「弥生大型建物モデル」と大阪府池上・曽根遺跡」（『史観』一四八、二〇〇三年）七九―一〇九頁

細谷葵「〝社会植物考古学〟の視点によるバリ島稲作の民族誌調査」（『東南アジア考古学』二七、二〇〇七年）一九―三八頁

細谷葵「パプア・ニューギニアの農耕活動に関する民族調査」（岡内・菊池編『社会考古学の試み』同成社、二〇〇五年）

宮本延人編『バリ島の研究――第二次東南アジア稲作民族調査報告』（東海大学出版、一九六八年）

村井吉敬・佐伯奈津子『インドネシア――スハルト以後』（岩波ブックレット№四六八、岩波書店、一九九八年）

村武精一『祭祀空間の構造――社会人類学ノート』（東京大学出版会、一九八四年）

Pitana, IG「The Deserted Wealth: The present situation of Balinese rice terrace and irrigation system」（海老澤衷編『講座　水稲文化研究　IIバリ島の水稲文化と儀礼――カランガスム県バサンアラス村を中心として』早稲田大学水稲文化研究所、二〇〇六年）八七―九三頁

吉田禎吾編著『バリ島民――祭りと花のコスモロジー』（弘文堂、一九九二年）

嘉原優子「バリ島の概観」（吉田禎吾編『神々の島バリ――バリ・ヒンドゥーの儀礼と芸能』春秋社、一九九四年）一三―二九頁

Hosoya, A.,*Sacred Commonness: Archaeobotanical approach to the social importance of rice in the Japanese prehistoric state formation* Ph.D. thesis submitted to the University of Cambridge, 2001.

Wilson, P.J., *The Domestication of the Human Species*. Yale University Press. ,1988

付記　本稿の調査に関して、以下の方々に心より感謝をささげたい。研究費ほかさまざまな面でご助力いただいた海老澤衷教授（早稲田大学文学学術院）、バリ島調査の先達として貴重なご教示をいただいている余語琢磨准教授（早稲田大学人間科学学部）、調査にも同行いただき、稲作りの側面からの新鮮なご意見をいただいている菊地有希子氏（株）パレオ・ラボ）、ドライバー兼通訳として、筆者の調査を支えてくださっているニョマン・ライ氏、そして時にはかなりしつこい質問にも快くお答えいただき、調査を存在たらしめているバリ島インフォマントの方々。

バリ島の在来イネ

菊地有希子

バリ島の在来イネは、一本の穂に付く籾の数が非常に多いという特徴がある。インドネシア政府推奨の多収穫品種や日本の在来イネと比較すると、違いがよく分かる。バリ島の在来イネの形態や特徴は、穂首刈りや、臼と杵を用いた脱穀・籾すりなどの作業方法と密接に関係している。在来イネとその作業体系は、民族考古学的に様々な示唆を与えてくれる貴重な存在である。

はじめに

二〇一二年にバリ島の文化的景観：トリ・ヒタ・カラナの哲学を表現したスバック・システムがユネスコの世界遺産に登録され、バリ島の棚田景観は以前に増して有名になった。

しかし、バリ島に降り立ち、車窓から見える水田で栽培されているイネの大半は、インドネシアにおいて一九六〇年以降に政府が奨励し、普及が進んだインディカの多収穫品種のイネであり、バリ島の在来品種ではない。バリ島の在来品種は、バリ島随一の米どころであるタバナン県のジャティルイ[Jatiluwih]の棚田を中心に、ごく一部の地域で栽培され続けている。バリ島では、政府推奨の多収穫品種を現地の英語呼称で「ノーマル・ライス」、在来品種を「ローカル・ライス」と呼んでいる。本稿では、在来品種であるローカル・ライスを中心に、バリ島で栽培されているイネの特徴について紹介したい。

きくち・ゆきこ――株式会社パレオ・ラボ考古分析支援部。専門は考古学（主に弥生時代）、実験考古学、民族考古学。主な論文に「弥生時代の米収穫量について――復元水田における実験考古学的研究」（『古代』一二〇、二〇〇七年）、「中国の卜骨とその伝播について」（シルクロード調査研究所編『中国シルクロードの変遷』雄山閣、二〇〇七年）、「水田稲作に関わるプラント・オパール分析について」（岡内三眞編『技術と交流の考古学』同成社、二〇一三年）などがある。

一、バリ島のローカル・ライスとノーマル・ライス

バリ島の中部や南部を車で走っていると、通常よく見るノーマル・ライスとは異なる外観を持つ、草丈の高いイネを目にする時がある。ノーマル・ライスが導入される以前からバリ島で栽培されている在来品種のイネ、ローカル・ライスである。政府推奨の多収穫品種であるノーマル・ライスが広く普及するバリ島で、ローカル・ライスはタバナン県など、現在では一部の限られた地域で栽培されている。世界遺産に認定されているタバナン県のジャティルイに行けば、ローカル・ライスが普通に見られる。

ローカル・ライスには、ブラス・メラ［Beras Merah：常食用の赤米］とブラス・バリ［Beras Bali：常食用の白米］の大きく分けて二種類がある。インドネシアで栽培されている稲には、大別して、芒《のぎ》のない長粒のチェレ［tjereh］と芒のあるブル［bulu］の二系統があり、ブルは熱帯ジャポニカ、チェレはインディカである（藤岡一九六八）。バリ島の在来水稲のほとんどはブル系で、長い芒を有し、丸みを帯びた粒形を呈する。

一方のノーマル・ライスは、一九六〇年代頃からインドネシア政府が食糧増産の一環として奨励し、導入が進んだ収量の多い品種で、現在のバリ島で栽培されている水稲の大半を占めている。このノーマル・ライスは、チェレ系の長粒米である（藤岡一九六八、細谷二〇〇七）。

このほかに、儀礼用および菓子用のインジン［Injin：黒米］、カタン［Ketan：菓子用のもち米］、カタン・メラ［Ketan Merah：菓子用の赤もち米］などがある（細谷二〇〇八）。これらは、短粒米である。

興味深いのは、同じバリ島の稲作でも、在来種であるローカル・ライスの栽培に伴う伝統的な稲作と、政府の政策により導入されたノーマル・ライスの栽培にともなう機械化・効率化された稲作の間には、作業の方法や時期などの作業体系から、使用される道具に至るまで、明確に大きな違いが存在する点である（細谷二〇〇八に詳しい）。例えば、ローカル・ライスは伝統的な道具を用いて穂首刈りされ、収穫物は穂を束ねた状態で伝統的な倉に保管・貯蔵し、脱穀と籾すりは臼と杵を用いて行われる。一方のノーマル・ライスは、鎌［arid］を用いた根刈りで、脱粒性があるため、刈ったその場で木の板や、すのこなどに打ち付けて脱穀し、袋づめした状態で保管・貯蔵して、機械で一気に籾すりをする。また、収穫までの期間が三ヶ月と短いノーマル・ライスが普及する現

在のバリ島では、二期作や三期作が一般的である。雨季と乾季はあるものの、一年中暑い熱帯性気候で、一年を通して稲作が可能であるため、栽培時期も特に決まっていない。ノーマル・ライスの水田を一望できる場所から俯瞰すると、田おこし中の水田があるかと思えば、田植え中の水田や収穫直後の水田も見える。さまざまな段階の水田を一度に眺められるという、日本では決して経験できない景観を目の当たりにできる。一方のローカル・ライスは、播種から収穫まで五ヶ月を要し、年間栽培スケジュールに高い定期性がある。細谷によれば、ノーマル・ライスの導入が栽培スケジュールの任意性を高め、それによって稲作サイクルの定期性の喪失や家族単位を超えた大規模グループでの作業への変化が進み、さらに稲作に関する儀礼なども簡略化され、廃れる傾向が認められるという（細谷二〇〇八）。

以下に述べるのは、このようなローカル・ライスとノーマル・ライスについて、二〇〇七年六月に細谷葵氏（お茶の水女子大学）のバリ島調査と、同年八月の余語琢磨氏（早稲田大学人間科学学術院）の調査に同行しながら、独自に調査した内容をまとめた考察である。調査では、聞き取り調査と収量調査をおこなった（**表1**）。聞き取り調査は、立ち寄った村や水田において、米の収量や、収量に関わる栽培条件（施肥や農薬の有無や程度など）、藁の利用方法などを調査した。収量調査は、収量の算出に用いられる収量構成要素（一平方メートルあたりの穂数、穂あたり籾数、登熟歩合、玄米千粒重）のうち、登熟歩合を除く三つの要素を可能な限り調査する方法でおこなった。収量調査で調査できた株数は、場所によってまちまちであるため、正確な収量の算出には不十分であるが、傾向や特徴を読み取るには十分であった。バリ島で栽培されているそれぞれのイネの特徴の紹介から始めたい。

（1）ローカル・ライス

ローカル・ライスは、赤米であるブラス・メラと白米であるブラス・バリの二種類に分けられる。先にも述べたように、バリ島の水稲は、政府推奨の品種以外の在来種はすべてブル系であり（藤岡一九六八）、ブラス・メラもブラス・バリもブル系（熱帯ジャポニカ）である。

ローカル・ライスは、栽培サイクルがだいたい決まっており、二〇〇七年の六月末には収穫期を迎えていた。収穫にはいずれもアンガパン［Anggapan］と呼ばれる伝統的な収穫具が使われる（**写真1**）。アンガパンは、鉄製の刃を付けた縦五センチメートル、横一一センチメートル、厚さ六ミリメートルほどの板状の木製刃部に、三〇センチメートルほどの棒を垂直方向に取り付けた道具である。使い方は、木製の刃部を

表1　調査したバリ島の稲

		ブラス・メラ		ブラス・バリ	カタン・メラ	カタン		ノーマル・ライス			
県（Kabupaten）		タバナン		カランガスム	タバナン	カランガスム		タバナン	カランガスム		ギャニャール
KEC		ペネベル		アバン	ペネベル	カランガスム	アバン	クディリ	カランガスム	アバン	ウブド
村（Desa）		ジャティルイ		アバビ	ジャティルイ	スバガン	アバビ		ブグブグ	アバビ	シングケルタ
集落名		グヌンサリデサ	ソカ			ジャシー					カティクランタン
聞き取り調査	総収量	100kg以上	800kg	玄米200kg	–	–	–	–	–	300kg	–
	水田面積	14a	30a	20a	–	–	–	–	–	30a	–
	10aあたり玄米収量	71kg以上	266kg	100kg	–	–	–	–	–	100kg	–
	10aあたり籾収量	–	–	175kg	–	–	–	–	–	–	–
	肥料	化学肥料＋牛糞	化学肥料	化学肥料（少量）	–	–	–	–	–	–	化学肥料＋藁と籾殻
	農薬	無農薬	–	–	–	–	–	–	–	–	
計測・計量	調査株数	2株	2株	3株	–	2株	7株	2株	2株	–	2株
	平均草丈	180-188cm	170cm	154.3cm	–	143.0cm	–	86.1cm	101.5cm	–	105cm
	平均穂の長さ（芒を除く）	31cm	29.1cm	25.2cm	32.7cm	18.7cm	20.6cm	17.3cm	22.4cm	–	–
	株あたり平均穂数	2本	6本	5本	–	12本	7.1本	17本	18本	–	16本
	穂あたり平均籾数（調査穂数）	–	202粒（1本）	231粒（9本）	310粒（1本）	112粒（22本）	96粒（2本）	71粒（34本）	117粒（7本）	–	–
	1㎡あたり株数	20株	–	–	–	–	–	–	–	–	–
	株間	30cm×20cm	–	–	–	–	–	–	–	–	–
	玄米千粒重	19.6g	–	26.36g	–	–	22.50g	–	–	–	13.33g
	籾の大きさ（長さ、幅）	7.0mm、2.5mm	–	7.2mm、3.5mm	7.5mm、3.3mm	–	8.0mm、3.4mm	–	–	–	8.4mm、2.3mm

中指と薬指で挟みながら棒の部分を握り、中指と薬指でイネの茎を鉄製の刃の部分に手繰り寄せて刈る（**写真2**）。

穂刈りされたローカル・ライスの穂は、束ねられ、穂束の状態で倉に保管される。脱粒性のあるノーマル・ライスは、刈り取ったそばから籾が落ちるため、脱粒による損失を防ぐためにその場で脱穀する必要があるが、ローカル・ライスの方は脱粒性がないため、穂束の状態で乾燥させるのに支障がないのである。

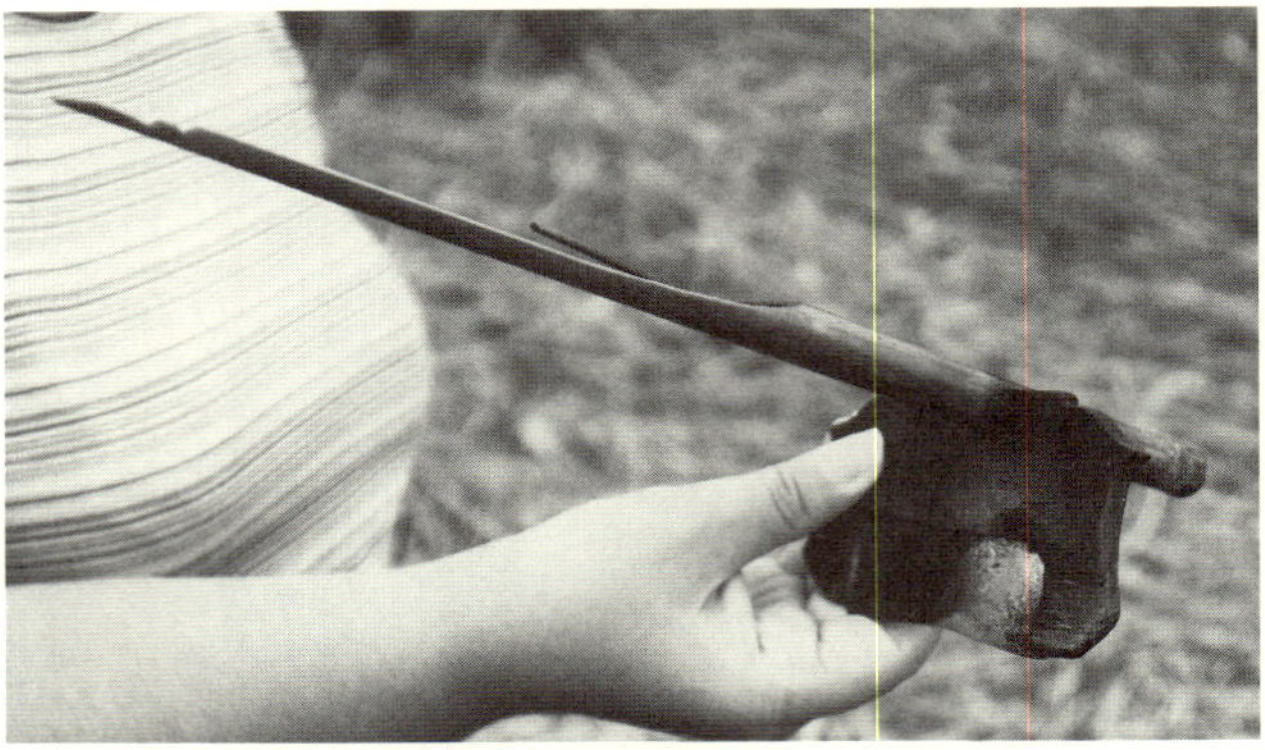
写真1　アンガパン（撮影：筆者）

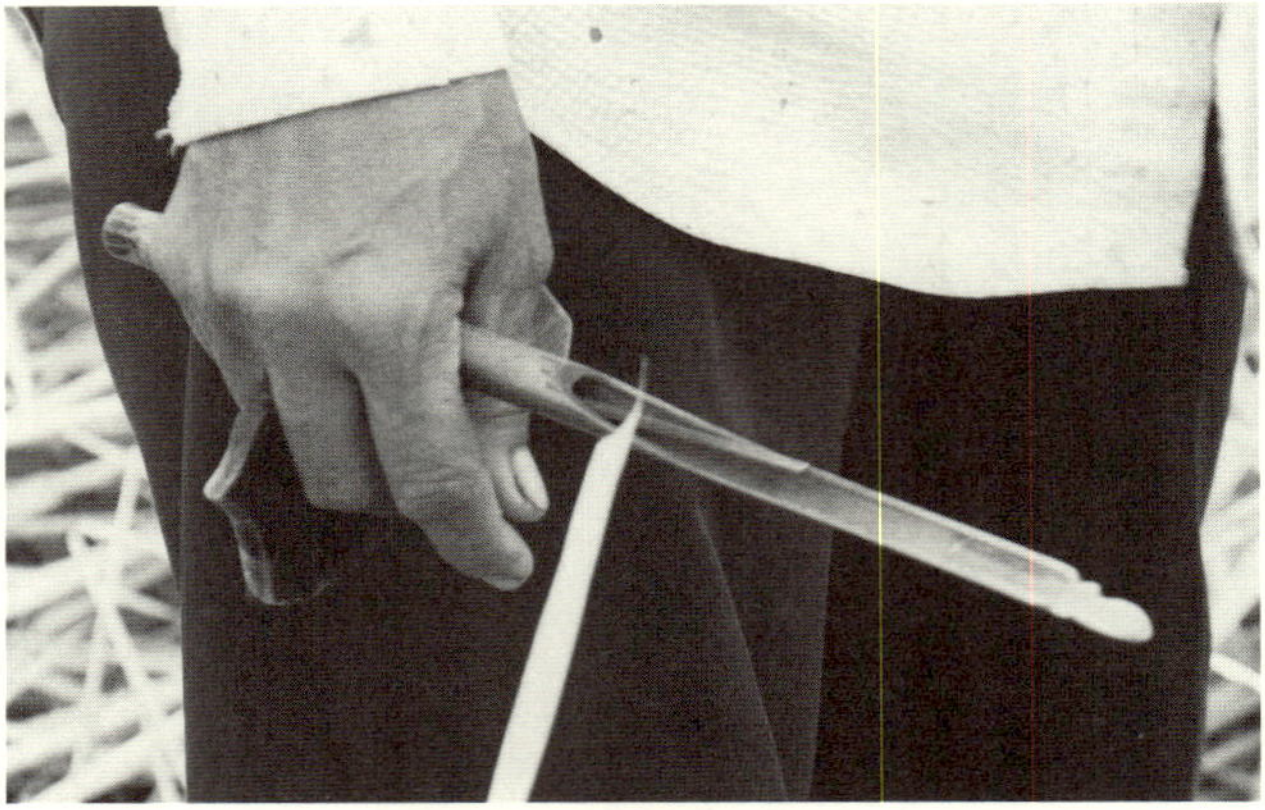
写真2　アンガパンの握り方（撮影：筆者）

脱穀と籾すりは、最近は機械化が進んでしまったが、いまから三十五～四十五年前頃までは、臼と杵を用いて、おおむね十日ごとに行われていた。根刈りされた稲の場合は、茎から籾をはずす脱穀と、籾から籾殻を取り除いて玄米にする籾すりは別々の作業になるが、穂刈りされたローカル・ライスの場合は、脱穀と籾すりは切り離せない一連の作業になる。穂の状態で臼に入れて、杵で搗いては不要物を除去する作業を何度か繰り返すうちに、まずは茎がはずれ、次に籾殻が取り除かれるのである。

○ブラス・メラ［Beras Merah］

インドネシア語でブラスは米、メラは赤という意味で、ブラス・メラは在来種の赤米を意味する。タバナン県のジャティルイ村以東の地域、ジャティルイ村、センガナン村、ババハン村、ペネベル村などでは、ローカル・ライスといえば赤米のブラス・メラのみである（細谷二〇〇八）。タバナン県のジャティルイ村では、普通に栽培され、常食されている。

ブラス・メラの芒は長く、籾殻と芒は淡黄色である（**写真3**）。草丈は一七〇～一八八センチメートルで非常に高く、収穫時にイネが倒伏しているのは当たり前の光景という。半ば倒れかかっている状態のイネや、完全に倒伏してしまったイネなど、倒伏の状態はいろいろだが、どの倒伏状態のイネも、慣れた手つきでアンガパンを使って穂を一本一本刈り取っていく（**写真4**）。

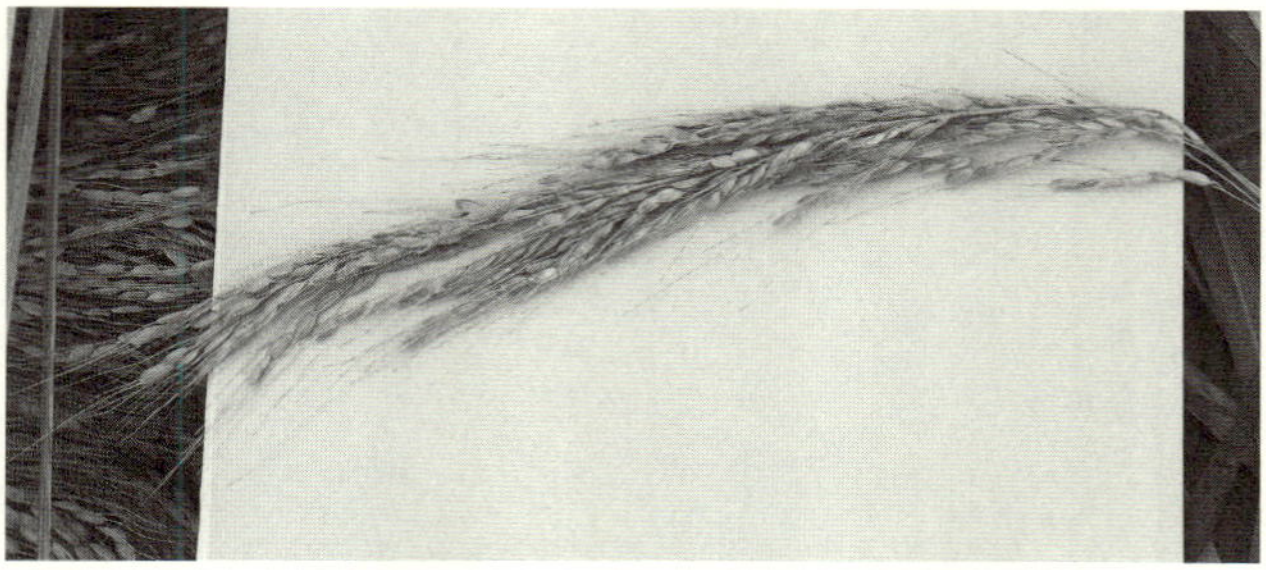
写真3　ブラス・メラ（撮影：筆者）　在来種の赤米

写真4　倒伏したブラス・メラを刈る（撮影：筆者）

ブラス・メラは、遠目にみても一般的なノーマル・ライスの水田と比べて穂がまばらな様子で、一株に付いている穂の数が少ないのがよく分かる。株あたりの穂数は、ジャティルイ村のグヌンサリデサ［Gunungsaridesa］で二本、同じジャティルイ村のソカ［Soka］でも六本程度であった。ただし、穂の数が少ない分、一つ一つの穂はかなり立派で、平均的な長さの穂に二〇二粒、小さい穂で四二粒が付いていた。**表1**に示した平均籾数一二二粒は、計測した二本のうち一本が特に小さい穂だったために平均値が抑えられているが、穂あたり二〇〇粒ほど付いているのが普通であった。穂の長さは平均で三〇センチメートルほどあり、長い。籾の大きさは、長さ七・〇ミリメートル、幅二・五ミリメートルで、玄米の千粒重は一九・六グラムであった。

ブラス・メラだけを栽培する水田は調査

した中では見られず、二期作のローテーションでノーマル・ライスを栽培したり、水田の一画でもち米のカタンを栽培したりしていた。グヌンサリデサの水田では、もち米のカタンや、ローテーションでノーマル・ライスも作るという話であった（ソカの水田では一年でローカル・ライスを二回、ノーマル・ライスを一回作るという）。

肥料は、化学肥料が使用されており、グヌンサリデサの方の水田では牛糞も入れられていた。いまから五十年前は牛糞のみで今と同じくらいの草丈があったそうだが、いまから五十年前にノーマル・ライスが導入され、導入当初は化学肥料をやると良い米がたくさん取れたものの、今は化学肥料によって土地が痩せてしまい、同じように牛糞をやっても悪い米しか取れなくなったという。農薬は使われていなかったが、涼しい気候のため虫が少ないから、という理由であった。

収穫後は田んぼで五日間ほど乾燥させて倉にしまう。ブラス・メラの種籾は倉から出して使うが、ノーマル・ライスを栽培する時の種籾はワルン（売店）で購入する。

収量は、グヌンサリデサでは一〇アールあたり七一キログラム以上というのが聞き取りで得られた情報であった。すぐ近くのソカでは一〇アールあたり二六六キログラムという話で、ジャティルイからそれほど遠くないセンガナン[Senganan]村で二軒に尋ねたところでは一〇アールあたり二五〇キログラムであったので、一〇アールあたり二五〇キログラムほどの収量があると思われる。センガナン村の水田ではノーマル・ライスも同じくらいの収量になるそうだが、グヌンサリデサでは一年間の収量でいうと、ノーマル・ライスを三回作るよりもブラス・メラを二回作る方が多いという話であった。それぞれの水田による収量差もあるであろう。ただし収入でいうと、このグヌンサリデサの水田ではブラス・メラを二回作るのとノーマル・ライスを三回作るのとでは、同等だそうである。

ジャティルイで聞いた範囲では、ブラス・メラは自分たちの常食用で、売るほどは残らないので基本的に販売はされない。ノーマル・ライスはブラス・メラと一：一で混ぜて食べることもあるが、大半は売って現金収入にする。栽培者への聞き取りの結果および市場での価格によれば、二〇〇七年六月の時点でのブラス・メラの売値は、一キログラムあたり六〇〇〇～七〇〇〇ルピア、ノーマル・ライスは四五〇〇ルピアであった。

ただ、ブラス・メラをあまり好まない人も少なくないようで、ブラス・メラよりも、在来種の白米であるブラス・バリの方がよく売れるという。

○ブラス・バリ［Beras Bali］

ブラス・バリは、在来種の白米である。タバナン県以外でローカル・ライスが栽培されている地域に多くみられる（細谷二〇〇八）。カランガスム県に住む人々にとってブラス・バリは、いつも食べられる品種ではないが、最も人気のある米だという。

調査できたのは、カランガスム県南部で、水が豊富なことで有名なティルタガンガ［Tirtaganga］の南に位置するアバビ［Ababi］村で栽培されていた、収穫直前のブラス・バリである。鳥追いをしていた小作人によれば、六か月前（二〇〇七年六月の六か月前）まではノーマル・ライスを栽培していたが、病気になりやすかったため、試しにブラス・バリを植えてみたという話であった。

写真5　ブラス・バリ（撮影：筆者）　在来種の白米

調査したブラス・バリは芒がほとんどなく、籾殻は淡黄色である（**写真5**）。草丈は一五四・三センチメートルと高く、収穫期にはやはり倒伏しているイネが多数である。近くのティルタガンガ村のブラス・バリの収穫では、やはりアンガパンを使い、倒伏したイネをかがんで収穫していた。株あたりの穂数は平均五本で、ブラス・メラと同じように少なく、穂あたりの籾数も二三一粒でブラス・メラと同様、非常に多い。穂の長さも二五・二センチメートルと長い。籾の大きさは、長さ七・二ミリメートル、幅三・五ミリメートルで、玄米の千粒重は二六・三六グラムである。ブラス・メラと比べて籾の一粒一粒がひとまわり大きく、穂も比例して重そうな印象である。

調査したアバビ村の水田では、化学肥料が少量投入されていた。肥料は少なくて良いそうで、アバビ村と同じようにブラス・バリを栽培していた近くのティルタガンガ村の水田でも、ローカル・ライスは化学肥料を入れてもそれほど収量は増えないと聞いた。化学肥料はノーマル・ライスの増産のためのもので、ブラス・バリを含め、ローカル・ライスには本来は化学肥料など必要なく、フムス［Humus］と呼ばれる、牛糞や藁、籾殻など天然の肥料のみでまかなえるようである。

写真6　カタン・メラ（撮影：筆者）
赤いもち米

収量は、アババビ村で一〇アールあたり一〇〇キログラム取れると聞いたが、アババビ村ではノーマル・ライスから切り替えたばかりという話だったので、実際に収穫できた量ではなく、よそから聞いていた収量と思われる。

このようにブラス・バリは、収量こそノーマル・ライスに劣るものの、ノーマル・ライスよりも病気に強く、化学肥料も少なくて済み、高値で売れるという、栽培者側にとって多くのメリットがある種類である。また、味の上で人気が高いため、値段は高くても需要は大きいようである。

（2）菓子用のもち米・有色米

菓子用のもち米は、赤米のもち品種であるカタン・メラと、白いもち米であるカタンに分けられる。ほかに、菓子用や儀礼用にインジン［Injin］と呼ばれる黒米があるが、詳細は確認できなかった。

○**カタン・メラ［Ketan Merah］**

カタン・メラは、ジャティルイ村のソカで調査したブラス・メラの水田の片隅に植えられていた。赤いもち米で、栽培している人は少ないそうである。白いカタンと同様、菓子作りに用いられる。籾殻は淡黄色だが、芒は長く、暗褐色なのが特徴的である（**写真6**）。一本の穂を数えたところ、三一〇粒の籾が付いていた。一穂あたりの籾数が多いのは間違いない。籾の大きさは、長さ七・五ミリメートル、幅三・三ミリメートルで、ブラス・バリと同じくらいである。

○**カタン［Ketan］**

カタンは、菓子用の白いもち米である。お供えに餅菓子が欠かせないバリ島では、ノーマル・ライスを栽培する水田の片隅のわずかな面積をカタン栽培に充てて、自家消費用に作る場合が多いようであり、自家用の小規模栽培をよく見かける。一画にカタンが栽培されている収穫期のノーマル・ライスの水田で、ノーマル・ライスには目もくれずカタンばかりついばんでいる小鳥の様子が印象的であった。ノーマル・ライスよりカタンの方が美味なのであろう。あるいは農薬や化学肥料の影響もあるのだろうか。カタンの芒は長く、籾殻と芒は淡黄色である（**写真7**）。

カランガスム県のスバガン［Subagan］村のジャシー［Jasi］で調査したカタンの草丈は、一四三・〇センチメートルで比較的高い。株あたりの穂数は、ジャシーの水田では十二本、アバビ村では七・一本で、ノーマル・ライスよりも少ないが、ローカル・ライスのブラス・メラやブラス・バリよりも多い。穂あたりの籾数は、ジャシーでは一一二粒、アバビ村では九十六粒ほどで、ブラス・メラやブラス・バリよりもかなり少なく、後述するノーマル・ライスと同程度である。穂の長さは、ジャシーの水田で一八・七センチメートル、アバビ村で二〇・六センチメートルであり、やはりローカル・ライスのブラス・メラやブラス・バリと比べると五〜一〇センチメートルほど短い。籾の大きさは、長さ八・〇ミリメートル、幅三・四ミリメートルで、玄米の千粒重は二二・五〇グラムである。

写真7　カタン（撮影：筆者）　白いもち米

　また、ジャシーで調査したカタンは、計測のため穂に触れると、しばしば籾が外れて落ちた。脱粒性がある点、株あたり穂数がやや多く、穂あたり籾数が少ない点で、ノーマル・ライスに近い特徴を備えていた。

(3) ノーマル・ライス

　ノーマル・ライスは、植えてから収穫まで三か月しかかからないため、三期作が可能である。分げつが概して多いのが特徴で、芒はなく、長粒米である（藤岡一九六八）。ローカル・ライスを常食にするジャティルイ村の人々も、ローテーションでノーマル・ライスを栽培しており、ブラス・メラが不足するとノーマル・ライスを食べている。

　籾殻は淡黄色である（**写真8**）。栽培には化学肥料の施肥を必要とする。脱粒性があるため、脱穀は刈り取った直後にそのまま水田で、板や丸太などに打ちつけて行う。風選もその場で行われ、籾の状態でいったん袋づめして持ち帰り、天気の良い日に広げて乾燥させる。籾すりは機械を使って行われる。

　草丈は、タバナン県のクディリ［Kediri］で八六・一センチメートル、カランガスム県のブグブグ［Bugbug］村で一〇

写真8　ノーマル・ライス（撮影：筆者）

一・五センチメートル、ギャニャール県のカティクランタン［Ketiklangtang］で一〇五・〇センチメートルであり、ローカル・ライスやカタンに比べて四〇～一〇〇センチメートルほど低い。株あたりの穂数は、クディリで十七本、ブグブグ村で十八本、カティクランタンで十六本で、ローカル・ライスと比べて三倍程度とかなり多いが、穂あたり籾数はクディリで七十一粒、ブグブグ村で一一七粒と、ローカル・ライスの二分の一から三分の一でかなり少ない。籾の大きさは、長さ八・四ミリメートル、幅二・三ミリメートルで細長い長粒、玄米の千粒重は一三・三三グラムで軽い。

二、日本の神社に残る在来種

バリ島のローカル・ライスとノーマル・ライスの特徴を理解しやすくするために、日本の稲と比較してみたい。ここで注目するのは、日本の在来種として知られる赤米である。

赤米は、短粒型が古く日本に渡来し、栽培されてきたが、明治時代になると赤米は徐々に駆逐されるようになり、国内からほとんど姿を消した（猪谷・小川二〇〇四）。この流れとは別世界で生き残った例外として、神社の神田において栽培されてきた赤米がある。神事のために赤米を栽培する神社は、かつては今よりも多く存在したが、現在では種子島の宝満《ほうまん》神社、対馬の多久頭魂《たくずだま》神社、岡山の国司《くにし》神社の三つが残っている。これらの神社では、赤米は神様の水田（神田）で栽培する神聖な米であるため、古くから変わらない方法で栽培しなければならないとされており、化学肥料や機械など新しい方法は極力避けようとする意識が存在する。当然のことながら、これらの神社の赤米は、品種改良の波とも無関係であったと

表2　日本の神社で栽培されている赤米の在来種

	宝満神社			多久頭魂神社		国司神社	
位置	鹿児島県種子島茎永			長崎県対馬豆酘		岡山県総社市新本	
神社の起源	702-824年以前？			1000年以上前？		？	
調査年	2007	2008	2009	2007	2009	2007	2009
籾の色	淡黄色			黒褐色		まだらな黄褐色	
肥料	なし			年1回化学肥料（4月）		藁と籾殻を戻すのみ	
調査株数	20	7	20	20	20	20	20
草丈（cm）	153.9			143.4		140	
穂の長さ（cm）	–	–	–	14.4	–	13.1	14.5
株あたり穂数（平均）	12.4			20.0		21.3	
穂あたり籾数（平均）	68.5			65.2		51.0	
1㎡あたり株数	16			12		13	
登熟歩合（%）	48.1	31.2	69.0	74.0	87.3	84.1	77.5
株間	20～25cm			25cm×35cm		25cm×33cm	
玄米千粒重（g）	20.5			19.5		20.6	
10aあたり玄米収量	142.1kg			246.2kg		233.9kg	

思われる。昔の姿のままで継続的に栽培されてきたこの状況は、中近世以前の稲について知るには大変好都合であり、今となっては、かつての姿で生きて現存する非常に貴重な例である。

　筆者は、二〇〇七年から二〇〇九年にかけて、赤米の収穫期にこれらの三つの神社を訪れ、赤米に関する聞き取り調査および収量調査を行った（菊地二〇一〇）。聞き取り調査では、当時、宝満神社の宮司である松原堅二氏、多久頭魂神社の頭受け神事の頭首をされている首藤公敏氏、国司神社の新本本庄赤米保存会会長であった小原章氏にそれぞれ話をうかがった。収量調査は、草丈や分げつが平均的な二十株を対象に、収量構成要素を調べた（**表2**）。

（1）宝満神社

　宝満神社が位置する鹿児島県種子島南種子町茎永は、種子島のなかでも最南端にあたり、宝満神社は、種子島南岸の砂丘に囲まれた海跡湖である宝満の池のほとりにある。赤米を栽培する水田（オセマチ）は、神社から四〇〇メートルほど北側の平地にあり、周囲には普通の白米を栽培する水田が広がっている。

　神社の起源ははっきりしないが、古代多褹国（たねのくに）の時代（七〇二～八二四年）に太宰府の宝満宮から勧請され、以前からこの地に存在したお田の森や舟田での赤米神事が、宝満信仰と複合したと推測されている（下野一九九七）。

宝満神社の赤米の籾殻は淡黄色で、芒は長い。草丈は平均一五三・九センチメートルで高く、やはり収穫の頃になると倒伏しているのが普通のようである。株あたりの穂数は平均十二・四本で、他の神社と比べて少なめである。穂あたりの籾数も平均六十八・五粒と少ない。穂数や籾数が少ないのは、肥料が施されていない点も影響していると思われる。収量構成要素から算出した一〇アールあたりの玄米収量は、平均で一四二・一キログラムほどである。

(2) 多久頭魂神社

多久頭魂神社は長崎県対馬市厳原町豆酘にあり、対馬の島の最南端に位置している。神社は、南の海に注ぐ神田川の左岸にある。赤米が栽培される神田《かんだ》は、神社から三〇〇メートルほど西にあり、神田川右岸の丘陵の緩斜面に立地している。神田川下流の海岸は、豆酘浦に面する漁港で、神田は、南の海岸の漁港や村全体が見渡せる非常に見晴らしの良い場所にある。

神社の創建は少なくとも今から一〇〇〇年前に遡るとされており、赤米栽培も同等の歴史を持つと考えられている。赤米の籾殻が黒褐色なのが特徴で、芒は長く、出穂期には赤色の芒が田んぼ全体に赤くたなびいて美しい。

草丈は平均一四三・四センチメートルで高く、九月末には台風の影響で波打つように倒伏するが、やはり全体が倒伏した景観が普通だそうである。株あたりの穂数は平均二十本で多いが、穂あたり籾数は平均六十五・二粒で、穂はそれほど大きくない。基本的には余計な手を加えてはいけない神田ではあるが、多久頭魂神社の神田では一年に一回、苗代を作る際に化学肥料を施すそうである。神田の施肥は一年に一度きりであるが、上流側の水田に施される肥料由来の栄養分が、上から流れてくる水に含まれていて、神田の栄養分にもなっていると思われる。収量構成要素から算出した一〇アールあたりの玄米収量は、平均二四六・二キログラムである。宝満神社よりも収量が多いのは、肥料の影響が大きいであろう。

(3) 国司神社

岡山県総社市新本に位置する国司神社は、東に流れる高梁川の支流である新本川の南側にあって、新本川が形成する広い沖積低地と丘陵との境目あたりに立地する。神田は神社のすぐ東側に隣接しており、神田の東側は普通の白米の水田につながっている。

国司神社の赤米の特徴は、茎が非常に細くて折れやすい点である。苗も細いので、田植えの際には一般的な三本植えではなく四〜五本を基本とし、場合によっては十本植える株もあるという。籾殻は淡黄色だが、黒褐色の混じったまだらな籾も多く、淡黄色と黒褐色の中間色の籾もある。芒は長いが、折れやすい。草丈は平均一四〇・〇センチメートルで他と同様に高く、通常は倒伏するが、国司神社の神田では倒伏対策として、イグサの栽培に使われる粗い網を張って、倒伏を防いでいた。他の神社のイネよりも茎が細いがゆえの工夫であろう。株あたりの穂数が平均二十一・三本と多いのは、茎が細いので株を丈夫にするために田植えの際の植え付け本数を多くしている影響が大きいと思われる。穂あたり籾数は、平均五十一粒で少ない。意識的な施肥は行われておらず、脱穀と籾すりの後に藁と籾殻を神田に戻して鋤き返す作業が、自然の栄養分になっていると思われる。草取りも特にしないという。収量構成要素から算出した一〇アールあたりの玄米収量は、平均で二三三・九キログラムになる。化学肥料が施されている多久頭魂神社の神田と比べて収量が少ないのは、施肥の有無による影響と考えられる。同じように肥料を使用していない宝満神社のオセマチよりも収量が多いのは、田植えの際の移植本数が多いために株あたり穂数が多くなっているのが要因と考えられ、これも元はといえば国司神社の赤米の茎が細いという特徴に起因していると思われた。

以上の三つの神社で栽培されている赤米は、いずれも短粒型のジャポニカと考えられている。玄米はいずれも千粒重で二〇グラム前後であり、バリ島のローカル・ライスブラス・メラと同じくらいであるが、ブラス・バリやカタンと比べると粒はひとまわり小さい。

三、バリ島のローカル・ライスの特徴

バリ島のノーマル・ライスや菓子用のもち米カタン、日本の赤米の在来種と比較しながら、バリ島のローカル・ライス（ブラス・メラとブラス・バリ）の特徴を詳しくみてみる。

バリ島のローカル・ライスの一番の特徴は、株あたりの穂数が非常に少なく、穂あたり籾数が非常に多い、穂重型の特徴をもつ点であろう。これは、典型的なブル系（熱帯ジャポニカ）のイネの特徴である（高橋一九八七）。ブラス・バリの株あたり穂数は平均して五本で、穂あたり籾数が二三一粒である。ジャティルイ村のブラス・メラも、株あたり穂数は平均二〜六本、穂あたり籾数は二〇二粒ほどである。同じジャティルイ村のカタン・メラについても、詳しい調査はできていないものの、一本の穂に三一〇粒の籾が付いていたので、同様に穂重型の可能性が高い。

では、ローカル・ライスはどの程度の穂重型なのか。土

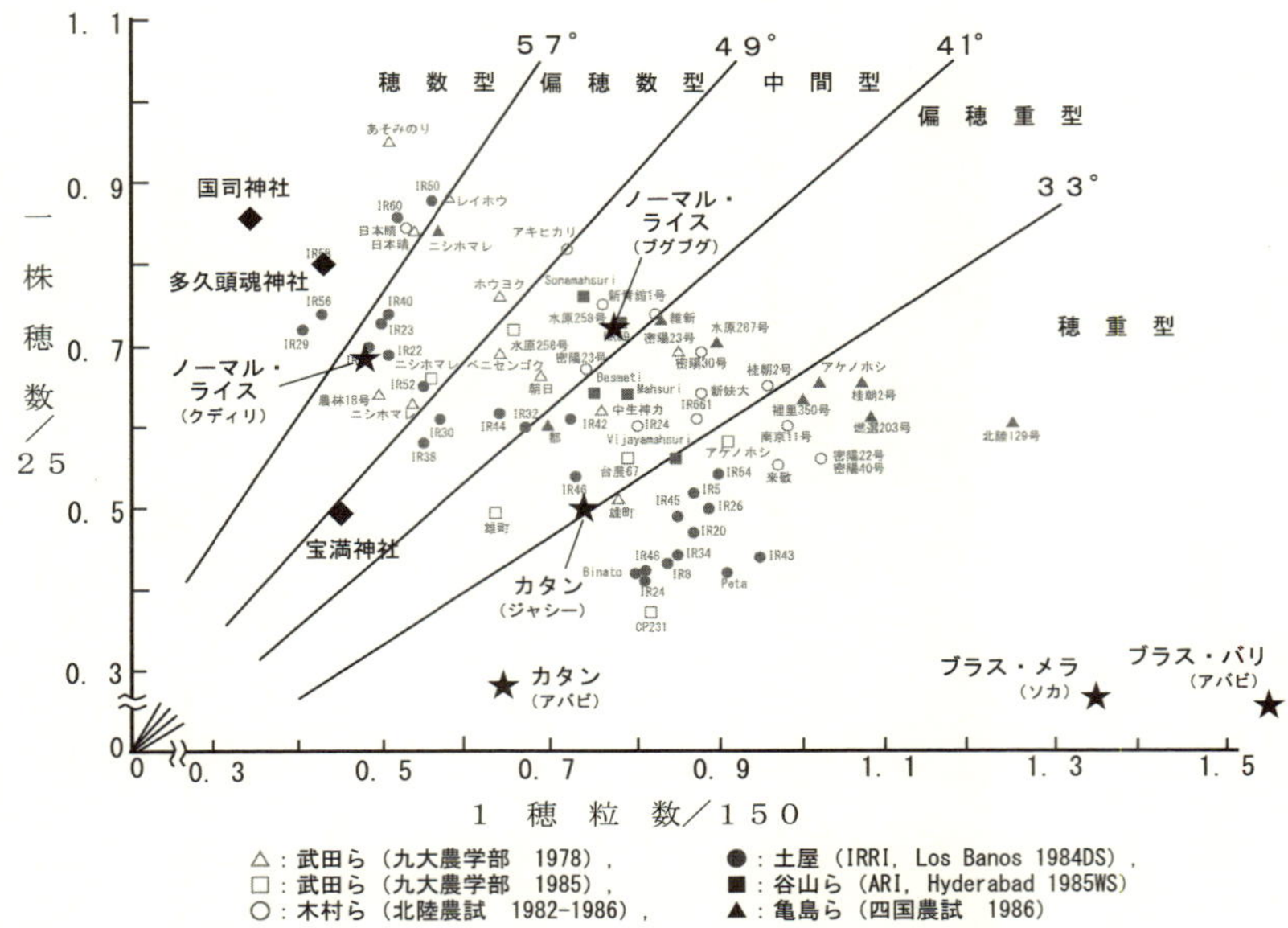

図1　一株穂数と一穂粒数を指数としたイネ草型（土屋・岡本1990に加筆・一部改変）

屋・岡本が考案した、一株穂数と一穂粒数を利用してイネ草型を指数で表現した図（土屋・岡本一九九〇）に、本稿のそれぞれのイネの株あたり穂数と穂あたり粒数を落としてみると、一目瞭然である（**図1**）。本稿で紹介したバリ島のイネの調査結果は、詳しい調査に基づいたデータではないため、大まかな傾向を示した図としてみていただきたい。ローカル・ライスであるブラス・メラとブラス・バリは、同じ穂重型の中でも、よりその傾向が強い位置にプロットされている。ブラス・メラとブラス・バリの穂あたり籾数は、カタンやノーマル・ライスの二倍ほどあり、さらに日本の赤米在来種と比べると三～四倍にもなる。株あたりの穂数の方は、ノーマル・ライスの三分の一から九分の一、日本の赤米在来種と比べると二分の一から十分の一である。

また、**図1**では、カタンは偏穂重型～穂重型、ノーマル・ライスは偏穂数型～中間型、日本の赤米在来種は穂数型～中間型の位置にある。種子島の南端に位置する宝満神社の赤米が、穂数型である多久頭魂神社や国司神社の赤米とは違って、より熱帯ジャポニカ寄りである中間型を示している点が、地理的な位置とも絡んで示唆的である。

ところで、ローカル・ライスとノーマル・ライスの収量はどの程度であろうか。聞き取り調査で大まかな収量の情報は得られるが、実際のところはどうなのか。

米の収量は、「一平方メートルあたりの穂数」、「穂あたりの籾数」、「玄米千粒重」、「登熟歩合」の四つの収量構成要素の積によって表せる。二〇〇七年の調査ではきちんとした収量調査を行っておらず、収量構成要素の積による収量の算出は難しい。そこで、収量構成要素から収量の傾向を把握してみる。

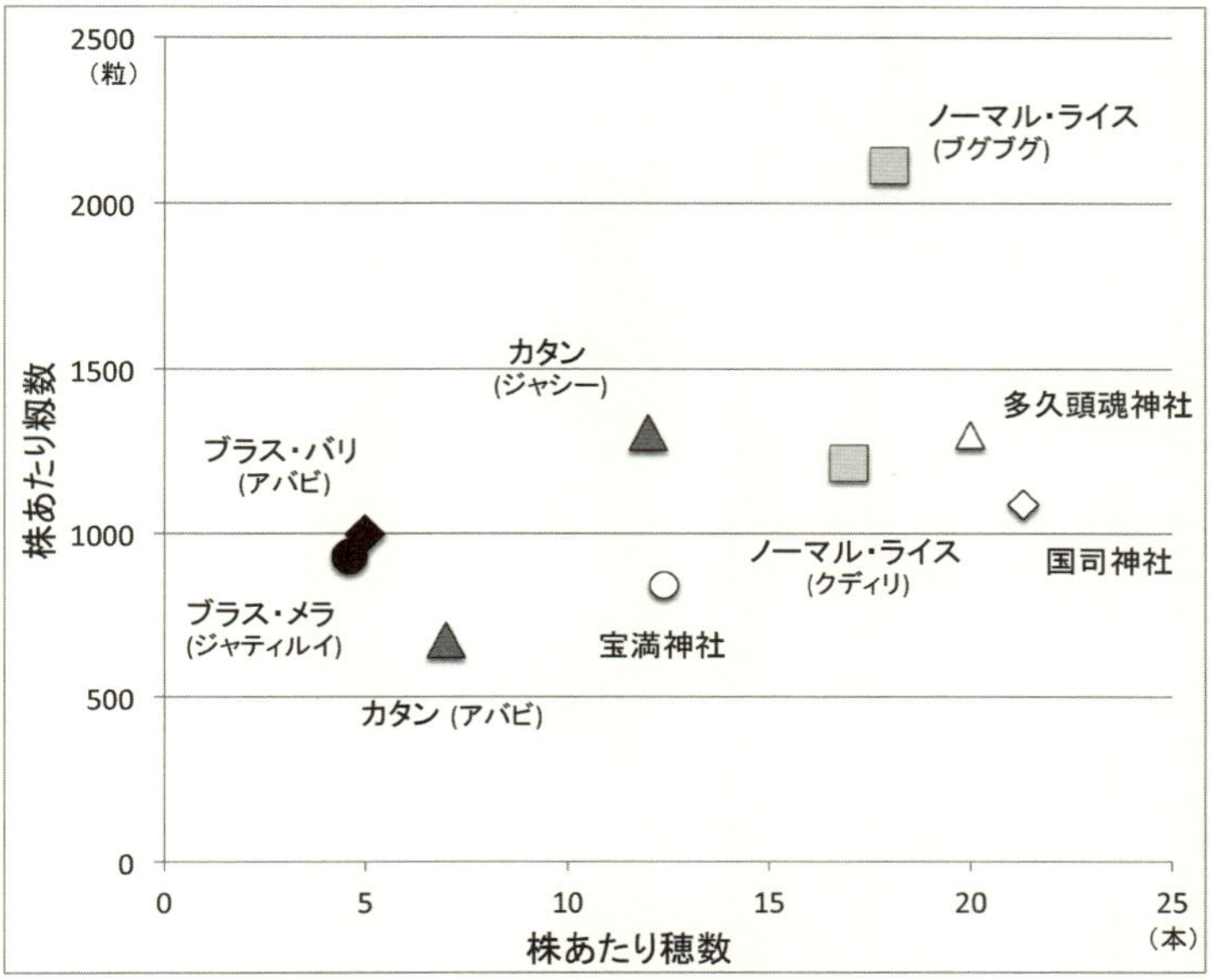

図2　株あたり籾数と株あたり穂数の比較

四つの収量構成要素のなかでも、一平方メートルあたりの籾数（一平方メートルあたりの穂数×穂あたりの籾数）が収量に最も寄与する度合いが大きいという調査結果がある。四つの収量構成要素のうち、登熟歩合と千粒重の収量への寄与率が合わせて二一・二パーセントなのに対し、一平方メートルあたりの籾数の寄与率は六〇・二パーセントであり、かなり大きい（吉田一九八六）。バリ島調査中には極端な密植や粗植の水田を見かけなかったので、一平方メートルあたりの株数はほぼ同じだとすると、バリ島の稲では株あたりの籾数が、収量に寄与する度合いの最も大きい属性になる。

そこで、株あたりの籾数を比較すると、二つのローカル・ライスの株あたりの籾数は一〇〇〇粒ほどで、日本の赤米在来種とほぼ同量か、やや少ない（**図2**）。ノーマル・ライスは、特にブグブグ村のノーマル・ライスの籾数が非常に多く、ローカル・ライスの二倍近くになっている。ただし、ノーマル・ライスの収量を考える場合には、千粒重が軽い点を考慮しなければならない。千粒重は、品種によって異なるものの、他の要因の影響を受ける度合いは少なく、比較的安定した品種的特性である（吉田一九八六）。ノーマル・ライスの千粒重は一三・三三グラムで、ブラス・メラの千粒重はその約一・五倍、ブラス・バリは約二倍になる。したがって、ノーマル・ライスは株あたりの籾数は多いが、ローカル・ライスと同等の収量を得るには、ローカル・ライスの一・五〜二倍ほどの籾数が要る。ブグブグ村のノーマル・ライスは、ローカル・ライスの二倍近い籾数が得られるが、収量はローカル・ライスと同じくらいであろう。そう考えると、ブラス・メラを栽培するセンガナン村の二軒で聞いた、「ノーマル・ライスもローカル・ライスも同じくらい収穫できる」という話もうなずける。

ただ、ノーマル・ライスを多収穫品種たらしめている大きな特徴は、播種から三ヶ月で収穫でき、三期作が可能な点である。五ヶ月かかるローカル・ライスは、二期作が限界である。一年間のサイクルで考えるなら、ローカル・ライスとノーマル・ライスの一回の収量に大きな差がないとしても、ノーマル・ライスの三期作では、三回目の収穫分だけ、ローカル・ライスよりも多く得られる計算になる。

米の生産量を増やすために政府主導で積極的に導入されたノーマル・ライスは、現在ではバリ島に広く普及している。しかし、現地で話を聞く限り、ノーマル・ライスの導入で米は足りるようになったが、バリ島の人々はけっしてノーマル・ライスに満足しているわけではなかった。ローカル・ライスは、年間収量の点ではノーマル・ライスに劣る一方で、高値で売れる点や、病気に強い点、化学肥料が少なく済む点など複数のメリットがあり、食味の良さから需要も大きい。さらに、ノーマル・ライスの短所として、ノーマル・ライス栽培に不可欠な化学肥料が土壌を劣化させたという話も聞かれた。ノーマル・ライスを栽培してきた農家が、メリットの多いブラス・バリ栽培に再び切り替える例もあった。

ノーマル・ライスの導入により、ローカル・ライス栽培と、それにともなう伝統的な作業方法や儀礼も徐々に廃れる傾向にある。世界遺産登録で観光地化が進み、ローカル・ライスを取り巻く状況は、需要の高さに反して厳しくなっているとの話もある。今後のバリ島で、収量以外の点で良いことずくめのローカル・ライスと、それにともなう伝統的な有機農法が見直されるのを願うばかりである。

一つ気になる点について最後に触れておきたい。一九六〇年代にバリ島を調査した藤岡によれば、ブルは芒という意味で、ブル系の稲は、概して有芒（藤岡一九六八）であるが、二〇〇七年に調査したローカル・ライスのうち、ブラス・バリには芒がほとんどなかった。ローカル・ライスは、ブラス・メラとブラス・バリに分けられるとしたが、それぞれに複数の種が存在する可能性があると思われる。

おわりに

ローカル・ライスの特徴についてみてきたが、最後に、民族考古学の視点でみると非常に興味深い、収穫後の作業について触れておきたい。

バリ島のローカル・ライスには、穂首刈りから臼と杵を用いた脱穀・籾すりまでの、収穫とその後の一連の伝統的な作業がなぜか残っている。もっとも、臼と杵による脱穀・籾すりの方はノーマル・ライスの導入以降、機械化が進み、徐々に廃れ、現在では臼と杵を用いて脱穀・籾すりをする人は見かけないが、ローカル・ライスとノーマル・ライスの両方を交互に栽培している農家でも、ノーマル・ライスは根刈りをするが、ローカル・ライスはアンガパンを使って穂首刈りをするのである。

ローカル・ライスの収穫で、より効率的に見える根刈りをしない最大の理由は、ローカル・ライスに脱粒性がないためであろう。脱粒性のあるノーマル・ライスは、刈り取ってすぐに、その場で何かに叩きつければ脱穀できる。しかし、脱粒性のないローカル・ライスは、別の方法で脱穀する必要がある。すぐに脱穀できないローカル・ライスは、もし根刈りしてしまうと、乾燥させる間と、脱穀の時まで保管する間、長い茎が付いてくるのである。

バリ島では、籾すりが機械化される直前まで、臼と杵を使った脱穀・籾すり作業が広く行われていた。前に述べたように、臼と杵を使っての脱穀・風選・籾すりは、穂の状態から連続して切れ目なくおこなう一連の作業である。穂束を解き、穂のまま臼に入れて（**写真9**）、竪杵で搗いては（**写真10**）、

写真9　穂の状態で臼に投入（撮影：筆者）
臼と杵を使った脱穀・籾すりは2007年にはすでに行われなくなっていたが、子供の頃に作業を手伝っていたという女性に再現していただいた

写真10（右）　臼と竪杵で脱穀・籾すり（撮影：筆者）
写真11（左）　風選（撮影：筆者）
臼と杵を使った脱穀・籾すりは2007年にはすでに行われなくなっていたが、子供の頃に作業を手伝っていたという女性に再現していただいた

風選（**写真11**）や手で茎や籾殻を取り除く作業を三段階ほど繰り返し、最終的に玄米の状態にする。穂の状態から、脱穀、籾すりまでが一気に完了するのである。

臼と杵を使った脱穀・風選・籾すりは、乾燥させてからでないとうまくいかないため、脱穀に先立って、まず収穫物を乾燥させる必要がある。バリ島では、根刈りしてはざかけする日本のように、長い茎が付いた状態で乾燥させることがない。臼と杵を使った脱穀・風選・籾すりに長い茎は必要なく、むしろ邪魔な存在であるため、穂刈りする方が、その後の処理に都合が良かったと理解できる。

また、倉にコンパクトに収納できる点でも、穂首刈りして穂束で保管するのが、場所を取らない最も効率的な方法であったと思われる。特にひときわ草丈の高いローカル・ライスの長い茎は、保管にはさぞ厄介であろう。保管の状態だけを考えると、籾か玄米の状態が最もコンパクトと思われるかもしれない。しかし、脱穀から籾すりが一連の作業である場合は、籾の状態という選択肢はなく、穂の状態か玄米の状態での保管のどちらかが必然となる。穂か玄米かでいうと、穂の状態の方が長期保存や食味を保つ意味で優れている。また、一度に大量の稲を脱穀・籾すり処理できない点を考えると、保管には穂束の状態が最適であろう。そう考えると、穂束の状態で保管できる倉あっての、臼と杵による脱穀・籾すり作業であり、脱穀・籾すりが機械化されてしまった今、遅れて廃れつつある倉が、今後どうなってゆくのか非常に気になるところである。

また、穂束の状態は、倉までの運搬にも都合が良かったかもしれない。さらに言えば、穂重型であるローカル・ライスは、そもそも穂の数が少ないため、穂首刈りしなければならない本数が少ない。日本の穂数型の在来種と比べると、穂首刈りにかかる手間は圧倒的に少ないはずであり、その点で、バリ島のローカル・ライスは日本の在来種よりも穂首刈りに向いていると言えるだろう。

日本では、水田稲作が始まった弥生時代当初には、バリ島のローカル・ライス栽培にみられるのと同じように、石包丁を使って穂首刈を行い、倉で米を保管し、臼と杵を使って脱穀から籾すりが行われたと考えられている。遅くとも千歯扱きが普及する江戸時代中期には、根刈りが普通になっていた。風選は、江戸時代前期には箕に代わって唐箕が、籾すりは、平安時代には木摺臼（河野一九九八）、江戸時代には土臼が使われるようになり、大量の米の脱穀・風選・籾すりを効率的に行えるようになった。

なぜ、どのようにして、日本では穂首刈りから根刈りに変わってしまったのだろうか。この問題を解く鍵のひとつが、バリ島の民族誌にあると考えている。なぜ、バリ島のローカル・ライスの収穫物処理では、四十年前頃というごく最近まで、臼と杵を用いた伝統的な脱穀・風選・籾すりの作業が残っていたのか。なぜバリ島では、日本のように、より効率的な農具が導入されなかったのか。近代化の流れの中で急速に廃れゆくこのような伝統的な作業や方法の観察は、遺跡から出土する資料を使って歴史を読み解く考古学の研究にとっても急務なのである。

ノーマル・ライスの導入にともなって根刈りが導入され、臼と杵による脱穀・籾すりの代わりに機械が使われるようになって、今後のローカル・ライスの脱穀・籾すりがどのように変わるか、あるいは変わらないか。いま機械で行われているローカル・ライスの脱穀は、穂束の状態からどのように行われているのか。ローカル・ライスの長い芒は、籾すり機には良くない場合もあるが、籾すりはノーマル・ライスと同じ機械を使用しているのかなど、観察すべき項目はいろいろとある。このような観察と比較が、バリ島の稲作の理解に繋がるだけでなく、翻って日本における根刈りの導入、こきばしや千歯扱きを用いた脱穀方法への変化、貯蔵形態の変化の要因がどこにあったのか、といった問題を考えるための材料を提供してくれるはずである。

引用・参考文献

猪谷富雄・小川正巳「わが国における赤米栽培の歴史と最近の研究情勢」(『日本作物学会紀事』七三(二)、二〇〇四年)
菊地有希子(「バリ島におけるローカル・ライスの特徴について」(海老澤衷編『講座　水稲文化研究Ⅳ　バリ島研究の新たな展開』早稲田大学水稲文化研究所、二〇〇八年)
菊地有希子「稲作の民俗考古学――神社における赤米栽培と収量に関する研究」(菊池徹夫編『比較考古学の新地平』同成社、二〇一〇年)
河野通明「平安時代の籾摺臼」(大阪大学文学部日本史研究室創立50周年記念論文集『古代中世の社会と国家』清文堂出版、一九九八年)
下野敏見「宝満神社の赤米と神事」(『自然と文化』五三、一九九七年)
高橋成人「アジア栽培稲の生態型と生態的特性」(『東南アジア研究』二五(一)、一九八七年)
土屋幹夫・岡本正範「イネ草型の指数化について」(『日本作物学会中国支部研究集録』三一、一九九〇年)
藤岡保夫「バリ島の水稲作とその儀礼」(宮本延人編『バリ島の研究――第二次東南アジア稲作民族文化総合調査研究』東海大学出版会、一九六八年)
細谷葵「「社会植物考古学」の視点によるバリ島稲作の民族誌調査」(『東南アジア考古学』二七、二〇〇七年)
細谷葵「コメと倉――バリ島稲作社会の民族考古学調査」(海老澤衷編『講座　水稲文化研究Ⅳ　バリ島研究の新たな展開』早稲田大学水稲文化研究所、二〇〇八年)
吉田昌一『稲作科学の基礎』(村山登・吉田よし子・長谷川周一・末永一博訳、博友社、一九八六年)

報酬脳主導による持続型社会モデル
——バリ島慣習村の事例

河合徳枝

人間の脳における報酬系神経回路と懲罰系神経回路は、人間の行動を制御するレーダーである。社会制御のやり方として、これら二つのうち、報酬系神経回路をより積極的に活用して社会の自己組織化と葛藤制御を実現しようとするやり方がある。これを報酬脳主導と呼び、社会制御のやり方として優れた方法の一つと考えられる。報酬脳主導による持続型社会について、バリ島村落共同体を事例にして紹介する。

はじめに

著者らはかねてから、バリ島の伝統村落社会の持続性（サステイナビリティ）は稲作と儀礼を中心にした報酬脳主導の社会システム制御によると考えている。中でも本稿でとりあげる村落社会（以下「対象村」という）は、その典型的モデルのひとつと考えられる。その儀礼と報酬脳主導による持続型社会の実態について紹介する。

一、村落の概要

(1) 対象村の基本構成

バリ島の村落システムの基本単位は、自己完結的なデサ〔Desa〕といわれる単位である。デサは、サブ・システムのバンジャル〔Banjar〕またはドゥースン〔Dusun〕という地縁集団によって構成され、さらにバンジャルはテンペック〔Tempek〕という小集団に分かれている場合もある。デサは大きな冠婚葬祭の単位であり、デサ全体が合同で祀っている寺院の祝祭儀礼、合同の葬祭儀礼などがデサを単位に執行される。一方、日常における相互扶助、共同作業、農耕儀礼、通過儀礼などの冠婚葬祭のほとんどはバンジャルを基本単位として行われる。この村落システムの構成は、近代統治システム、すなわち、インドネシア共和国の行政単位の基本システムにも原則的に適用されている。しかし、決して一様ではなく、地域ごとにカスタマイズされきわめて多様な実態をもつ。

伝統的村落単位（デサ・アダット＝慣習村という）の境界は、近代的行政単位（デサ・ディナス＝行政村という）の境界とは、必ずしも一致しない。バリ島では、慣習村と行政村は二重構造をとり、両方のシステムが並存している。両者は食い違っている場合が少なくないので、それぞれの地域ごとの事情に合わせて、実に多様で複雑な二重構造を呈しているのが実状である。行政村は、制度的教育や税制システムなどの執行単位となるが、人々の生活の実質は圧倒的に慣習村に拠っている。行政村は万一消滅してもおそらくそれほど大きな支障はないが、慣習村が解体した場合、バリ島の人々の生活は一日として成り立たないであろう。

一般に慣習村は、行政村に比べて規模が小さい。行政村のなかのひとつのバンジャルがひとつの慣習村、すなわちデサ・アダットである場合が多い。その場合慣習村では、行政村のバンジャルにあたる単位をデサと呼び、行政村のテンペックにあたる単位をバンジャルと呼ぶ。システムの階層の呼称については、注意が必要である。

対象村は、五つのバンジャルで構成されている行政村のなかのひとつのバンジャルであり、それが一つの慣習村すなわちデサ・アダットである。対象村は、カジャ・カウ［Kaja Kauh］、カジャ・カンギン［Kaja Kangin］、クロッド・カウ［Kelod Kauh］、クロッド・カンギン［Kelod Kangin］の四つのバンジャル（行政村の階層ではテンペックという）に加えて、さらに先住民の集落がある。バリ島の慣習村は、きわめて自立完結性が高く、日本でいえば中世の惣村といわれる村落自治システムに近い。それぞれ独自に村の法システム、経済システム、治安システム、裁判システム、福祉システムをもち、行き届いた相互扶助体制を完備している。バリ島村落の持続性については、言うまでもなく、この慣習村の実態を探らなければその本質に迫ることはできない。

本調査研究では、完結性の高いひとつの慣習村デサ・アダットを対象とした。

(2) 対象村の歴史と組織

①対象村の起源

バリ島の歴史には詳しく触れないが、中世から地域ごとにいくつかの為政者が興亡を繰り返し、一九四五年インドネシア共和国建国直前には八つの王国が割拠していた。それが現在の行政県［Kabupaten］の単位となっている。また、様々ないきさつにより、四つのゆるやかなカーストすなわち、高僧階級ブラフマナ、王族階級クシャトリア、兵士ウェシア（以上三階級をトリ・ワンサという）、平民スードラといったカテゴリーが形成されていた。今日、王権もカースト制も制度的には無効になっている。しかしバリ島では、プダンダといわれる高僧はブラフマナ階級に限られ、トリ・ワンサとスードラでは儀礼の様式が異なる場合もあり、宗教的な慣習においてはさまざまな違いが残っている。こうした制約はむしろ安定した実績のある秩序としてバリ島社会の持続性を高めていると考えてよい。また、王族の末裔は、名実ともに地域を統括していた時代と変わらず、プリ［Puri］といわれる宮殿に住まい、プリ［Puri］は村落の中心に位置し、現在でもその中核となって社会運営に貢献している場合がある。

対象村でも、一〇〇人ほどの王族の子孫たちが中心地域に居住している。プリは支配的な立場をとるのではなく、さまざまな側面で儀礼の支援を担い、対象村の人々はプリを中心にゆるやかながらも求心的にまとまっている。

聞き取り調査によれば、対象村のもともとの状態は、わずかに数十戸の先住民の集落があったもののほとんどが森であったという。当時その地域は、アラス・ルンケッド［Alas Rengked＝森という意］と呼ばれていた。この地の領主は、近隣の人々を少しづつ入植させていったが、最初の人口はわずかなものだったらしい。そのため領主は、刑務所にはいるべき罪人を、対象村に入植させ、そこで行いがよければ死刑にしないこととしたらしい。結果として、ひとりも死刑になるものはおらず、対象村は、トォ・ジワ［Toh Jiwa］、命が永らえたという意味の名で呼ばれるようになった。罪人を入植させることは、特に三代目の王イ・グスティ・グデ・オカ［I Gusti Gede Oka］の時代に盛んに行われたらしい。また、イ・グスティ・グデ・オカは、瞑想を好み、現在のふたつの宮殿のある場所のひとつが瞑想の地であった。その時代から瞑想という意味の言葉が集落名になったという。現在対象村に住んでいる王家の末裔は、六代目である。

②対象村の運営組織と機能集団

対象村の集落は二〇〇六年のデータによれば三九〇戸、人口は、約一六〇〇人程度である。正確な数は記録がなかった。

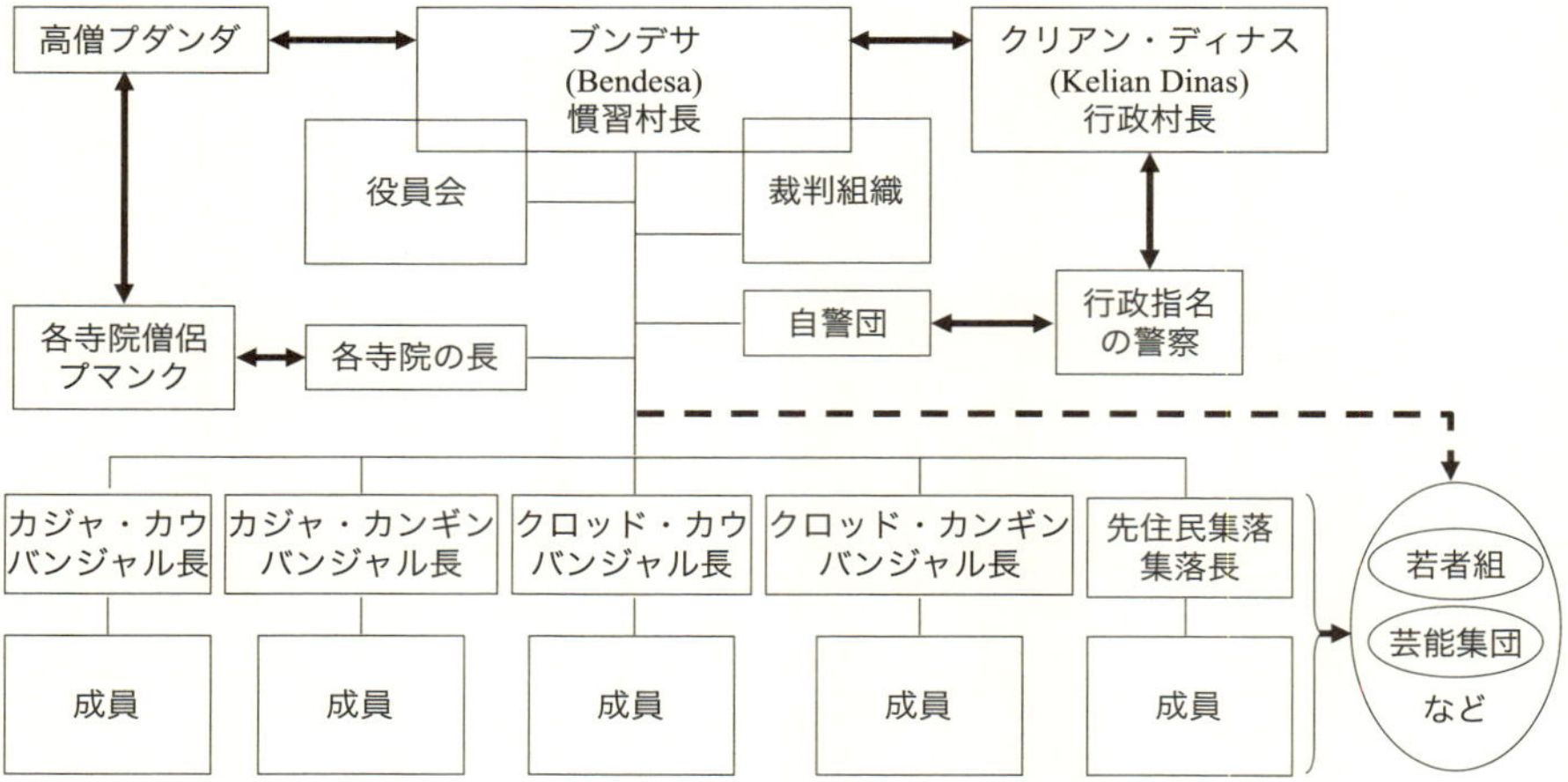

図1　対象村の組織

表1　慣習村の人口構成（2006年）

年齢	人口
1～4歳（4年）	92人
5～14歳（10年）	約250人
15～24歳（10年）	約200人
25歳以上	約1250人

人口構成は、**表1**のとおりである。インドネシア共和国による産児制限政策の影響もあり、人口の増減はここ十数年ほとんどないという。**表1**より、各年齢層は二十人程度と推測され、大きな偏りはない。この状況は、一般的なバリ島の村落とほぼ同様である。

対象村には、ブンデサ［Bendesa］といわれる慣習村の村長、そして行政村には、クリアン・ディナス［Kelian Dinas］といわれる村長がいる。どちらも王家の一族からでている。バリ島の村に二人の村長がいるのは、その二重構造から当然である。なお、ブンデサはボランティアであり、儀礼を中心に村のすべての責任を担う。一方クリアン・ディナスは、行政の長として給料が支給される。また対称村には、先述のとおりサブ・システムが四つあり、それぞれに長がいる。対象村の組織を**図1**に示した。

バリ島の慣習村には、ブンデサを中心にした執行部としての役員会がおかれているのが一般的であり、対象村も例外ではない。意思決定の最高機関としては、村の正員すなわち村の構成員として資格が認められた世帯の代表者による村総会がある。またその下にサブ・システムである四つのバンジャルの総会がある。機能的組織としては、裁判組織、自

表2　慣習村の奉納芸能集団

	スク（Sekaa）の種類	楽器の種類	楽器の保管・稽古場所
1	音楽グループ Sekaa Gong	ガムラン・ゴン・クビャール Gamelan Gong Kebyar	プリ・アグン Puri Agung
2	音楽グループ Sekaa Gong	ガムラン・ゴン・クビャール Gamelan Gong Kebyar	プリ・タマン Puri Taman
3	音楽グループ Sekaa Semarpegulingan	ガムラン・スマルプグリンガン Gamelan Semarpegulingan	プリ・タマン Puri Taman
4	音楽グループ Sekaa Angklung	ガムラン・アンクルン Gamelan Angklung	リーダーの家
5	舞踊グループ Sekaa Tari	なし	プリ・タマン Puri Taman
6	影絵芝居グループ Sekaa Wayang Kulit	グンデル・ワヤン Gender Wayang	プリ・タマン Puri Taman
7	影絵芝居グループ Sekaa Wayang Kulit	グンデル・ワヤン Gender Wayang	リーダーの家
8	合唱舞踊劇ケチャグループ Sekaa Cak	なし	集会所
9	朗詠歌グループ Sekaa Kidung	なし	適宜
10	朗詠歌グループ Sekaa Kidung	なし	適宜

警団（儀礼警護団〝プチャラン Pecalang〟、行政警護団〝ハンシップ Hansip〟等）、若者組〝クラマ・タプカン Kerama Tapukan〟などがある。特に若者組は、一定要件を満たした男子、女子は全員参加が義務づけられており、対象村の正員となるための登竜門である。

さらにバリ島では、それぞれの村落に儀礼のための芸能集団が必ず存在する。それらは〝スク［Sekaa］〟という同好会形式により、その参加は任意であり強制的ではない。にもかかわらず、バリ島では自主的な参加によって組織化されたスクは、約五八〇〇グループを数える。大雑把に平均して言うと、ひとつの行政村には約一〇グループの芸能集団があると考えてよい。さらにバンジャルレベル、つまり慣習村レベルでいうといくつかの実例をみても平均一～二グループ、多くて三グループである。それに対して対象村には、**表2**のとおり音楽グループ四団体、舞踊グループ一団体、影絵芝居グループ二団体、合唱舞踊劇ケチャグループ一団体、朗詠歌キドゥングループ二団体、合計一〇のスクがあり、それは驚異的に高い密度といえる。それらはすべて儀礼のための奉納芸能集団である。

さらに、儀式や芸能を演じるのに欠かせないガムラ

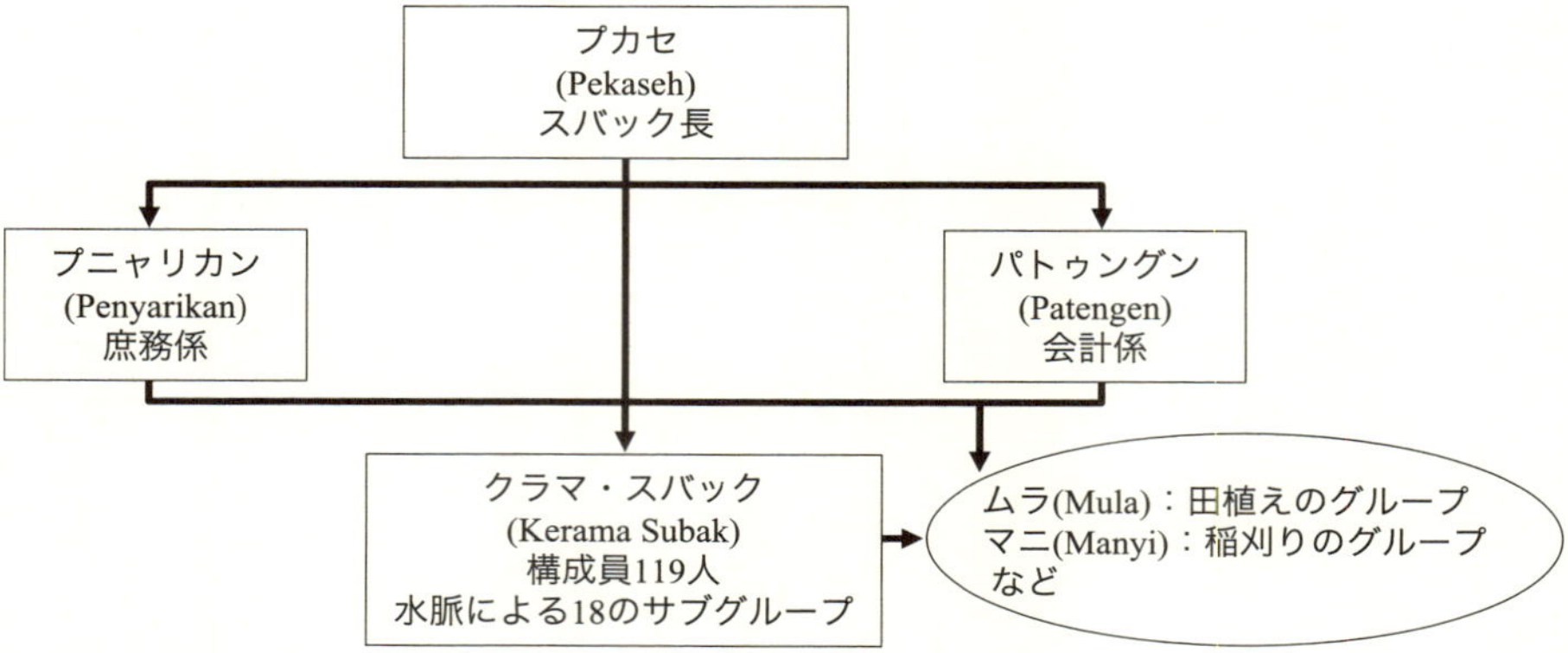

図2　対象村スバックの組織

ン［Gamelan］という青銅製の打楽器アンサンブルの所有数を見ると、野外用の大規模アンサンブル〝ゴン・クビャール［Gamelan Gong Kebyar］〟二セット、宮廷の室内楽用アンサンブル〝スマルプグリガン［Gamelan Semar Pegulingan］〟一セット、葬送儀礼用アンサンブル〝アンクルン［Gamelan Angklung］〟一セット、影絵芝居用アンサンブル〝グンデル・ワヤン［Gamelan Gender Wayang］〟二セット、合計六セットである。一般的には、慣習村レベルの楽器所有数は、一セットあるいはせいぜい二セットである。

③灌漑組織

バリ島の水田を営む村落に必ず組織化されている水利組合〝スバック［Subak］〟が、対象村にも組織されている。同一の水系ネットワークを共有して水を分け合う共同組合のひとつの単位がスバックである。スバックは、同一水系上にある水田を所有する各家から一人ずつメンバーが集まって構成される。対象村のスバック員は、一一九人である。分岐した水路によって一八のサブグループに分かれている。スバックの概要を**図2**に示した。対象村の水田はなだらかな丘陵で、山岳部の急峻な傾斜地の棚田に比べると、用水の管理という点では、比較的容易な地形条件であるといってよい。また、ひとつの村内に異なる複数の水系を導入している場合、複数のスバックが存在することとなりスバック同士の利害の対立が顕在化しやすい。しかし対象村は、同一水系を利用する単一スバックであるため、スバック間の葛藤は村内に発生しない。単一スバック内における構成員間の水の配分という葛藤要因のみであり、各水田への公平な水の分配によって構成員の利害の対立を制御すればよい。バリ島のスバックの場合は、その組織が水利組合であるとともに水の神を祀る寺院の信徒集団であることから、儀礼や祝祭を共同で執行することによって、水争いが顕在化しにくい巧妙なしくみを備えており、対象村もその例外ではない。そのしくみの詳細は、別な文献で報告しているのでそれを参照されたい（河合・大橋二〇〇一）。なお、対象村のスバックは、信徒集団として以下の寺院を共同で管理し儀礼を執行している。

1　ウルン・ウンペラン寺院［Pura Ulun Empelan］

灌漑用水の対象村領域への最初の取り入れ口に所在する水の神を祀る寺院

2　ウルン・スウィ寺院［Pura Ulun Suwi］

一般にスバック内において幹線水路からの灌漑用水を最初に分配する要となる位置に設ける寺院

スバックの総会はこの寺院で一ヶ月（ウク暦の三五日）に一度催される。対象村ではこれをウルン・チャリックと呼ぶことがある。

3　グヌン寺院［Pura Gunung］

小規模の分水装置の脇に設けられた小寺院

4　ブドゥグル寺院［Pura Bedugul］

水田の中に設けられた、供物を奉げたり神々の拠り代ともなる祭壇

④慣習法

バリ島の慣習村には、〝アウィッグーアウィッグ［Awig-Awig］〟とよばれる伝統的な法典がある。バリ島では、慣習村のアウィッグーアウィッグの方を国家の法律より優先するのが普通である。それらは古くからロンタル椰子の葉に記述され伝承されている場合や口承のみによる申し合わせの場合もある。近年、行政の指導により近代法と調整しながら、成文化する傾向にある。対象村においても一九八四年に成文化され、本調査ではそれを入手することができた。原文は古代バリ語と現代バリ語との混在したものである。インドネシア・ヒンドゥー教評議会バリ支部の協力ならびに聞き取り調査により、それを日本語訳し資料として掲載した。それは、成員の行動の規範としての憲章であるとともに、きわめて緻密に成員の責務ならびに罰規定が記されている。

アウィッグーアウィッグは、慣習村ごとにその村の事情に

合わせて練り上げられており、細部は村ごとにまったく異なるものである。なお、成文化された慣習法は必要があれば五年に一度改正することが可能となっているが、対象村の慣習法は最初の成文化以降一度も改正されていない。

とりわけ、対象村の慣習法について、二つの注目すべき点がある。第一は、儀礼に関する規定がその準備の共同奉仕作業を含めてきわめて詳細に記されている。儀礼は、慣習村の成員全員の同意にもとづき、公平な共同奉仕作業によって準備され、僧侶の導きによって静粛に行い、神々への感謝と災厄の回避を実現するものである。それが確実に執行されるよう具体的に記述されている。

第二に、村の財産の帰属およびその運営に関する言及である。個人の居住している土地（"カラン・デサ Karang Desa" という）は、当然インドネシア共和国の法律では私有が認められている。しかし、対象村では土地は本質的には私有でなく、対象村の正員と認められた場合に使う権利があるのみとされている。使用しなくなれば即刻村に返さなければならないことも記されている。現在それぞれのカラン・デサは、近代法に基づいて行政的に所有の登記が行われている。にもかかわらず、実際は私有財産ではなく、完全に自由な売買は許されていないといってよい。今日においては、成文化の際にこのような慣習制度はあまりにも近代法とかけ離れているため暗黙の了解としておき、明記する例は必ずしも多くない。ただし、バリ島の慣習村の場合、土地所有の概念はアウィッグ－アウィッグに明記されていなくとも本質的に対象村と同様であることがめずらしくないことをあえて報告しておく。さらにいえば、土地は慣習村に帰属するというものでさえなく、自然ならびに神々によって与えられたものであり、人間は一時的に借りているのであってそもそも個人が所有できるものではないという理念が背景にあることにも留意すべきである。

なお、スバックにはスバックごとに同じく慣習法典、アウィッグ－アウィッグが存在する。対象村のスバックの慣習法は、一九九二年に成文化されている。それついてはここでは詳しく触れないが、スバックの儀礼に関する規定が詳細に記述されている。

二、対象村の儀礼と芸能

（1）寺院と儀礼

対象村には、村落共同体を基盤に維持管理する以下の一三の寺院ならびに水利組合が維持管理する先述の四つの寺院がある。

1　プラ・デサ［Pura Desa］

2 プラ・プセ［Pura Puseh］

3 プラ・ダレム・グデ［Pura Dalem Gede］

4 プラ・ブダ・クリウォン［Pura Buda Kliwon］

5 プラ・プルナマ［Pura Purnama］

6 プラ・ブダ・マニス［Pura Buda Manis］

7 プラ・トゥムペック［Pura Tempek］

8 プラ・ダレム・カウ［Pura Dalem Kauh］（先住集落民のプラ・ダレム）

9 プラ・ムランティン［Pura Melanting］

10 四つのプラ・バンジャル［Pura Banjar］（四つのバンジャルごとの寺院）

なお、1～3の寺院をまとめて、プラ・カヤンガン・ティガ［Pura Kahyangan Tiga＝三大寺院］という。これら三種の寺院の存在が、バリ・ヒンドゥーの信仰に基づく慣習村においては必須要件とされている。

対象村の成員は全員、上記の寺院のすべてに並行して信徒となっている。ただし、3プラ・ダレム・グデ（先住集落外の成員）と8プラ・ダレム・カウ（先住集落の成員）はどちらか一方である。いずれにしても、一人が並行して九つの寺院の信徒ということになる。対象村の寺院を**表3**に整理して示した。

資料の慣習法典第三二条に記されているように、各寺院の創立記念日には祝祭儀礼〝オダラン［Odalan］〟を執り行わなければならない。〝オダラン〟は、ウク暦［Wuku］の二一〇日（ウク暦の一周期）に一回執行される盛大な儀礼である。概ね二週間～一ヶ月の準備期間ののち祭日は最低でも三日間続く。対象村の人々は、全員少なくとも二一〇日に九回の祝祭儀礼にその信徒として参加しなければならない。また**表3**にあるような他の寺院、プラ・ムラジャン・アグン［Pura Merajan Agung］、プラ・シダパティ［Pura Sidapati］、プラ・スガラ［Pura Segara］、集会所の寺院プラ・バレ・アグン［Pura Bale Agung］やスバックの四寺院を加えると、対象村の一人の成員が関わる〝オダラン〟は、二一〇日間で一五回をくだらない。さらに同じく慣習法典第四二条に記されている、清め（厄払い）の儀礼の主なものは六種類あり、これらも全員参加である。清めの儀礼は、サカ暦という太陰暦に拠っており、ほぼ西洋暦の一年周期でめぐってくるが、そのうちのひとつの大きな儀礼は四二日間にわたる。また満月や新月の儀礼（約一五日に一度）やウク暦の一五日に一度の周期で廻ってくるカジェン・クリウォン［Kajeng Kliwon］の儀礼や、三五日に一度の周期で廻ってくる儀礼など多種多様である。さらに、二一〇日に一度、先祖の霊が戻ってくるという日本の盆

表3　慣習村に所在する寺院

	寺院名	所有	信徒
1	プラ・デサ	村所有	慣習村成員
2	プラ・プセ	村所有	
3	プラ・ダレム・グデ	村所有	
4	プラ・ブダ・クリウォン	村所有	
5	プラ・プルナマ	村所有	
6	プラ・ブダ・マニス	村所有	
7	プラ・トゥムペック	村所有	
8	プラ・ダレム・カウ	村所有	
9	プラ・ムランティン	村所有	
10	プラ・バンジャル・カジャ・カウ	バンジャル所有	各バンジャルの成員
11	プラ・バンジャル・カジャ・カンギン	バンジャル所有	
12	プラ・バンジャル・クロッド・カウ	バンジャル所有	
13	プラ・バンジャル・クロッド・カンギン	バンジャル所有	
14	プラ・ウルン・ウンペラン	スバック所有	スバックの成員
15	プラ・ウルン・スウィ	スバック所有	
16	プラ・グヌン	スバック所有	
17	プラ・ブドゥグル	スバック所有	
18	プラ・バレ・アグン	村所有	慣習村成員
19	プラ・ムラジャン・アグン	王家所有	王家全員および寺院所有の水田を耕作する慣習村成員 ただし、儀礼は慣習村成員全員による
20	プラ・シダパティ	王家所有	
21	プラ・スガラ	王家所有	

の儀礼に酷似したガルンガン（迎え火に当たる日）、その一〇日後のクニンガン（送り火に当たる日）の儀礼など、枚挙にいとまがない。それらに加えて、成員の通過儀礼として生誕儀礼、削歯儀礼（成人式）、結婚儀礼、葬送儀礼ならびに稲の生育と耕作の節目に丹念に行われる数々の農耕儀礼がある。

どのように控え目に見積もっても、対象村の人々は、二一〇日のうち半分は祝祭儀礼を営んでいる。二日に一度の頻度といってよい。こうした実態は、バリ島の他の村落もそれほど変わるものではなく、バリ島が神々と祭りの島といわれる由縁は、単なるイメージではなく現実なのである。

(2) 対象村の芸能

対象村が、他の慣習村と異なる特徴を有している点がある。それは、バリ島を代表する伝承舞踊形式レゴンの発祥の地として世界的に著名なことである。バリ島だけでなく海外でもバリ文化に少し通暁している

写真1　第四代王家の2兄弟（左が兄、右が弟）（旧王族所有）

人であればそれを知る人は少なくない。その舞踊は、バリ島全島に広く行き渡り多くの村々に定着し、今日バリ島の典型的な女性舞踊形式のひとつとなっている。

その開発は、王家（領主一族）によって行われた。第三代王は、王自身がガンブー（中世のジャワ宮廷が起源といわれる古典的舞踊劇）、アルジャ（娯楽性の高い大衆舞踊劇）、チャロナラン（悪魔祓いの奉納舞踊劇）といった芸能の舞踊手であり、儀礼のなかでそうした芸能を盛んに行っていたらしい。その息子である第四代の王とその弟（**写真1**）も舞踊手として才能を発揮した。特に弟は、一九一一年に近隣のスカワティ王家に伝わる優美な女性舞踊に関心をもち、スカワティの宮殿に自ら出かけていってそれを習得した。その女性舞踊の原型は、二人の女性の踊り手が揃いの衣装を着けて踊るものだったという。それを持ち帰って洗練し、現在の三人の踊り手で構成された伝承舞踊の新しい様式レゴンを開発した。

すなわちそれは、最初に宮廷の女官役の一人が序の舞を踊り、その後二人の同じ衣装をまとった女性が対になって踊る形式である。その舞踊形式は、序の舞のあと、前半部は二人がまったく同様の所作を舞い、中間部ではさまざまな神話のなかのエピソードを取り入れ、二人の踊り手が別々のキャラクターに扮して舞う。さらに終結部でふたたび同じ所作で二人が舞う形式をいう。先述の二人の兄弟によって、さまざまな神話ごとに振り付けの異なる舞踊演出が次々に開発されていった。優れた身体表現であるその舞は、またたくまにバリ島全土に拡がり、もっともポピュラーな舞踊のひとつとなった。すでに戦前に欧米からの年間数万人の観光客が、その類稀な舞踊をバリ島各地で目にして魅了されていたともいわれる。一九三一年にはパリで開催された植民地博覧会のオランダ館において、プリアタン村の音楽舞踊グループが招聘され

表4　伝承舞踊の演目の種類

	異なる演目の題材・テーマ	伝承状態
1	ジャワ中世の王朝神話のエピソード	現存
2	ラーマーヤナ物語の猿の兄弟の子供時代のエピソード	現存
3	ラーマーヤナ物語の猿の兄弟の成人後のエピソード	現存
4	慈愛の神スマラと月の女神ラティのエピソード	現存
5	バリ島神話チャロナランのエピソード	現存
6	太陽と月をテーマにした演目	現存
7	稲の神デウィ・スリの化身である鷺をテーマにした演目	現存
8	伝承舞踊形式の中間部（序破急の破）の演出を強化した演目	現存
9	三大神ウィスヌ・ブラフマ・シワ神をテーマにした演目	詳細不明
10	カラスをテーマにした演目	詳細不明
11	蜜蜂をテーマにした演目	詳細不明
12	蝶をテーマにした演目	詳細不明
13	ジャスミンの花をテーマにした演目	詳細不明
14	楽曲プラヨンに合わせて振り付けられた演目	プリアタン村で現存
15	中国から来た王のエピソード	詳細不明（音楽も不明）

て公演を行った。その目玉の一つとして対象村で生まれた伝承舞踊形式をプリアタン村のグループが習得して披露し、世界の注目を浴びた。第四代王の時代にすでに数種類の演目が開発されていたが、その息子（**写真2**）は、さらに洗練を極めた振り付けを施し完成度を高めるとともに多くの新演目を開発した。現在異なる一五種類にもおよぶ演目群が知られている。とりわけ第五代王は天才的な舞踊演出家であり、音楽家、画家、仮面製作家であったことが知られている。対象村

写真2　第5代王（中央）と踊り手（旧王族所有）

で開発されたとされる演目は、**表4**のとおりである。その伝承舞踊形式は、バリ島中に波及した後、それぞれの村でさらに独自の発展をとげるとともに、異なる舞踊演目にも多大な影響を及ぼし今日に到っている。そのオリジナル・スタイルは、今なお対象村で継承されている。

写真3　バリス・グデの稽古風景（撮影：筆者）

また、対象村は、それ以外の多種多様な舞踊のレパートリーを持つ。もっとも神聖な奉納舞踊ルジャン［Rejang］、バリス・グデ［Baris Gede、**写真3**］、トペン［Topeng］をはじめ、パニュン・ブラマ［Panyem Brama］、オレッグ・タムリリンガン［Oleg Tamulilingan］、チャンドラワシ［Candrawasih］、スカール・ジャガット［Sekar Jagat］、マヌック・ラワ［Manuk Rawa］、トゥヌン［Tenun］、トゥルナ・ジャヤ［Teruna Jaya］、クビャール・ドゥドゥック［Kebyar Duduk］、クビャール・トロンポン［Kebyar Terompong］、バリス［Baris］、など、古典的な舞踊から現代的な舞踊まで、実に豊富である。新しい舞踊スタイルを開発するだけでなく、バリ島の儀礼にかかせないさまざまな芸能を伝えている。この規模の村における芸能集団の数の多さが、特異的であることは先に触れたが、それらが継承する芸能レパートリーの豊富さと質の高さも稀に見る状況といえる。一方芸能の村としてよく知られる行政村プリアタン村（約八〇〇〇人）は、対象村の約五倍の規模である。そのプリアタン村全体のレパートリー数にほぼ匹敵するレパートリーを、ほぼ五分の一の人口規模の対象村が現有している。一般に慣習村レベルでは、儀礼における奉納芸能については、すべて自前で演じることができない場合も多く、近隣の村から舞踊手や楽団の奉仕を依頼することも多い。バリ島では、小規模な集団で調達できない場合、ひとまわり大きな周辺地域で互いに補い合って完結できるようシステムの階層性が構築されている。しかし対象村では、祝祭儀礼において、外部の村に依存する必要がほとんどない。その自己完結性の高さは特筆すべきといってよい。

(3) 芸能伝承の実態

①プリの役割

現在も対象村では、プリがすべての舞踊・音楽の継承と保全を全面的に担っている。とりわけ旧王族第六代目にあたる現在のプリ・タマン当主は、対象村の伝承舞踊形式をバリ州政府の重要文化財として位置づけさせ、芸能グループや楽器、衣装、稽古場の維持管理などあらゆる支援を行っている。舞踊の指導役としては、その弟が中心的役割を担っており、音楽の指導にもプリの一族の多くが関わっている。奉納芸能の継承・育成には、プリの指導的役割がゆるぎないものとして確立している。それは権力や経済力ではなく、芸術・芸能の指導力、支援力という力である。クリフォード・ギアツの指摘した劇場国家という概念は、王が統治を行うために村(=国家)を劇場とみたて儀礼を支配する(Clifford Geertz1980)。しかし、対象村の現在の実態をみると、儀礼はあくまで村の成員のものであり、プリはそれを継承していくためのシステムの核にすぎないように思える。王権制度は廃止され、そこにもはや権力はない。対象村の王家は、世界的に有名な数多くの国際ホテルを経営するウブド村の王家のように観光による実業で多大な経済力を持っているわけでもない。人々は、芸能そのものの魅力によって結集し、そこで得られる美と快の報酬を自主自律的に享受しているかに見える。

②全員が実演家

対象村の人々の暮らしは、芸能を中心に営まれているといってよいだろう。その村に生まれて、その成員になっていくことは、先達の舞踊・音楽をそっくり受け継いでいくことなのである。対象村内で出会う人々を紹介してもらうと、ほぼ例外なく芸能の実演家である。大人は芸能の達人、子供はその弟子たちというわけである。

バリ島においては、芸能実演者の数が、どこの村でも信じられないほど多い。それは一般的でその事実に驚く必要はない。しかし、対象村はその中でも際だっている。実演者の芸術的・技術的レベルがきわめて高く、その数が傑出したレベルに達している。

これまでの三十数年に及ぶ私のバリ島調査において、芸能の質を高めるという点では、やはり一人の天才的な指導者が現れると格段に向上する様を見てきた。しかし、一旦その指導者を失うと質の低下は避けられず、必ずしも安定して同じレベルを維持・継承することは容易ならざることである。さらに、指導者だけの問題にとどまらず、観光による経済資源化する芸能との葛藤、西欧文化の影響による価値観のゆらぎやライフスタイルの変化なども現代バリでは大きな障害である。それでもバリ島では、人から人へ生きた形で伝承される伝統芸能が、奇蹟的に維持されているといってよい。ただし、その質について詳細に観察してみると、歴史的、時間的に実にゆらぎが大きいのが現実である。私は対象村の芸能について長期にわたって直接その動向をみてきたわけではないが、他の村とは異なるその特異性を見逃すわけにはいかない。それは、明らかに他と一線を隔す芸能のレベルの平均値の高さと共同体のまとまりの安定性である。

芸能を習うその対象村の子供たちには、その芸の完成度について、兄、姉、両親、祖父母という近親者はもちろん社会全体の評価の目が光っている。強力な一人の指導者によるのではなく、社会全体による質の低下を許さないしくみがある。たとえばバリ島では儀礼のなかでもっとも神聖な祈りの時間は、全員参加で退出することは許されない。もっとも神聖な儀礼が終わると、しだいに神聖度のランクが低い儀礼へと移行していくが、そこでは娯楽性の高い芸能の奉納が行われる。そうしたランクの奉納芸能が演じられる時間は、参加は任意である。バリ島の人々にとっては、儀礼の際に奉納される芸能は、一生涯いやというほど何度でも体験できる。そのため、特別な名手が踊るような場合でない限り、最後まで参加しない村人も多い。観光地ウブド村などでは、ほとんどの地元の人々は祈りの儀式が終わるとさっさと帰ってしまう。一部の関係者とバリ島以外からの多くの観光客が、寺院に残って舞踊や音楽を楽しんでいる場合も少なくない。ところが対象村ではその成員によって、まず鑑賞する場所の席取りが始まり、見る見るうちに寺院内の上演場所のまわりが埋め尽くされ、芸能の開始を固唾を呑んで待つ状況である。一人として帰る者はいない。黒山の人だかりは、いったい何が始まるのかという緊張感さえ感じさせる。考えられない関心の高さなのである（**写真4**）。

私は、対象村のプリの所有するプラ・ムラジャン・アグンという寺院のオダランに参加する機会があった。プラ・ムラジャン・アグンの中央には、伝承舞踊形式の発祥に因んだ、舞踊の女神が降臨する祭壇が祀られている（**写真5**）。そこでお祈りをすると踊り手に最も重要とされる〝タクス［Taksu］〟という霊的な力が与えられるといわれ、バリ島中からその力を授かりに詣でる人がいる寺院でもある。

そのオダランで、私は過去にバリ島の祭りで経験したこと

写真4　奉納舞踊の開始を待つ人々と楽団（撮影：筆者）

写真5　舞踊の女神の祭壇（撮影：筆者）

がなかった、独特の雰囲気を体験した。プダンダの導きによる祈りの儀式が終了すると、さまざまな奉納舞踊が繰り出してきた。対象村における現役の踊り手が毎年かわるがわる中央の祭壇に向かって舞を奉納する。踊り手はその祭壇の前で舞を奉納することこそが、至上の歓びであり栄誉でもある。大人たちは、自分の家族や弟子が晴れ舞台にたつため、また幼い子供たちは次の機会には自分がそこで舞うことを夢見て目を皿のようにして見入っていた。その日はじめて晴れ舞台で踊る子供たちが登場してくるたびに寺院内が大きなどよめきに包まれた。初心者は緊張のあまり、ぎこちなくたどたどしい場面もある。しかし、その真剣さに全員が声に出さない声援を送っているのがよくわかる。ときには笑いとあたたかなひやかしも飛び交う（**写真6・7**）。宴もたけなわになってくると、徐々に高度な年長者の舞になり、クライマックスの伝承舞踊レゴンが登場してくるころには、寺院内は水をうったような静けさで緊張感がはりつめた。その発祥の地としての誇りをもって全員が見守っているのだ。踊り手のレベル、表現力、技術力のあらゆるところにまで、観客たちの目は行き届き、互いに細かい評価をささやきあっていた（**写真8**）。後できいてみると私の隣のおばあさんやすぐ前で乳飲み子を抱いていた母親も皆かつての伝承舞踊の名手であった。その場にいるすべての参加者が、実演する踊り手と一体になっていた。ここまですがすがしくなごやかな人々のまとまりを垣間見ることは、幾多のバリ島の祝祭のなかにおいても私は体感したことがなかった。

三、儀礼による社会の組織化と制御

(1)脳における懲罰系回路と報酬系回路

人間の行動を制御する脳の神経回路には、懲罰系と報酬系の回路がある（**図3**）。懲罰系は、不快なものの苦痛なものを避け、それによって危険を回避する行動を選択させるための神経回路である。報酬系は、快適なもの、美しいものを希求する行動を選択させるための神経回路である。危険を回避し安全で快適なものを選択するしくみは、動物の生存に必須である。脳を持った高等動物の行動制御の基本原理は、この懲罰系と報酬系のしくみに基づいている。すなわちアメとムチである。バリ島の社会においては、人間の行動制御の原理を

写真6　幼い初舞台の踊り手たち（撮影：筆者）

写真7　真剣に舞う少年たち（撮影：筆者）

写真8　伝承舞踊の名手たち（撮影：筆者）

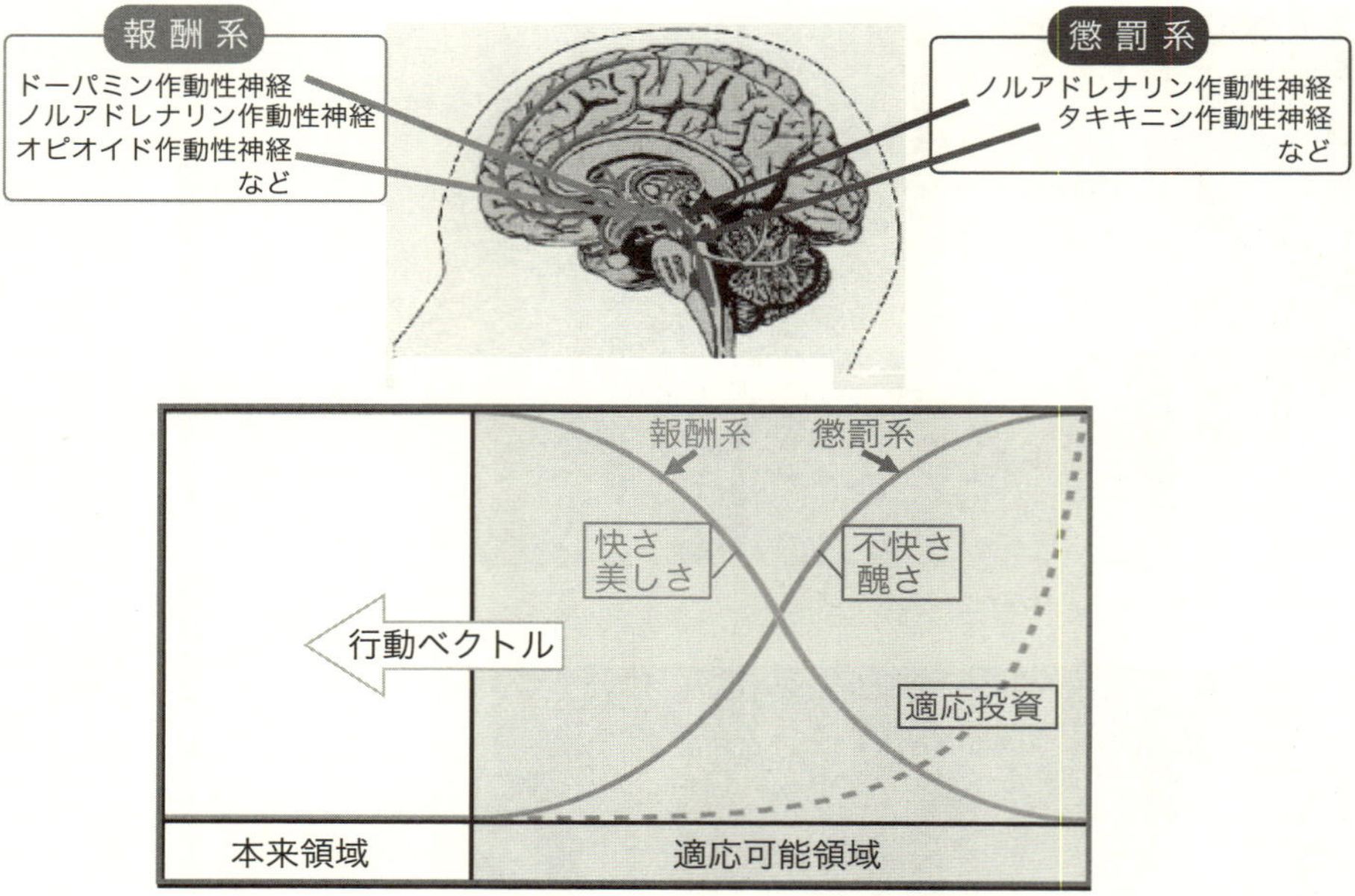

図3　報酬系と懲罰系の神経回路と行動ベクトル（OOHASHI T 1989, 2005 改）

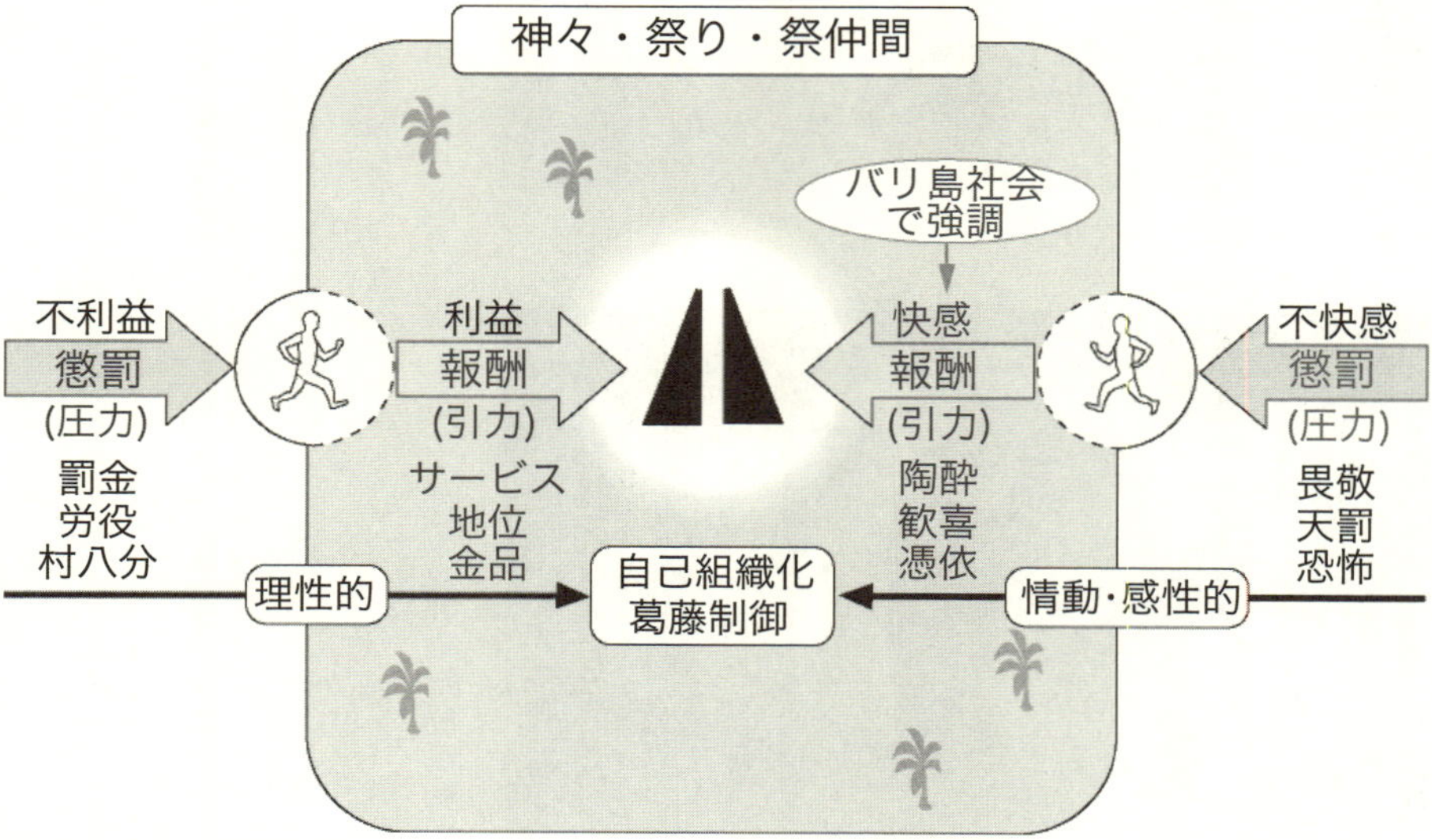

図4　報酬脳主導の行動制御モデル（OOHASHI T 1986, 2008）

主としてアメに置き、報酬系主導に設定していると考えられる（**図4**）。アメが確実に手に入るのであれば、人は自ずとそちらに向かう。しかも、アメの快感誘起力が強ければ、ムチはほとんど必要ない。資料の慣習法典をみてもわかるように、ムチも準備されているが、現実にはアメに誘導され、ムチが執行されることはほとんどない。慣習法典にあるように裁判組織も準備されているが、慣習法に従った裁判が開催された事実は、対象村の誰の記憶にもない。バリ島の場合アメすなわち報酬の源は、祝祭儀礼と芸能である。それを強化すればするほど、システムの結集力、持続性が高まる。対象村は、この原理を徹底して活かした例といえよう。

（2）祝祭芸能による報酬脳の活性化

バリ島の芸能は、人間の脳のしくみに基づき、報酬系の神経回路すなわちドーパミン神経系やエンドルフィン神経系を生理的に活性化する視聴覚情報にあふれている。これについても詳細は、別な論文を参照されたい（大橋・河合一九九〇）。

たとえば、人類の遺伝子に普遍的にかかれていると考えられる快感の音シグナルを編み出す力は、バリ島の儀礼音楽は地球上で最強のもののひとつであろう。一六ビートのリズムや、神技とも思える速さの旋律の変化、可聴域周波数の上限を超える音としては聴こえない超高周波成分、一〇〇〇分の一秒単位のミクロな時間で変化する非定常な音のゆらぎなどである。楽器の開発という例で見ても、バリ島の人々は、そうしたシグナルを強化して快感誘起力を高める方向へと意識的に素材、編成、演奏法を進化させてきた。また、視覚的シグナルとしては、強い色彩のコントラスト、金銀、鏡など反射性の素材、ゆらめく火や光などの多用である。そうした情報は祝祭儀礼の空間を埋め尽くし、楽器や衣装などにも高密度にちりばめる（**写真9、10**）。それらは、人間の脳において報酬系の神経回路が活性化する神経伝達物質の濃度を直接上昇させることを、研究者らは実証的に計測した（Kawai, Honda, Nakamura, Samatra, Sukardika, Nakatani, Shimojo, Oohashi 2001, Oohashi, Kawai, Honda, Nakamura, Morimoto, Nishina, Maekawa 2002, Kawai, Honda, Nishina, Yagi R, Oohashi 2017）。薬物などの化学物質は一切使わないにもかかわらず、その究極的な状態では、日常的な意識を変容させ忘我恍惚の状態（トランス状態）を惹起することさえある。バリ島の人々の祝祭儀礼における表現戦略は、生物学的な脳のしくみを背景にした、否が応でも報酬脳を活性化させる合理的な戦略といえる。

写真9　儀礼の日に装飾で埋め尽くされた祭壇（撮影：筆者）

写真10　絢爛たる衣装の踊り手（撮影：筆者）

四、報酬脳主導による持続性社会

(1) アマチュアリズムによる快感誘起性

バリ島の芸能の実演者たちは、全員アマチュアであり、プロとしてそれで生計を立てようとする人はいない。そもそも舞踊や音楽は、神々へ奉げるものであり、それで生計を立てるということは卑しいこととさえ考えられている。アマチュアの芸能は、競争的に他を排除することや優越性を誇示する必要がない。プロであることによるさまざまな都合に拘束されない。権威や理屈に支配されて美や快を感じることができない表現が横行することもない。アマチュアにゆだねられ、長い時間をかけ万人が生理的に共通して求める美と快の世界へと収斂してきた伝統の表現は、報酬脳を確実に活性化する。快感誘起性のないものは、消滅せざるをえない。担い手がアマチュアである伝統芸能は、それが遺産として形式的に継承されているのではなく、今なお厳正な淘汰の波にさらされているのであれば自ずと普遍性と持続性を持ち続けることができる。

(2) 多元的集合主義の自己完結性

先述したように、対象村には多くの地縁集団、機能集団がある。クリフォード・ギアツは、それを多元的集合主義（多元的集団性＝Pluralistic Collectivism）と称した（Geertz1980）。対象村の人々は、複数の小集団に同時に絡み取られ、それぞれの集団は、自立性をもちつつ相互に有機的に連関しながら、ひとつの生命体を構成している。ひとつひとつの小集団は権力をもった支配者がいるのではなく、まとまりの核をもちながら流動的かつダイナミックに機能を維持している。そして、バリ島の多元的集団はそれぞれが自己完結性を持ちながら、その上に村という完結したまとまりを造っている。そのまとまりの骨格となるひとつの秩序が稲作と儀礼を基盤にした慣習法典であり、報酬脳活性化のシステムを確実に発現させ、安定して次の世代に引き継ぐ遺伝情報のように機能するものでもある。

（3）高度なシステム化による美と快の報酬

バリ島の芸能は、アクロバティックで特別高度な技量を要求しないが、容易すぎて飽きがくるものにはならないよう絶妙なレベルの設定になっている。たとえば、ケチャやガムランといった芸能は、一人一人の演技、演奏の単位は誰にでもできるものとして設計され、それが同期してシステム化した時はじめて、報酬脳を刺激する超絶の表現世界を産み出す。さらに技のレベルが熟達度によって異なる場合でも、さまざまなレベルで全員が何らかの役割を担うことができる難易度の階層性を持ち、誰もが参加することを可能にしている。しかも、要素のシステム化が巧妙で、要素レベルでは決して到達することができない快感の極みへ、要素の組み合わせの生み出すシステム効果によって到達するのである。アマチュアでありながらシステムとしてはプロを凌ぐ表現を編み出すことのできる由縁である。しかも、要素レベルが高度化すればするほど、またシステムの有機的連関性が高まれば高まるほど、より次元の高い強力な快感の発生が約束されている。反対に人々はシステムのなかの要素として参画しなければ、決して十分な報酬を発生させることはできない。そして、要素が欠けたり不具合が生じれば、システムのバランスは崩れ報酬は低いレベルのものとなる。

対象村の場合、芸能でいえば成員すなわち要素の技量の平均値が高い。そのため参加者の報酬脳を十分に満足させることが保証されており、それを確保し強化する方向へと人々を向かわせる自己強化力があるといえる。

（4）水稲儀礼社会における報酬脳主導の生存戦略

以上のような報酬脳主導の生存戦略は、対象村に堅固な持続性を与えている。その根幹に、これまで述べてきたように水系と儀礼のシステムがある。

厳格で公平さを要求する水稲耕作共同体の基本となる水分

配と時間・空間とも驚くほど濃密に組み立てられた祝祭儀礼をとおして、村の秩序、品格、道徳などを高い次元で維持し、同時に儀礼の共同奉仕作業の詳細からトラブルの調停、解決に到るまで、具体的なプロトコルを合理的なシステム制御に基づき確実に実行するしくみを備えている。そうした誰もが安心して身をゆだねることができるシステムを背景に、洗練された芸能を成員が一体となって支えることによって、成員の最高の自己実現を達成させる。長年の叡智の結集であるこの対象村の生存戦略は、人類の構築する社会集団の持続可能性という点できわめて優れたモデルといえないだろうか。

おわりに

そもそも対象村の王家が人々を魅了する舞踊を開発しようと試みたのは、バリ島を代表する舞踊としてそれを広めようという意図が決してあったわけではなかろう。新しく開拓した領地において人々を団結させ村落社会を安定させるために、信仰を背景にした儀礼の核となる芸能ならびに人々の娯楽の対象を必要としたのかもしれない。こうしてみると高度にシステム的で、報酬脳を活性化する芸能によって人々を組織化することは、王の戦略であった可能性もありうる。まさにそれは劇場国家による国造りだったともいえよう。先にも触れたとおり、開拓初期には多くの罪人を入植させ制御しなければならなかったという。もちろん当時から報酬脳主導の戦略が有効性を示していたかどうかを知ることはできない。一方、稲作および儀礼の体系という点では、その基盤となるシステムはすでに確立していたことは記録からも明らかである。三代王の時代に多くの罪人を入植者として受け入れた。その王が自ら踊り手でもあり対象村の芸能の活性化に注力していたことは偶然であろうか。あくまで推測の域は出ないが、報酬脳主導の村造り（国造り）が、当時から機能していたからこそ現在の対象村の実態があると考えることもそれほど不自然ではあるまい。

引用・参考文献

大橋力・河合徳枝「バリ島のガムランにおける快感発生のメカニズム」（『民族藝術』vol. 6、一九九〇年）一〇三―一一八頁
河合徳枝・大橋力「バリ島の水系制御とまつり」（『民族藝術』vol. 17、二〇〇二年）四二―五五頁
Clifford Geertz, "Negara--The Theatre State in Nineteenth-Century Bali."Princeton University Press, 1980.
Kawai N, Honda M, Nakamura S, Samatra P, Sukardika K,Nakatani Y, Shimojo N and Oohashi T, Catecholamines and opioid peptides increase in plasma in humans during possession trances., NeuroReport, 12:2001 pp.3419-3423.
Kawai N, Honda M, Nishina E, Yagi R, Oohashi T, Electroencephalogram

characteristics during possession trances in healthy individuals. NeuroReport, 28:2017, pp.949-955.
Oohashi T, Kawai N, Honda M, Nakamura S, Morimoto M, Nishina E and Maekawa T, Electroencephalographic measurement of possession trance in the field. Clinical Neurophysiology, 113:,2002, pp.435-445.

付記　調査にご協力をいただいた対象村の皆さんに厚く御礼を申し上げる。特に、イ・グスティ・ングラ・パドマナバ（I Gusti Ngurah Padmanaba）氏、イ・グスティ・ングラ・ウィラスラマ（I Gusti Ngurah Wirasrama）氏、イ・グスティ・ングラ・スマラスマディ（I Gusti Ngurah Semarasemadi）氏には、貴重な情報を提供していただくとともに調査における多くの便宜をはかっていただいた。また、慣習法の翻訳にあたって、インドネシア・ヒンドゥー教評議会バリ支部長のイ・グスティ・ングラ・スダナ（I Gusti Ngurah Sedana）氏ならびにイ・マデ・スシラ（I Made Susila）氏にご協力いただいた。さらに八木玲子氏に儀礼の現地調査に数回にわたって同行し協力いただいた。以上の皆さんにこころから御礼を申し上げる。

バリ島の伝統継承にみる子どもの活性構築
——生物学的文化人類学の視点から

八木玲子

本稿では、バリ島の水稲文化を支える人々の行動規範とその形成過程に、伝統継承という側面からアプローチする。具体的には、伝統文化の継承に関する聞き取り調査と、筆者自らの伝統芸能の修得体験に基づく二つの事例について報告し、これらの事例に関して脳科学や行動生物学の知見に照らした考察を行う。

やぎ・れいこ——東京成徳短期大学幼児教育科准教授（早稲田大学招聘研究員、国立精神・神経医療研究センター客員研究員、公益財団法人国際科学振興財団兼任研究員）。専門は感性情報行動学、福祉心理学。主な論文に「持続可能な社会における子育て——生物学的文化人類学の視点から」（『プロジェクト研究』早稲田大学総合研究機構、第6号、二〇一一年）、「ハイパーソニックは体のどこから受容されるのか——受容経路と二次元知覚モデル」（『科学』Vol. 83、No. 3、岩波書店、二〇一三年）などがある。

はじめに

いま、有限の地球環境における持続的な生産様式として「水稲文化」への期待が高まっている。温暖化、核の脅威など、現在地球が遭遇している困難な状況を克服する上で多くの啓示に満ちた水稲文化の叡智が、文化人類学・環境学・生態学・神経生理学など多岐にわたる学際的研究を通じて見直されつつある。水稲文化の本質を学ぶためには、物質世界における生産のあり方のみならず、その生産様式と一体化した価値観や発想法、生活様式、儀礼を含む社会のあり方全体を視野にいれたアプローチが不可欠であろう。

この点からみて、アジアを中心とする世界各地の水稲文化の中でもひときわ注目を集めているインドネシア・バリ島の伝統文化へのアプローチの中で、まだ本格的に取り上げられていない重要なテーマに「子どもの教育」の問題がある。このテーマについては、一九三〇年代に行われたグレゴリー・ベイトソン［Gregory Bateson, 1904-1980］とマーガレット・ミード［Margaret Mead, 1901-1978］による記念碑的研究を挙げることができる（ベイトソン・ミード二〇〇一、ベイトソン二〇〇〇）。彼らが見出した知見の数々は、地球環境問題やその関連研究の枠組みが形成される以前の先駆的アプローチとして、いま改めて現代科学の光のもとに見直されるべき時期にあると考える。そこで筆者は、「バリ島の伝統継承にみる子どもの活性構築」という切り口から、水稲文化の叡智のひとつの側面をより具体的に解読することを構想した。

本稿では、伝統文化継承を担う現地有力者への聞き取り調査と、筆者自らが伝統芸能の修得に臨むなかで体験・観察してきた伝統芸能の継承法との二つの事例について報告する。さらに、これらの事例に関して脳科学や行動生物学の知見に照らした検討を加え、バリ島の子どもの活性構築のコンセプトとその生物学的合理性について考察する。

一、事例報告①――子どもの活性構築に関する聞き取り調査

（1）調査の対象と方法

聞き取り調査の対象は、地域の子どもたちを対象に伝統文化の継承に尽力している地域共同体の有力者A氏である。A氏は、若い時代に美術商として成功を収め、そこで得た利益をもとに一九九六年に文化財団を設立した。以後、この文化財団をもって、美術館を中心に劇場や宿泊施設、図書室、会議・セミナー施設、レストランなどが併設された複合文化施設を経営し、地域の子どもたちをはじめ誰もが音楽や舞踊、絵画を学ぶことのできる教室を開いている。ここで育った子どもたちの芸能グループは、アジアや欧米諸国で海外公演を行っており、その活動は国際規模に及ぶ。

聞き取り調査では、「伝統文化継承を通じてみた子どもたちの成長について」という緩やかな枠組みの中でA氏に自在に語ってもらう方式をとった。バリ島の人々には、他者から何らかの仮説を提示された場合、それが実態に即していなくても肯定するかのような応答をする傾向がある。これは、受け入れにくい事態に対しても真っ向から「ノー」ということなく、別の手段によって相手の洞察による適切な理解と対応を促すという、日本の伝統文化にも通ずるコミュニケーションの一形態と捉えることもできる。これをふまえて、本研究では、仮説の提示により相手の回答にバイアスをかけたり、当方の望む回答を誘導したりすることのないよう、探索的調査としての手法を選択した。

以下、取材で聞き取った内容を大きく三つに整理して紹介し、後の項でそれらについて考察する。なお、話の中で重要な意味をもつバリ語やサンスクリット語については、必要に

応じて、その説明や、日本語訳に関する筆者の見解を括弧内に示している。

(2) バリ島における子どもの活性構築――伝統文化継承を通じて

①活性の基礎構築

i. 調和の原則

バリ島では、子どもたちが幼少時から生活の中で学ぶ大切なことがいくつかある。そのひとつは、調和の原則としての〝トリ・ヒタ・カラナ [tri hita karana]〟である。(〝トリ・ヒタ・カラナ〟とは、古来より伝承されバリ島の人々の生活の基盤をなすとされる概念で、神と人との調和〝パルヒャンガン [parhyangan]〟、人と人の調和〝パウォンガン [pawongan]〟、人と自然との調和〝パレマハン [palemahan]〟から成る。) バリ人は、この三つが常にバランスするよう振舞わなければならないとされ、バリ島の子どもたちは、これを守ることを物心つく五歳頃から教えこまれる。

トリ・ヒタ・カラナは、宗教 (アガマ [agama]) というよりは、日常生活に密着した信仰にかかわるもの (クヤキナン [keyakinan]) である。子どもたちは、生活の中からトリ・ヒタ・カラナを学んで自らの信仰を形成していくが、これを〝エリング [eling] (「覚える」の意)〟という。このトリ・ヒタ・カラナが子どもの中にバリ人としての原型を形成し、成長につれて、その原型が自然に発展して信仰になる。トリ・ヒタ・カラナをはじめ、信仰に関わる物事 (クヤキナン) について、大人たちが言葉で子どもたちに何かを教えるということはあまり行われない。なぜなら、バリ人は、大切なことは言葉にせず、「一番奥にある心」をもって行いで示すからである。

ii. 学習の基礎としての自然体験

芸術にせよ学問にせよ、子どもたちに言葉で何かを学ばせることはできない。子どもたちが何かを学ぶためには、まず、直接自然に接することが大切である。自然の力は偉大であり、真の芸術家や学者はインスピレーションの多くを自然から得ている。

たとえば、毎日食べているお米を粗末にしてはいけないということを子どもに教えるためには、言葉で言い聞かせるのではなく、お米がどうやって作られるのかを子ども自身にわからせる必要がある。小さいころから田んぼに連れて行き、田んぼの耕し方や苗の植え方、稲作のためのさまざまな儀式の取り運び方、鳥を寄せ付けないための工夫、稲の刈り方、刈った稲を運び、米蔵に保存する方法、保存した米を米蔵から出して精米する時期や方法といったプロセスを直接体験させることで、子どもたちは、米作りがどれだけ労力を要するものであるかを知る。そして、お米を大切にしなければならないと自分で思うようになる。

子どもたちが何歳からこうしたことに参加するのか、という問いに答えるのは難しい。最初は親に連れ立って田んぼに行き、そこで遊んでいるうちに、自分が参加できるところをみつけていく。そうしているうちに、自然を好きになり、自然を美しいと感じ、自然を守らなければならないと思うようになる。

写真1　父親とともに祈りを捧げる少年（撮影：筆者）

写真2　家族から祈りの型を学ぶ幼女（撮影：筆者）

iii. 儀礼の型を学ぶ

トリ・ヒタ・カラナとあわせて子どもたちが学ぶのは、「自らの信仰を表現するための形」である。ヒンドゥー教は、数ある宗教の中でも柔軟性が高く、信仰に関わる厳密な規定はそれほど多くない。子どもたちは自らの信仰で祈りを捧げ、祈りの方法や内容は、父と子、兄弟の間でもひとりひとり異なっている。

しかし、信仰を表現するための形は自由すぎてはならず、子どもたちは、祈りの型やその順序を大人の真似を通じて覚えていく（**写真1・2**）。儀礼空間では、高僧のもと村人全員が同じ形で祈りを捧げる風景をみることができる。

また、祈りの型をつくる衣裳も自由でありすぎてはならない。たとえば、バリ人の男性は、儀礼用の衣装（**写真3**）として、ウドゥン［udeng］あるいはドゥスタル［destar］とよばれる布を頭につけるが、ウドゥンの額のうえの結び目は、祈りの際に意識を集中するためのもので、神々を敬う際の焦点となる。また、同じく儀礼用の衣装として用いるサプット［saput］という腰巻は、欲望を腰の部分で止め、頭まで上がらないようにするためのものである。子どもたちは幼い頃から正装をし、大人や年上の子どもたちと儀礼に参加する中で、これらの形を自らも守るべきものとして学んでいく。

写真3　儀礼におけるバリの男性の正装（撮影：筆者）

iv. 感性の涵養

こうした自然体験や儀礼体験を通じて、バリ島の子どもは小さいころから〝ラサ［rasa］〟を養うことを教えられる。ヒンドゥー教では、祈りの方法や内容はひとりずつ異なるが、その目的は〝ラサ〟を養うことにおいて同じである。（〝ラサ〟とは、現代インドネシア語では、一般に「味わい」や「気持ち」「心」を意味するが、もとは「時代や場所を超越した普遍的・本質的感情」や「美的・芸術的感動」を現すサンスクリット語である。〝ラサ〟はまた、「循環」「踊る」「活き活きと感じる」「音楽的な調べ」「至福」という意味ももち、アユルヴェーダの世界では、これらに共通する働きとして、ラサを「神経を刺激して精神と感覚を覚醒させ、人間を活き活きとさせる力」（小椋二〇〇一）であるとしている。A氏の話における〝ラサ〟の日本語訳をここでは「感性」としておき、その理由は三章（3）節で述べる。）

ラサがなければ、生活は万事不味《まず》いものになる。自然を愛することができず、神々や人々を敬うこともできず、信仰や宗教も意味をなさず、いくら財産をもっていても感謝の心を持つことができない。私（A氏）自身、小さい頃からいつも母親に「ラサをもつように」と教えられて育ってきた。

②伝統文化継承の目的

i．感性の表現としての伝統芸術

私（A氏）が子どもたちに伝統文化を教えるにあたり、最初から絵画や音楽を直接教えることはしなかった。八年ほどの準備期間をとり、その間はギャラリーの仕事をせずに、子どもたちがバリの自然と文化を好きになるよう、川や田んぼに連れて行った。その後、最初に絵を、その次にガムラン音楽と舞踊を教え始めた。こうした中から、次第に上手なガムランの演奏者や踊り手が出てきた。

しかし、バリ島における芸術文化の目的は、有名な演奏者や有名な踊り手を育てることではない。伝統芸術を学ぶ目的は、ラサ（感性）を表現するための方法を学ぶことにある。ラサの表現を通じて、子どもたちは自然を愛で、神々や人々を敬うようになり、互いを尊敬しあい、仲良くなり、不安や緊張から解放されて心の平穏（ダマェ［damai］）を得ることを学んでいく。バリ島では、芸術文化を学ぶことは、すなわち謙虚になることを意味する。「稔るほど、頭《こうべ》をたれる稲穂かな」という意味の諺がバリにもある。

こうして芸術を学んでいると、その表現には〝タクス［taksu］〟が滲み出るようになり、このタクスが、それに触れる人々に涙が出るような感動を惹き起こすようになる。（〝タクス〟とは、「カリスマ性」、「神々や精霊から授かる力」、「超自然的なエネルギー」などの意味を表すバリ語であり、バリでは、真に優れた芸術が具えるべき技術を超えた表現として、このタクスの存在が問われる。）

ii．善行の一形態としての伝統芸術

バリ島では、音楽や踊りの伝統芸術は、人々に対して薬としての効能をもつとされる。踊り手たちは、心身の調子が優れないときでも、寺院での舞踊に参加すると元気になる。演ずる者も観る者も、音楽や踊りによって不安や恐怖、緊張から解放され、癒されて、力を与えられる。

音楽も踊りも、昔はすべて〝ヤドニャ［yadnya］〟のひとつの形態だった。（〝ヤドニャ〟は、古くからあるバリ語で、通常、「儀式」や「儀礼」「聖なる犠牲」と訳されることが多い。以下に示すA氏の話から、ここではより広く「善行」と訳すのが適しているように思われる。）〝ヤドニャ〟とは、神々だけでなく、この世の万物に対する善い行いをさす。バリ島でも、ヤドニャを神々に捧げるものとしてのみ限定的に捉えられることがあるが、本来はそうではない。最も大切なのは生活におけるヤドニャであり、人々を助けたり、喜ばせたり、楽しませたりするための行いはすべてヤドニャである。音楽や舞踊をはじめ、この文化施設で子どもたちに伝統文化を教えていること、子どもたちがお坊さんから学問を授けられ知識がふえることとなども、すべてヤドニャである。

宗教（アガマ）というと、神々に対する事柄とのみとられがちだが、生活におけるヤドニャが、宗教の基盤となっていることを忘れてはいけない。

iii．専門分化と経済至上主義への戒め

バリで最も大切なのは、宗教や文化、芸術が、生活から分化してはならないということである。これらが、すべて一体となって生活の中に融け込んでいなくてはならない。したがって、有名な踊り手であれ演奏家であれ、米作りをはじめ、生活に必要なすべてのことを担う人でなくてはならない。この点で、バリは世界の中でもユニークであり、バリにプリマドンナやトップスターは存在しない。

芸術を表す「スニ［seni］」はインドネシア語であり、バリ島では一九七〇年代に現れた新しい言葉である。近年、観光産業の発達にともなって、観光客に見せるための芸術が分化しつつあり、バリ本来の伝統芸術のあり方とは違う部分が出てきている。

たとえば、ＳＴＳＩ（バリの州都デンパサールにあるインドネシア国立芸術大学［Sekolah Tinggi Seni Indonesia, 現在はＩＳＩ［INSUTITUT SENI INDONESIA］DENPASAR）に入学する多くの若者にとって、最近の芸術の目的は、卒業証明書であり公務員になることであって、経済が主体となってしまっている。彼らの芸術の多くはタクスを失っている。技術は高いが、観ている者からすれば、感動を覚えることができない。涙もでなければ癒しもない。芸術も観光産業も、その経済価値というだけでなく、すべて、この島を訪れるお客さまを喜ばせるためのヤドニャであることを忘れてはならない。

③地域伝統文化継承の必要性

今のバリ島の子どもには、学習のための場所が三つある。第一は家庭、第二は共同体社会、第三は学校である。

家庭では、親たちは、子どもたちに言葉で教えることはあまりしない。生活の中や、田んぼに一緒にいく中で、子どもたちは生活にかかわる全般を自分で学んでいく。

共同体という社会から、子どもたちはあらゆることを学ぶ。共同体にすべてがある。

そして学校では、主に、ジャカルタのインドネシア中央政府が指導する事柄について学ぶ。ただし、その内容は経済に関わることが主体で、これでは子どもたちの活性のバランスがとれない。学校でも少なくとも五〇パーセントは、地域の伝統文化に関する教育を行っていく必要がある。

この文化施設のコンセプトはバリに固有の伝統を守ってい

くことにあり、私（A氏）はここを〝バレ・バンジャール・ウムム［bale banjar umum］〟と呼んでいる。（これは、「公衆に開かれた村民会館」ともいうべき言葉で、〝バレ［bale］〟は「村の集会所」、〝バンジャール［banjar］〟は「バリに固有の地域共同体」、〝ウムム［umum］〟は「公共、公衆」を表す。）その名のとおり、バリの伝統文化を学ぶことを志す者は、誰もが音楽や踊りを習うことができ、実際ここでは、この村の子どもたちだけでなく、他の村や他の島、また他の国から来た人々が勉強している。バリの子どもたちは、音楽や踊り、絵画をすべて無料で学ぶことができるが、それを教える先生には、美術館の入場料やホテル、レストランの収益をもとに、文化財団から謝礼を支払っている。

最近は、ジャカルタやオーストラリア、アメリカ、ヨーロッパなどの国々に子どもたちを連れていってガムランの公演を行う。外の文化を子どもたちに体験させることで、子どもたちは、バリの文化を外からも見るようになる。これもひとつのヤドニャである。

以上が、A氏が聞き取り調査で語った内容である。つづいて、ふたつめの事例報告――伝統芸能継承の体験と観察調査――について述べる。

二、事例報告②――伝統芸能継承の体験・観察調査

（1）調査の対象

筆者は、一九八七年から約三十年にわたり、バリ島の伝統芸能〝ガムラン［gamelan］（**写真4**）〟の音楽と舞踊の修得を通じて、伝統文化継承の体験・観察調査を継続している。

ガムランは、マレー半島からスンダ列島にかけて発展した青銅製の打楽器アンサンブルで、紀元前十世紀半ばから紀元一、二世紀に起源をもつとされる。

バリ島ではガムランの音色が空間を浄めるとされ、あらゆる祝祭儀礼に欠くことのできない神聖な楽器として、ほとんどの地域共同体（バンジャール［banjar］）が一セット以上のガムランを所有している。現在は、青銅製の鍵盤をもつ旋律打楽器群に太鼓や銅鑼、弦楽器、管楽器等が加わったシステムが一般的である。ジャワ島のガムランが荘厳重厚な響きと曲想を特徴とするのに対して、バリ島のガムランは、巧みに組織化された演奏法により、重厚な低音の響きの上に、一秒あたり十三打鍵以上もの速度で紡ぎだされる煌めくような十六ビートが展開することを特徴とする（大橋二〇〇七）。

このガムランの音楽にあわせて演じられる舞踊は、バリの

宮廷文化が黄金期を迎えた紀元十一世紀頃にその基礎を確立したとされる。十九世紀のオランダ植民地時代、貴族社会の勢力の後退にともなって、それまで宮廷の保護のもとにあった舞踊が貴族社会から民間へと移行し、農村の共同体において、そのバイタリティや多様性を増しつつ現在に至っている。

①ガムラン音楽

バリ島のガムランの種類は約三十種にもおよび、地域ごと、あるいは行事や儀式に対応して、楽器の編成や音階、旋法にさまざまな特徴がみられる。主な編成に、ガムラン・ゴングデ［gamelan gong gede］、ガムラン・ゴンクビャール［gamelan gong kebyar］、ガムラン・スマルプグリンガン［gamelan semar pegulingan］、ガムラン・アンクルン［gamelan angklung］などがある。

②バリ舞踊

バリ舞踊には、祝祭儀礼の中で神々への捧げ物として演じられるものから、中世の宮廷舞踊、現代の創作舞踊までさま

写真4　子どもが演奏するガムラン・アンサンブル（撮影：筆者）

写真5　村の少女たちによるルジャン（撮影：筆者）

写真6　村の少年たちによるバリス・グデ（撮影：筆者）

ざまなものがあり、その目的に従って大きく三つのカテゴリーに階層化されている。祝祭儀礼の中で、儀礼そのものとして演じられ、宗教性の最も強い〝ワリ［wali］〟、儀礼そのものの役割を果たすのではないが寺院の中で奉納劇として演じられる〝ブバリ［bebali］〟、娯楽や観光用に演じられる〝バリバリアン［bali-balian］〟の三種である。

〝ワリ〟には、村の女性が演じる〝ルジャン［rejang］（**写真5**）〟や男性による〝バリス・グデ［baris gede］（**写真6**）〟などがあり、素朴で比較的単純な動きの繰り返しを特徴とする。子どもたちは、幼少時からこれらの舞踊を村で学び、共同体の祝祭儀礼の中で演じていく（**写真7**）。〝ブバリ〟には、〝ガンブー［gambuh］（舞踊劇）（**写真8**）〟、〝トペン［topeng］（仮面劇）（**写真9**）〟、〝チャロナラン［Calonarang］（呪術的芸能）（**写真10**）〟などが含まれ、王朝史やジャワの英雄物語を題材にしたストーリー性の強いものが多い。物語は踊り手の語りに従って進行し、演じ手には細かな決まりごとに関する知識や高度な動きが要求される。〝バリバリアン〟は、観客を対象に演じられる娯楽性の高い鑑賞

写真7　小さな子どもたちは年上の子どもを真似て舞踊を覚えていく（撮影：河合徳枝）

写真8　ガンブー（撮影：大橋力）

写真9　トペン（撮影：大橋力）

写真11　レゴン（撮影：筆者）

写真10　チャロナラン（撮影：大橋力）

写真13　ケチャ（撮影：大橋力）

写真12　クビャール（撮影：大橋力）

用舞踊で、観光で目にするものの多くはこの階層に属するものである。〝レゴン［legong］（宮廷舞踊）（**写真11**）〟、〝クビャール［kebyar］（ゴンクビャールの伴奏による舞踊）（**写真12**）〟、〝スンドラタリ［sendratari］（舞踊劇）〟、〝ドラマ・ゴン［drama gong］（喜劇舞踊）〟、〝ケチャ［cak］（合唱舞踊劇）（**写真13**）〟などがある（降矢二〇〇三）。

（2）調査の方法

一九八七年〜現在（二〇一八年）の約三十年間、筆者は、自らが所属する日本のアマチュアアーティスト・グループの活動の一環として、バリ島中部に所在する伝統的農村の共同体を母体とするふたつのガムラン・グループに師事し、ガムランの音楽と舞踊の修得を継続している。

音楽については、伝統的共同体のガムラン・グループのリーダーおよびアンサンブルの要所を担う中核メンバーから、ガムラン・ゴンクビャールとガムラン・スマルプグリンガンを用いた伝統的器楽曲や舞踊曲、伝統的な形式に則った新作曲など十数曲、舞踊については、プリアタン近郊一帯の踊り手を育て、振付や演出を担当している舞踊家から、女性バリ舞踊のすべての技術が集約されているとされる〝レゴン〟を学んでいる。

いずれも師となる演奏家ないし舞踊家から直伝のかたちで稽古をつけてもらうのが、この体験・観察調査の方法である。

写真14　ガムランの稽古は対面で鏡像のようにして行われる（撮影：河合徳枝）

なお、事例報告①でも触れているように、これらのグループのメンバーはいずれも農業を主とした生業を別にもっており、近代的職業概念からみれば、ガムラン演奏家および舞踊家としては全員がアマチュアである。

（3）バリ島における伝統芸能継承法

バリ島の伝統芸能に接する以前の稽古事として、筆者は、小学校時代にピアノやバレエなどをいくらか習得した経験をもつ。こうした西欧芸術の習得経験に比較して、バリ島で出会った伝統芸能の伝承法は全く異なる性質をもつものであった。以下、ガムランの修得法の主な特徴について、ピアノやバレエなどの西欧近代芸術の方法と対照しつつ、三点ほど述べておく。

①記号化が困難な情報の重視

バリ島の村で行われるガムランの継承には、楽譜や舞踏符など記号化された媒体が介在しない。ジョクジャカルタの宮廷や芸術大学などでは、文字あるいは数字で音名が表記されたガムランの楽譜を目にすることがあるが、バリ島の村落共同体で行われるガムランの稽古で、楽譜が使われることはまずないといってよい。学ぶ者と教える者との間に楽器を置き、教える側が撥をとって、楽器の反対側から鏡像の要領で、いきなり楽器を弾きはじめる（**写真14**）。学ぶ者も撥を握って、とにかくその真似をする。いいかえれば、複数のフレーズとその関係とを自分のなかに完全にとりこみ、一体化すること

写真15　バリス（撮影：筆者）

で初めて演奏を再現することができるようになるのであり、これができていない間は、ひとりで弾くことはできない。

　これに対して、ピアノの稽古を始めるには、まず楽譜が読めなくてはならない。楽譜を見ながら練習した後、弾くところを先生にみてもらって指導をうける。楽譜があり、それを読むことができれば、ひとりでの練習が成立する。また、楽譜のとおりに弾いていれば、連続する音の中のパターンを見いだせているかどうか、パターン同士のつながりを把握できているかどうかに関わらず、とりあえず曲が再現できるという点で、ガムランの修得法とは異なる。

　しかしながら、このように稽古を一見効率化するかのように見える楽譜を持ち込もうとすることは、バリ島のガムランの稽古では歓迎されない。楽譜を使わず、先生と対面した状態でとにかく一緒に弾くよう促される。この緊密なコミュニケーションを通じて、楽譜から読み取れる情報——どの鍵盤を時間軸上にどのように配列して叩くかということやその強弱——だけでなく、師となる人の身体の状態、撥の使い方、息遣い、そして強弱緩急を効果的に生み出すための過程——力強く素早いフレーズの前では、その直前のフレーズの強度速度を微妙に落としたり、「タメ」をつくったりする——といった曲想の生成にかかわる情報を、体全体で覚えていくのである。

②初心者も古典的大曲から

　バリ島のガムランの継承においては、音楽も舞踊も、最初から古典的な大曲を学ぶのが特徴である。舞踊の場合、女性は〝レゴン・ラッサム［Legong Lasem］〟という宮廷舞踊（**写真11**）、男性は〝バリス［Baris］〟と呼ばれる戦士の舞踊（**写真15**）から習い始めることが多い。いずれも、数あるガムラン楽曲のなかでも高度に完成された代表的演目として、重要な舞台で演じられるものである。その修得の方法は、先の項で述べた楽器演奏の場合と同じく、曲の冒頭から先生がいきなり踊り始めるのをひたすら真似るというやり方である。ある程度、自分で体を動かすことができるようになると、今度は先生が、文字通り手取り足取りで型を教え込んでいく。そのコミュニケーションは、刷り込むというのがふさわしいほど密度の高いものである（**写真16**）。

このガムランの伝承スタイルは、それまでピアノやバレエの経験しか持たなかった筆者にとって、きわめて印象深いものであった。ガムランの修得においては、ピアノのようにバイエルやツェルニーといった短い練習用の曲があるのではなく、また、バレエのように柔軟運動から、基本の動きを繰り返し学ぶバーレッスン、そしてバーなしのフロアレッスンへという過程を踏むのでもない。

写真16　手取り足取りで型を教え込む舞踊の稽古（撮影：筆者）

しかし、後にいくつかの日本の伝統芸能について学ぶ機会を得て、筆者は、このガムランのような伝承スタイルが、日本をはじめアジアの伝統芸能に広く通ずるものであることを知ることとなった。

たとえば、能の解説にある以下の記述は、ガムランにそのまま相通ずるものである。

> （能の稽古は、）ピアノの稽古のようにバイエルから始めてどんどん難しい曲に挑戦していくというのとはかなり考え方が違います。観世流の場合、「鶴亀」からお稽古を始めるようになっています。ピアノのコンサートで巨匠がバイエルを弾くことは多分ありませんが、この「鶴亀」は人間国宝の方でも舞台の上で演じますし、玄人にとってかなりな大曲とも思われています。
>
> （財団法人鎌倉能舞台編二〇〇五）

こうしてみると、ピアノやバレエのような西欧近代芸術の稽古の方が、高度専門化という社会的背景にもとづく特異なスタイルをもつものかもしれない。

③関係性と調和の重視

ガムラン音楽の稽古が進み、自分の担当楽器をある程度演奏できるようになると、今度は、他の楽器との関係性と調和を重視した稽古に移っていく。ガムランの稽古は、次に述べる独特のシステム性から、基本的に複数の人数で行われるのが一般的である。ピアノの練習のように、ひとりで何時間も楽器に向かうという姿はほとんど見ることがなく、また、そうした稽古が適してもいない。ひとりの人間がうまくなることよりも、アンサンブルの構成員ひとりひとりの粒が揃ったうえで、全体としてのレベルを高めていくことが重視されるのである。

写真17　2台で1組をなすガムラン（撮影：大橋力）

ガムランをはじめ、バリ島の伝統芸能は、複数の人間の技をきわめて巧妙にシステム化することにより、神技というべき高度な表現を生み出すことを特徴とする。

たとえば、ガムランの鍵盤打楽器は、ピッチをわずかにずらして調律された同型の楽器二台で一組をなす（**写真17**）。〝プングンバン［pengumbang］〟と〝プンギスップ［pengisep］〟と呼ばれるこの一対の楽器を同時に鳴らすと、それぞれを独立に鳴らした時には生じない〝プニュルブ［penyereb］〟と呼ばれる早い周期のうなりを生成する。バリ島では、このうなりがガムランの美しさを作るとされ、楽器職人は自分の耳を頼りに、楽器のセットごとにうなりの回数をきわめて厳密に調整しつつ調律を行う。この精緻なデチューニングの結果、複数種の楽器が合わさることでうなりが増幅され、ガムラン独特の複雑なゆらぎに満ちた音響空間が生み出されている。

また、ガムランには、〝ポロス［polos］〟と呼ばれる表拍と〝サンシ［sangsih］〟と呼ばれる裏拍とを、ふたり以上の人間が組み合わせて演奏する〝コテカン［kotekan］〟と呼ばれる入れ子奏法がある。これによって、演奏速度を、ひとりの人間が弾く場合の限界値の最大二倍までに高めることが可能となり、「閃光」と形容される一秒あたり十三打鍵以上もの十六ビートのリズムが紡ぎだされている。
このように、複数の要素が然るべき関係のもとに組み合わせられたときに生ずる相乗効果を表現の主眼におくガムラン音楽の稽古では、さきに述べたように、まず、演奏者全員のスキルが一定の水準に達することが前提となり、その後、全体でレベルをあげていくことが重要となる。教える側は、どの楽器の誰が、どこまで弾けるようになっているかを実によく把握していて、常にアンサンブルが全体として演奏レベルを高めていくよう配慮しつつ稽古を進めていく。

写真18　揃いの衣装をまとい完全に同期した所作を行うレゴンの踊り手（撮影：河合徳枝）

舞踊についてもこの傾向が同じように認められる。たとえば、レゴンとは、揃いの衣装をまとったペアの踊り手を指すが、踊りの大部分において、この二人はシンクロした同じ所作を行う（**写真18**）。優れたレゴンの踊り手たちは、腕や上体、脚の角度に至るまで一致しており、観る者に夢幻のような感覚を惹き起こすのであるが、この場合も、二人の踊り手の力量が「揃っている」ことが重要であり、一人の技能だけが突出して高いのでは、レゴンの表現として成功しているとはいえない。

また、これまでに述べてきた内容とはやや次元を異にするかもしれないが、ガムランの修得を通じて筆者が学んだことのひとつに、「感情表出の抑制」がある。

稽古が進み、複数の楽器の音が合う段階に入ると、ガムランの演奏はこのうえない楽しさを伴うものとなる。難しいフレーズを無事演奏できた時や、曲のコーダで盛り上がって弾き終わった後などには、気分が昂揚し、それを何らかのかたちで表出したくなる。事実、稽古を始めた当初、筆者は、自分たちの演奏終了後に、友達と歓声をあげ、はしゃいでしまったことが何度かある。教えてくれているバリ人の先生ともその喜びを共有したいと思い、笑顔を向けると、先生は、こちらの感情の昂揚をそらすかのように、不意に別の方向に顔をそむけたり、いきなり立ち上がって別のことを始めたりするという経験に出会った。最初は偶然かと思ったが、何度かこの経験を繰り返すに及んで、筆者は、こうした自分たちの感情を露出させる行為が「はしたない」ととられているのではないかと気づくに至った。そこで、以後、難しいフレーズがうまくいった時も、演奏を首尾よく終えることができた時も、心の中では嬉しさや喜びを感じていても、何ごともなかったかのように淡々としているよう、自らの感情の表出を抑制するようになった。すると、バリ人の先生たちの方からにっこりと微笑みかけてくれるようになり、こちらは控えめな笑顔でそれに応えるというコミュニケーションの形式（行動様式）が自然に顕れたのである。

この行動様式の意味については、後の項であらためて考察を加えるが、ガムラン音楽の修得を通じて学んだ、調和的な行動の原則に関する印象深い経験である。

三、考察――バリ島の子どもの活性構築のコンセプトとその生物学的合理性

これまでに述べてきたふたつの事例と、バリ島の伝統的共同体を訪れた者が実際に目にする子どもたちの活性との間に、どのような社会文化的、生物学的な背景を読み取ることができるであろうか。以下、この点について考察を加えていきたい。

（1）環境優位の行動プログラム

事例報告①において、バリ島の子どもたちが、幼少の頃から行動の原則としての〝トリ・ヒタ・カラナ〟を日常の生活習慣の中で教え込まれ、その活性の原型とすることをみてきた。「神と人」、「人と人」、「人と自然」の三つの調和から構成されるこの概念を、現代日本社会のより馴染みの深い言葉に言い換えるとすれば、「環境との調和」ということができよう。

トリ・ヒタ・カラナの原則は、伝統芸能や祝祭儀礼の継承においても顕著に認められる。事例報告①のA氏によれば、伝統芸術の目的は、ラサ（感性）の表現を通じて自然を愛し（パレマハン）、神々や人々を敬い（パヒャンガンおよびパウォンガン）、不安や緊張から解放されて心の平和を得ること

にある（一章（2）節①）。また、バリ島の伝統芸能を代表するガムランの表現は、人と人との高度な調和（パウォンガン）なしには成立せず（二章（3）節③）、パウォンガンの実現によって初めて顕われてくる個を超えた内的エネルギーとしての〝タクス〟（パヒャンガンおよびパレマハン）を重視する。

トリ・ヒタ・カラナの教えは子どもが物心つく五歳頃から始められるとされるが、マーガレット・ミードによる以下の観察から、その基盤は乳幼児期において形成されると考えられる。

バリの乳幼児に対する大人の関わりについて、ミードは以下のように述べている。

> バリの赤ん坊は、生後五、六ヶ月のころにあらわれだし、成長するにつれて着実に明確になってくる特殊な母子関係の中に否応なくおかれる。（中略）母親はたえず子どもを刺激して、感情、たとえば愛情や欲望、嫉妬や怒りなどをあらわにさせようとするが、強い感情がわきおこってきた子どもが母親になんらかの感情的な反応を見せるよう求めるころには、糸を断ち切るようにぷいと横を向いてしまう。（中略）子どもがもっと大きくなり、生後一八ヶ月を過ぎたころくらいから、からかい、刺激を与えながら、絶対にクライマックスに到達させないことが型として一段と固まり、強烈さを増していく。
> （ベイトソン・ミード二〇〇一）

この記述は、さきに筆者自身の経験として述べた、ガムラン音楽の修得場面における「感情表出の抑制」を想起させる（二章（3）節③）。「強い感覚刺激により感情を喚起したうえで、その表出を抑制させる訓練」は、筆者の経験に限った特異な事例ではなく、バリ人のコミュニケーションに一般に見られる文化的行動様式のひとつである可能性が高いと考えられる。

このことについて、グレゴリー・ベイトソンは、「他人とそのような関わりをもっても報われないことを子どもに教え込む学習のコンテクスト」であるとし、「仮に人間が、（分裂生成的な）累積的相互作用に走る傾向をもともと具えているとするなら、それを抑え込む学習がここでなされていく」との解釈を与えている（ベイトソン二〇〇〇、括弧内は筆者による）。「分裂生成（Schismogenesis）」とは、「個人間の累積的な交互作用の結果生じる個人の行動規範における分化の過程」と定義されるベイトソンの造語である（Bateson 1958, ベイトソン二〇〇四）。ベイトソン自身により〝システム崩壊に通じるランナウェイ現象を起こしうる危険を孕んだ、後戻りのきかないエスカレーション〟とされており、継続的・不可逆的な自己強化循環過程として捉えることができる。

さらに、ベイトソンは、「われわれは社会のメカニズムについて考えるとき、ほとんどの場合、社会を構成する個人が何らかの変数をできるだけ大きくする方向へ動くと考え、それを前提として社会機構のダイナミズムを記述していく。（中略）わたしの出した分裂生成理論も、『威信』『自尊心』など無形の、しかし単純な変数の値をできるだけ大きくしたいという気持ちが人々にあることを暗黙の前提としていた」（ベイトソン二〇〇〇）と述べ、あくまで「分裂生成」によって説明可能な、競争原理の主導下にある社会を前提としている。そして、「バリの人々が、その種のどんな単純変数についても、その最大化を目指すことがなく」、「定常型システム［solid state system］」を保つ方向にふるまうことに注目しながらも、それを生物としての人類の通則に則った普遍的なスタイルとして捉えることなく、むしろ特異なものとする立場を超えるに至っていない（ベイトソン二〇〇〇）。

しかし、現代に生きる私たちからみると、ベイトソンのこのスタンスには、重要な観点が脱落している可能性を否定できない。そこで、当時においては未だ顕著でなく、近年において始めて、人類が否応なしに取り込まれるようになりつつある新しい枠組み、すなわち「有限の地球生態系の持続可能性」という観点に立った時、このバリ島の子育てのモードについて、個のレベルをこえた生態系全体の生存戦略としてのより高次の合目的性がみえてくることに注意を促したい。なぜなら、刺激された感情を脱制御的に表出させないという乳幼児期からの「訓練」を通じて、バリの子どもたちには、自己の感情をコントロールしつつ環境認識を優先させ、環境を自己の上位においた思考や行動を実現するというエコロジカルな文化的行動規範（エートス［ethos］）が構築されるという解釈が可能になるからである。

このエートスは、乳幼児がリリースされた感情のクライマックスに到達しようという欲求に負のフィードバック［negative feedback］をかける役割を果たしており、その場面に限っていえば、人間の生物学的なつくりに抵触するかにみえる。しかし、人間に限らず、自律的な生存能力が未だ低いレベルにある乳幼児は、養い手を中心とする、自己を取り巻く環境を動かすことで自己の生存を確保しなければならないために、そもそも自己中心的にならざるを得ない。こうした限界の中にある乳幼児の行動に見られる傾向を、成熟した人間の本質的傾向と同一視することが妥当とは限らない。

一方で、ベイトソンは次のようにも述べている。「人間も哺乳動物として、基本的には多元的で最大化を目指さない価値体系の中に生きている。しかし、奇妙なことにこの動物は、ひとつないしそれ以上の変数（金、信望、権力など）の値が大きければ大きいほどいいというコンテクストに自ら収まることがある」（ベイトソン二〇〇〇）。そして、〝こうした分裂生成的なコンテクストが競争を生じ、競争においては複雑な価値体系を保つことができなくなり、必然的に極めて単純なリニアでモノトーンな世界が現れてくる（ベイトソン二〇〇〇）ことを指摘している。この記述はそのまま、現在の地球生態系の荒廃を招いた、高度専門化社会のコンテクストを示すもののように映る。

一方で、こうした不可逆的な自己強化循環傾向を強く抑制することで成立しているバリ島の社会が、世界の人々を惹きつけてやまない魅力に溢れていることを考えれば、そこにこそ、人間本来の生物学的な「つくり」に対するより成熟した伝統知を見出すことができるのではないだろうか。

(2) 体験性コミュニケーションの重視

バリ島の子どもの活性構築に顕著に認められる第二の特徴は、言葉や記号を介した抽象性の高いコミュニケーションへの依存を制限し、体験性のコミュニケーションを重視することである。事例報告①のA氏は、言葉による教育の限界を繰り返し指摘し、子どもの活性構築の基礎として、自然体験や共同体での儀礼体験など生活に密着した体験学習がより重要であることを強調している（一章（2）節①、②）。また、筆者のガムラン修得経験においても、楽譜のように記号化された媒体を用いることは歓迎されず、身体の状態や息遣いなど、言語や記号で表すことのできない体験性情報を、体で丸ごと覚える手取り足取りの指導が基本であったことは二章（3）節①および二章（3）節②に述べたとおりである。

こうした体験性の学習は、楽譜や文字のように記号化された媒体を介した学習に較べて、一見、効率が悪いようにも見える。しかし、子どもの真に創発的な活性を養う上では、こうした体験性の学習が、生物としての人間の脳の「つくり」（ハードウェア）により適合した方法であることが、近年の脳科学の知見により示唆されていることは興味深い。

大橋力［Tsutomu Oohashi, 一九三三〜］は、著書『音と文明』の中で、高等動物の脳機能に関する複数の進化生物学的、神経科学的知見とその情報処理に関する最新のモデルから、「（非言語性の情報を処理する）非言語脳が脳の本体であり、言語脳はその上に新たに増設された加速器にすぎない」こと、また、進化時間尺度に注目すると、「非言語脳の年齢を五十歳に喩えると、私たち現生人類の言語脳は、たかだか二ヶ月ないし数日の年齢しかもたない実績未然の幼児にすぎない」

表1　言語脳機能と非言語脳機能

言語脳機能	非言語脳機能
・非言語脳に蓄積された情報の加工にすぎず、情報それ自体の創発には関わらない ・情報の供給は非言語脳本体に求めなければならない ・低速度の一次元逐次情報処理	・多次元高密度で連続性が高く時間的変化も豊かな外部情報環境マップと個体の内部環境情報との継続的な照合、評価、判断 ・高速度の多次元並列情報処理

（大橋2003をもとに筆者作成）

ことを示している（大橋二〇〇三）。

私たち人間の脳についての一般的な表現として、しばしば、「左半球が言語や論理的思考を処理するデジタル脳、右半球が空間的情報を処理するアナログ脳」といわれる。しかし、大橋は、「地球の動物たちの脳は、言葉の脳（言語脳）を獲得するまでは、『言語機能をもたない脳』すなわち〈非言語脳〉として左右の均衡がよく保たれた状態で発達してきた」のであり、「左右をあわせたその働き全体の構造は、現在の通説が人類の右脳半球に固有の働きとみなしているものにかぎりなく近い」ことと、これに対して、「言語機能をもつヒトおよび大型類人猿の脳では左右の脳半球が非対称となり、その非対称性はすべて左半球の優位として認められる」ことから、左半球が言語脳なのではなく、「言語脳とは、動物が普遍的にもつ左右対称の脳本体に新たに付設されたモジュール」にすぎない可能性が高いことを指摘している。

そして、言語脳と非言語脳の機能について、**表1**のように整理している（大橋二〇〇三）。

さらに、こうした脳機能の実態について、「はてしない進化と淘汰が練りあげ、その強悍と老練を実績が保証している非言語脳と、そこから派生した初々しくも非力な言語脳モジュール」と表現したうえで、十九世紀以降の近代科学技術文明が、この非言語脳を過小評価する一方で、言語脳に過大な期待をよせる主客転倒ともいうべき誤ちを犯してきたことを述べ、この主客転倒が人の心に招く危険性について、次のように警告する。

意識の専制が非言語脳本体のOSの多元的・包括的動作を占拠して一次元の逐次的言語処理に閉じ込めてしまうことは、体験の承知するところである。（中略）誰かと対話中に周囲の他の会話の中で己とただならぬ関係をもつ話題が発生すると、元来の相手との対話が成り立たなくなってしまう。（中略）これによって、元来、言語機能が非言語脳を通じて具象世界そして物質世界へとつながり客観的な実在と連結していた回路が断ち切られ、実在による拘束が外れて『思考の自己運動』すなわち情報のひとり歩きが可能になる。（中略）このモードに入った脳のもつ〈意識〉に対してその脳の活動自体つまり精神のありさまや働きを問いかけると、脳本体と切り離されて閉鎖したパーツになっている言語脳モジュールから自己を脳全体と同一視したレポートが返ってくることになる。しかもそのモジュール内には言語脳の中で働いているOSとしての意識それ自体が含まれているため、情報回路が循環性のフィードバック・ループを造ってしまう。それは、情報の堂々めぐりからついには情報の発振（例えば妄想）を導き、回路を破壊することもあるかもしれない。（大橋二〇〇三）

上記に述べられている、言語脳モジュールが、環境から閉じたかたちで脳本体（非言語脳）よりも優位にたつという主客転倒状態が惹き起こす〝「循環性のフィードバック・ループ」→「情報の堂々めぐりないし情報の発振」→「回路の破壊」〟というプロセスは、ベイトソンが「分裂生成」―すなわち〝システム崩壊に通じるランナウェイ現象を起こしうる危険を孕んだ、後戻りのきかないエスカレーション〟という表現で捉えようとしていた事象（ベイトソン二〇〇〇）を、現代科学の概念道具を使って明解に描出したものといえよう。

このことから、ベイトソンが人類一般にみられる社会のありかたとした〝分裂生成型社会〟――不可逆的な自己強化循環傾向をその作動原理とする社会――とは、すなわち、言語脳モジュールと脳本体とが主客転倒を起こした状態下にある人間を標準として構成された社会、あるいは、人間の活性構築において、脳の中にこの主客転倒状態を形成しがちな社会として捉えることができるかもしれない。

この仮説は、次の事実により裏付けられる。すなわち、定常型システムの安定をはかろうとするバリ島社会では、子どもの活性構築において言語脳モジュールに過度の信頼を寄せず、あくまで非言語脳本体の多次元大容量高速情報処理―「多次元高密度で連続性が高く時間的変化も豊かな外部情報環境マップと個体の内部環境情報との継続的な照合、評価、判断」（大橋二〇〇三）――を主体としている一方で、「バリの文化では、雄弁術その他が全く欠如しており、相手の注意を長く自分の話に引き止めておくことや、演説をして集団の感情を盛り立てようとすることも忌むべきこととされている。物語を語るときも、語り手は語り続けることをせず、一つか二つのセンテンスを語ったところでポーズを置いて、誰かの質問を待ち、それに答えながら物語を続けていく」という報告（ベイトソン二〇〇〇）に示されるような、〝言語の独り歩き〟に対する強い警戒心がうかがえるのである。

一方、バリ島社会で重視される、脳本体（非言語脳）を主体とした情報処理が動物にもたらす学習効果については、大橋による以下の記述をみることができる（大橋二〇〇三）。

（私たちの脳において、）非言語脳を抜きにして言語機能を働かせることはおそらく不可能だろうが、その逆、つまり言語機能を働かせず非言語機能の枠組の中でものを観たりものを想ったりすることにはそれほど困難はないだろう。それは、例えば私たちが『無心に』あるいは『漫然と』、景色を眺めている状態の中で実現しているかもしれない。その時、私たちの脳は、全感覚系が受容する入力のままに、つまり対象となる景観や環境音などの『具象』をできるだけ『あるがままに』写しとり、一部を再生可能な状態で脳のデータストレージ系に保存していることだろう。（中略）ここで脳の行う情報処理は、環境やその中に存在する関心対象という具象的な実体の構造や運動をできるだけ忠実に反映するよう働かなければならない。こうした宿命のもとに置かれた非言語機能性の脳は、地球の物質世界の属性になっている次元の複雑性や構造の連続性に対してより適切に対応できる方向へと進化し続ける道を歩んできたことだろう。

この知見に照らしたとき、事例報告①においてA氏がくりかえし強調した言葉による教育の限界や、子どもの活性構築の基礎としての生活習慣に密着した体験学習の重要性の主張（一章（2）節①、②）、事例報告②の筆者のガムラン修得経験において、楽譜のように記号化された媒体を用いることが歓迎されず、言語や記号への変換が困難な情報が重視されていた事実（二章（3）節①、②）が、高度な生物学的合理性に裏付けられたものとして解読可能になる。さらに、次に示すようなミードの観察――「このような（バリ島社会のあらゆる局面でみられる手取り足取りの）学習のシステムのもとでは、生徒が完全にリラックスして、私たちが理解しているような意味での意志や意識がほとんど停止しているときにだけ学習が可能になる。（中略）バリ人は言葉で指示を与えられても、それから学ぶことは実質的に何もなく、（中略）バリでの学習はどれも、ある程度まで人と一体化できるかどうかにかかっている」（ベイトソン・ミード二〇〇一）――も、軌を一にするものといえよう。

こうしてみると、バリ島社会にみられる体験性情報重視の学習スタイルは、脳本体（非言語脳）の持てる多次元大容量高速情報処理機能を最大限に発揮させ、自らを外部環境から乖離させることなく、その写像を脳に忠実に保存してそれを運用していくという、進化史的・生物学的観点からみてきわめて安定かつ信頼性の高い方法としてとらえることが可能になる。

(3) 感性脳の活性化による自己実現

これまでみてきたように、バリ島の子どもたちは、環境を優位においた豊かな体験性コミュニケーションを通じて培われた非言語脳を基盤に、〝ラサ〟としての感性を活性化させつつ、自己実現をはかっていく。

事例報告①のA氏は、「自然体験も儀礼体験も、その目的は〝ラサ（感性）〟の涵養にあり、子どもたちはこれを通じて自らの信仰を形成していく」と語っている（一章（2）節①、②）。ここで〝ラサ〟を「感性」と訳したのは、このサンスクリット語が、以下に述べる人間の行動を制御する心（脳）の働きのうち、その最高次に位置する「感性」に最も近いと考えられることによる。

大橋によれば、人間の行動制御にかかわる脳の機能は、次の四つの働きに階層化される（大橋二〇〇三）。

第一は、生存に直接かかわりの深い食や性に関わる欲求の発生や行動の喚起、その成就に伴う快感の享受などを司る脳幹の働きとしての「情動」で、最も始源的な快・不快反応により作動し、動物行動の原動力ともなる機能を果たす。

第二は、脳幹の上方を囲む大脳辺縁系の働きとしての「感情」で、喜怒哀楽の醸成やその表出により、脳幹の欲求を増幅し、それを効果的に達成するよう環境に働きかける機能をもつ。

第三は、高等動物において進化的に新たに開発された大脳新皮質、とくに前頭前野を拠点とする「理性」で、これは、感情にのみ支配された直線的な行動が、社会的行動としてはしばしば成就しないことを学習し、より成功率を高めるために、忍耐を伴う待ち伏せや迂回策といった、感情に負のフィードバックをかけることで欲求の成功性を高める機能を果たす。（中略）

こうした理性脳の限界を超える第四の仕組みとして、我々の脳には、始源的な脳である脳幹と、そこから脳内各所に投射されるモノアミン作動性神経系とで構成される報酬性の神経ネットワークの働きとしての「感性」がある。これは、「理性脳」の限界から、現実を構成する複雑高次な時空系に自らを解放し、直観や洞察を含む全脳的思考へと誘導して、「真善美」一体の境地に昇華させ、大所高所からより優れた解を導き出すことによって、脳幹の望むところを長期的に実現に結びつける効果を発揮する。ここで活躍するモノアミン系ニューロンの典型例であるA一〇神経は、中脳腹側被蓋野から発し、高次脳の頂点に立つ前頭連合野に展開してそのシナプス端末からドーパミンを放出し、快感という報酬を体感させる機構に着火する。この機構がしかける正のフィードバック［positive feedback］という「飴」が、投射先の理性の座を動かす。

この系の特徴は、脳機能の中でも最も「高次」とされてきた理性を担当する脳内領域へ、最も「原始」的な脳幹から直接制御信号を送るという回路構成にある。このモデルによって、脳幹から高次脳に展開するモノアミン作動性神経系を獲得した高等動物たちは、理性に制御をかけうる感性という名のより上位の脳機能に恵まれた存在として、にわかに煌いてくる。（傍点は筆者による）

こうしてみると、「時空を超えた普遍的・本質的感情」や「美的・芸術的感動」、「至福」を表し、「神経を刺激して精神と感覚を覚醒させ、人間を活き活きとさせる力」を意味する〝ラサ〟とは、まさに、上記の四つの脳機能の中の「感性」に該当すると考えられる。それは、動物の普遍的・始源的な「情動」＝〈時空を超えた普遍的・本質的感情〉を司る脳幹から発する欲求を、報酬系の神経ネットワークを介して「理性」の座としての前頭連合野に展開し＝〈神経を刺激して精神と感覚を覚醒させ〉、そのシナプス端末からドーパミンを放出して快感という報酬を体感させる機構に着火する＝〈人間を活き活きとさせる〉ことで、「真善美」一体の境地に昇華させ、大所高所からより優れた解を導き出す＝〈美的、芸術的感動〉や「至福」の境地を人間にもたらす〉機能に他ならない。

ここで重要なのは、「感性脳」が個体レベルの合目的性を超えた、大所高所的観点に立った行動制御の機能をもつこと、そして、その「つくり」（ハードウェア）として、快感の発生に関わりの深い報酬系の神経ネットワークを具えることで、個の利益を超えた行動が、その個体に美的・芸術的快感をもたらすポジティブ・フィードバック回路として設計されていることである。

（4）〝局所的な最適解〟から〝全体としての満足解〟へ

以上に述べてきたバリ島の子どもの活性構築に通底するエートスを一言で表そうとすると、〝「局所的な最適解」ではなく「全体としての満足解」を得られるような複合的行動〟という言葉を想起せずにいられない。これは、一九九三年に開催されたシンポジウム「生命論パラダイムの時代」において、イリヤ・プリゴジーン［Ilya Prigogine, 1917-］が、人類が今後進むべき方向として挙げたコンセプトであるが（日本総合研究所編一九九八）、筆者には、バリ島の人々に特徴的な振る舞いのひとつひとつ、そしてその基盤としてのエートスがこのコンセプトに強く裏付けられたもののように見受けられる。

ガムランにおいて、ひとりだけ上達しても却って全体の表現を乱してしまい、構成員全員のスキルの程度を揃え、互いの息をあわせていくことが最大の効果につながることや、練習曲としてのバイエルをひとつずつ完成させていくのではなく、複数の古典的大曲についてその曲全体としての表現を生涯かけて高めていくスタイルなどは、その典型例といえるだろう。

プリゴジーンの言葉を、さきに引用した大橋の脳の情報処理活性のモデル（三章（2）節）に照らすと、〝全体としての満足解」を得られるような複合的行動〟とは、非言語脳の活性、すなわち外部環境の忠実な写像にもとづく多元的な価値体系の下での評価と判断にもとづく環境に調和的（エコロジカル）な行動と捉えることができる。これに対して、〝「局所的な最適解」を得るような単一的行動〟は、一元的な価値体系の下での離散情報の逐次処理に依存しやすく、意識の専制や思考の自己運動、さらには自己強化的な循環過程を経てシステム崩壊を惹き起こす環境破壊的（反エコロジカル）な行動に陥る危険性を孕んでいるといえる。

すでに自己循環強化的な競争社会に引き込まれている現代日本において多元的な価値体系を取り戻すのは難しいことのようにも思われるが、一方で、近年あらゆる領域で西欧近代的な一元的価値体系にもとづく発想や方法論の限界が浮き彫りになっている現実を直視すれば、私たちが取るべき方図は自ずと明らかであろう。

大橋は、その著『情報環境学』（大橋一九八九）の中で、高度に専門分化した近現代社会の脆弱さについて、「専門化の真の効用や限界は、専門化以前からの伝統社会が成立し存続していた上に専門化を導入するという条件の下では軽々しく測ることができない。」としたうえで次のように述べている。「さまざまな伝統的社会にみられるような未分化社会では、個々の人間や社会システムが多くの機能を兼ね備えており、こうした土着的な問題解決機能がすき間なく張りめぐらされた社会基盤の上に、高度な専門技術が導入され軌道に乗ると、社会総体からは大きな活性が発生することになる。」しかしながら、「専門化社会は、時間とともにその構成要素の単機能化を深めて」いき、「それによって未分化の伝統社会がもっていた土着の問題解決機能は、教育制度等で濾過されたうえに単機能化に侵されて、個人および社会の中でかぎりなくその濃度を低下させていく。こうして超専門的問題解決能力の残留濃度が無視しうるほど低くなり、社会のおおよその問題処理機能が単機能体に置き換わったときが本格的な専門化社会の成立の時点となる。」「（この）専門化社会の構成が完全無欠でなければ、そこに分野間の空白が発生してその社会を脅かすことになる。もちろん、伝統的な問題処理装置はそのときには消え去っており、空白を埋めるなんらの手だてもなくなっている。」「こうして専門化社会はその限界を露呈し始めることになる。」（大橋一九八九）

こうした高度専門化社会の限界と矛盾は、そもそも専門分化と相容れにくい、多次元並列的な情報処理を本質とする非言語脳の活性を母体とした「感性」が命となる芸術領域において、最も先鋭に露呈することが予測される。現在、専門化社会としてのいわゆる先進国と、未分化社会としてのバリ島との間に認められる次のような「アーティストの活性における主客転倒状態」は、「プロの芸術家」の存在意義そのもの、ひいては高度専門化社会の限界と矛盾を問う皮肉な現実といえよう。

その第一は、西欧諸国や日本などのいわゆる先進国から、プロのアーティストをめざす芸術大学の学生がバリ島に留学し、村の農家の方々から音楽や舞踊、絵画を学ぶというケースである。この場合、留学生たちは、ISIなどバリ島の芸術大学に留学することもあるが、より多くの例として、バリ島の伝統的農村の芸能グループや画家に師事することがみられる。というのは、バリの芸能芸術においては、芸術大学の教授陣よりも村に暮らす人々の方が優れている場合が多いため、芸術大学に通うバリ人の学生の多くもまた、大学で学びながら、同時に村々の名人のところに通って修行を重ねているという実態があるからである（降矢二〇〇三）。

こうした例は、高度専門化社会におけるプロのアーティストの活性が、未分化社会のアマチュアのアーティストの活性に遠く及ばないという、専門化社会の理念から見ればきわめて矛盾した構造を示している点で注目される。

一方、専門化社会で推奨される単純な価値体系の下での一次元逐次処理的な方法論が、多次元並列処理的な方法論に較べて、一見効率的でありながら、実は脆弱であることを示す興味深い神経科学的知見がある。〝「多芸に通じる」には「一芸ずつ」より「多芸を一度に」〟として紹介されているこの研究は、同じ課題を繰り返す反復訓練ではすぐに学習効果が現れるものの、その能力は別の課題の学習によってたやすく失われてしまう脆弱性を持つのに対して、複数の課題を同時に、しかも次にどの課題をおこなうべきか予測ができないような状況の中で訓練した場合には、上達は遅いものの獲得した技能がよく記憶に残り、最終的な学習効果が高まるというものである（Osu 2004）。この知見を、三章（2）節に述べた人間の脳における情報処理の特性に照らすと、〝多芸を同時に〟行う多次元並列的な方法論は、時々刻々と変化する外部環境を脳内に写像し、自己の内部状態との照合↓評価↓判断を繰り返しながら、状況に対して柔軟に対応していくという、動物に普遍的な脳本体（非言語脳）の活性を存分に活用するため、結果的に課題が身によくつき、〝多芸に通じる〟ものと解釈することもできよう。

このようにバリ島の子どもたちの活性構築の実態と最新の脳科学の知見をあわせてみてみると、短期的な効率が悪く専門化社会で排除されがちな多次元並列処理的なアプローチこそ、脳の構造と仕組みにとってはきわめて合理性をもったアプローチであるといえるかもしれない。

おわりに

これまでに述べてきたバリ島伝統社会の子どもの活性構築にみられる発想と方法論はいずれも、次世代の地球社会において、〝「全体としての満足解」を得られるような複合的行動〟というエコロジカルなエートスを実現していくうえで重要な指針を供すると考えられる。

ベイトソンのいう「分裂生成的」社会にみられる人間の反エコロジカルな行動傾向――〝「金銭」や「権力」あるいは「軍備競争」の張り合いにみられるような、システム（環境）破壊の危険性を内在させた自己強化循環過程〟（ベイトソン二〇〇〇、二〇〇四）に陥りがちな行動――を、法や規制、時には罰といった制度的な「鞭」をもって制御していく方法論と、バリ島社会の生物学的合理性にもとづいた方法論、すなわち人間が本来具えている最も高次の脳機能としての「感性」――個のレベルを超えたシステム（環境）全体の合目的性を達成することに美的・芸術的な〝快〟を覚える機能――に対する深い洞察のもとに、社会の構成員ひとりひとりが環境と人との調和的な行動を自ずと実現するよう、幼少時から活性構築を行っていくやり方とのどちらが、人類にとって賢い生存戦略といえるだろうか。

世界に数ある水稲文化の中でも、有限生態系の持続的な生産様式において永年の実績をもつバリ島の伝統文化の叡智を先端科学の光のもとにもう一度見直し、その価値を生物学的・生態学的合理性のもとに明らかにして次世代に伝えていくことが、今、求められているのではないだろうか。

引用・参考文献

海上周也「心理学者マズローがめざした最高の欲求段階とは」コラム―研究員のココロ（日本総合研究所、二〇〇五年）

大橋力『情報環境学』（朝倉書店、一九八九年）

大橋力『音と文明――音の環境学ことはじめ』（岩波書店、二〇〇三年）

大橋力「バリ島の祭には感情を合理的に活用する科学がある」（『科学』Vol. 75、No. 6、岩波書店、二〇〇四年）七一三―七一八頁。

大橋力「近現代の限界を超える〈本来指向表現戦略〉（その3）」連載・脳のなかの有限と無限『科学』（岩波書店、二〇〇七年）

小椋正得『アムルタヤの世界』（ニューヘイロ社、二〇〇一年）

河合徳枝・大橋力「バリ島の水系制御とまつり」（『民族藝術』一七号、二〇〇一年）四二―五五頁

財団法人鎌倉能舞台編『能楽入門』（財団法人鎌倉能舞台、二〇〇五年）

日本総合研究所編『生命論パラダイムの時代』（第三文明社、一九九八年）

降矢美彌子「国際化時代の教員養成における多文化音楽教育」平成十五年度科学研究費補助金（基盤研究（C）(1)）CD―ROM教材（文部科学省、二〇〇三年）

Bateson G., *Naven, A Survey of the Problems Suggested by a Composite Picture of the Culture of a New Guinea Tribe Drawn from Three Points of View*, Cambridge University Press. Reprint 1958, Stanford University Press, 1958.

Bateson G.., *Steps to an Echology of Mind*, Institute for Intercultural Studies, c/o Brockman, Inc., 1972' グレゴリー・ベイトソン（佐藤良明訳）『精神の生態学』（新思索社、二〇〇〇年）

Bateson G, *Balinese Character; A Photographic analysis*,. and Mead M, New York Academy of Sciences., 1972. グレゴリー・ベイトソン、マーガレット・ミード（外山昇訳）『バリ島人の性格――写真による分析』（国文社、二〇〇一年）

Bateson G.. *Mind and Nature*, Institute for Intercultural Studies, c/o Brockman, Inc. 1979, グレゴリー・ベイトソン（佐藤良明訳）『精神と自然――生きた世界の認識論』改訂版（新思索社、二〇〇四年）

Cooperirder D. and Bradbury H., *Leadership and Global Agenda*, School of Case Western Reserve University, Weatherhead School of Management, 2001.

Kawai N., Oohashi T. et al *Catecholamines and opioid peptides increase in plasma in humans during possession trances*, NeuroReport, 12: 2001, pp.3419-3423.

Maslow A. , *Motivation and personality*, H., Hamper & Row,1920, A・H・マズロー（小口忠彦訳）『人間性の心理学――モチベーションとパーソナリティ』（産業能率大学出版部、一九八七年）

Oohashi T, *Shishi und Barong - Eine humanbiologische Annaeherung uber tranceausloesende Tiermasken in Asien*,., In: Masken - Eine Bestandsaufnahme mit Beitraegen aus Paedagogik, Geschichte, Religion, Theater, Therapie. (Herausgegeben von Klaus Hoffman, Uwe Krieger und Hans-Wolfgang Nickel), Haus kirchlicher Dienste, Hannovers, 2004.

Osu R., Kawato M. et al.*Random presentation enables subjects to adapt to two opposing forces on the hand*, , Nature Neuroscience, 7, 2004, pp.111-112.

付記　この研究にあたり、バリ島にお導きくださり、三十年以上

にわたりご指導くださっている大橋力博士、河合徳枝博士に厚く御礼申し上げます。また、現地調査に協力いただいたマデ・スシラ（Made Susila）氏に感謝いたします。最後に、本稿をまとめる貴重な機会をたまわりました海老澤衷博士に感謝申し上げます。

　本調査は、科学研究費補助金基盤研究（A）「東アジア村落における水稲文化の儀礼と景観」（代表：海老澤衷）、同・挑戦的萌芽研究「子供の社会行動教育に関する生物学的文化人類学研究」（代表：八木玲子）、同・挑戦的萌芽研究「報酬系主導による子どもの社会行動に関する生物学的文化人類学研究」（代表：八木玲子）等の助成により行われました。

あとがき

早稲田大学には、二〇〇〇年度に発足したプロジェクト研究所という組織がある。これは個人の発想から生まれた共同研究を円滑に進めるための小組織で、プロジェクト・リーダーが所長となって必要な研究員を組織し、共同研究にあたるものである。これらを総合研究機構という全学的な組織が非常に緩い形で束ねている。筆者は二〇〇〇年度の末に、水稲文化研究所というプロジェクト研究所を組織して共同研究を開始したが、これがさっそく役だったのは、文部科学省が二十一世紀COEプログラムの募集を開始した時であった。美術史専攻の大橋一章氏がリーダーとなり、アジア史専攻の工藤元男氏を事務局長として主に八つのプロジェクト研究所を単位として共同研究を進める計画案がCOE第一期に採択され、二〇〇二年九月から二〇〇六年度まで行われた。この計画案はアジア地域文化エンハンシング研究センターと呼ばれ、八つのプロジェクト研究所を束ねたもので、モンゴル、朝鮮半島、中国四川省、シルクロード、ラオスなどの地域を包含した壮大なもので、水稲文化研究所は対馬とバリ島という東アジアの島嶼部の比較研究を軸として共同研究を進めることとなった。

もうひとつ忘れてならないのは、棚田学会の活動である。デンパサールにある国立ウダヤナ大学との提携により二〇〇二年四月二十二日に当大学でシンポジウム「モンスーンアジアにおける棚田」が開催され、そこで海老澤は「日本の棚田」を報告させていただいた。このシンポジウムは筑波大学教授であった大橋力氏の尽力により実現したものである。これを皮切りにして都合十八回ほどバリ島に足を運んだが、この時の視察では長期滞在を主とする欧米型の旅行者を目の当たりにするとともに、棚田がすでに観光資源となっているテガラランやジャテルイを見学し、農水省の棚田百選の選定が終わったばかりで、その活用がほとんどできていない日本との違いを実感した。

以上のように、早稲田大学において人文系の共同研究が大きく開花する時期にバリ島の共同研究を構築することとなった。二〇〇二年のシンポジウムで日本の棚田の報告をした時、棚田形成の歴史については若干述べることはできたが、ギアツがバリ島で論述したような社会の基盤となる棚田については残念ながら述べることができなかった。日本では、棚田は中世から現代に至るまで、社会的にも、経済的にも補助的な位置にあり、文化の中心に据えることは難しい。おそらく、これは短い雨期に田植えをして、その後の熱暑期に生育し、秋に収穫するという一期作にすべてを投入しなければならないためであろう。大規模な棚田を保持するだけの降水量と熱エネルギーに恵まれていないのである(可能性があるとすれば、四国の南部、土佐地方であろうか)。バリ島ではテラオガンと呼ばれる暗渠の用水路網がはりめぐらされ、日本と相違して用水池は全く存在しない。バリ島が日本と違って棚田を基盤とする濃厚なムラの文化を育てることができた背景にはこのような自然条件の恩恵がある。以上が、十年にわたってバリ島の調査を行った結論であるが、ギアツが提起した通り、「小国寡民」にこそ現代の人類が学ぶべきものがあるといえよう。

海老澤衷

平成三十年十二月二十日

執筆者一覧（掲載順）

海老澤衷　西村正雄　三浦恵子
河合徳枝　イ・マデ・サルジャナ
細谷　葵　菊地有希子　八木玲子

【アジア遊学230】

世界遺産《せかいいさん》バリの文化戦略《ぶんかせんりゃく》

水稲文化と儀礼がつくる地域社会

2019年2月12日　初版発行

編　者　海老澤 衷《えびさわただし》

発行者　池嶋洋次

発行所　勉誠出版株式会社

〒101-0051　東京都千代田区神田神保町3-10-2

TEL：(03)5215-9021(代)　FAX：(03)5215-9025

〈出版詳細情報〉 http://bensei.jp/

編　集　黒古麻己

営　業　青木紀子・武内可夏子・萩野　強

印刷・製本　㈱太平印刷社

組版　服部隆広（デザインオフィスイメディア）

ISBN978-4-585-22696-3 C1339

アジア遊学既刊紹介